安徽省高校人文社会科学研究重点项目"行业性专业性人民调解实证研究——以安徽省为例"（项目编号：SK2016A083）的研究成果之一；淮北师范大学学术著作出版基金资助；淮北师范大学马克思主义理论校级重点学科资助

人民调解变迁研究
——以权威类型转变为视角

张红侠 ● 著

中国社会科学出版社

图书在版编目(CIP)数据

人民调解变迁研究：以权威类型转变为视角/张红侠著.—北京：中国社会科学出版社，2016.5
ISBN 978-7-5161-8243-7

Ⅰ.①人… Ⅱ.①张… Ⅲ.①民事纠纷—调解（诉讼法）—研究—中国 Ⅳ.①D925.114.4

中国版本图书馆 CIP 数据核字（2016）第 111828 号

出 版 人	赵剑英
责任编辑	王 茵　张 潜
责任校对	胡新芳
责任印制	王 超

出　　版	中国社会科学出版社
社　　址	北京鼓楼西大街甲 158 号
邮　　编	100720
网　　址	http://www.csspw.cn
发 行 部	010-84083685
门 市 部	010-84029450
经　　销	新华书店及其他书店
印　　刷	北京君升印刷有限公司
装　　订	廊坊市广阳区广增装订厂
版　　次	2016 年 5 月第 1 版
印　　次	2016 年 5 月第 1 次印刷
开　　本	710×1000　1/16
印　　张	15.75
插　　页	2
字　　数	234 千字
定　　价	59.00 元

凡购买中国社会科学出版社图书，如有质量问题请与本社营销中心联系调换
电话：010-84083683
版权所有　侵权必究

序

在中国古代，调解被称为"调处"或"和息"，虽然早在西周的铜器铭文中就已经有记载，但作为中国传统社会解决纠纷的一种主要形式得以发展，是与孔子的政治思想密不可分的。自汉武帝独尊儒术以后，中国逐步形成了以儒家文化一统天下的局面。而孔子"听讼，吾犹人也，必也使无讼乎"的政治思想，被历代统治者推崇，并成为统治者施政所要达到的最高境界。可在现实生活中，纠纷无处不在，实现"无讼"又谈何容易。于是，利用调解来达到"息讼"，也就成为统治者的一种现实选择。正因为如此，调解一直受到历代统治者的青睐，并在被组织化和制度化过程中不断演进。

新民主主义革命时期，共产党领导的革命根据地政权组织通过对传统民间调解的改造，建立起了最初的人民调解。新中国成立以后，在政府的大力倡导和支持下，人民调解获得迅速发展，并曾成为解决社会矛盾纠纷的主要形式。自改革开放特别是确立和发展社会主义市场经济以来，伴随着人们价值观念由重集体转向重个人，生存方式由集体化转向个别化，社会矛盾纠纷进入了高发期，但以集体主义为精神内核的人民调解却迅速由"盛"转"衰"，由此引发人们对人民调解何去何从的思考。

张红侠同学早在硕士研究生学习期间就开始关注调解制度，并发表了几篇有关调解制度的研究文章。而我在这一时期正好也在研究西方恢复性司法和我国的传统调解制度，所以她考上博士研究生以后，我非常支持她继续深化对调解制度的研究。她的博士论文《人民调解变迁研究——以权威类型转变为视角》对人民调解变迁史进行描述和解读，并对人民调解的未来进行合理设想。论文不仅研究视角新颖，通过分析政权组织权威变化，让人们更清晰地了解人民调解的兴衰与政权组织权威强弱间的关系，而且研究方法独特，采用描述性法史学和解释性法史学相结合的方法，让人们在了解人民调解历史演变的同时，思考影响这一历史的多重因素。调解在形式上因有第三方介入而与和解不同，但在本质上都是自治解纷方式。人民调解在组织化和法律化过程中，调解人逐步获得了给予纠纷双方施加压力的资源，也因此收到了"良好"的调解效果。但随着价值的多元化，利益主体的多样化，矛盾纠纷的复杂化，一方面，公权力成了纠纷的一方或是引起纠纷的原因，另一方面，调解人赖以形成权威的组织资源减少，导致调解人难以对双方当事人形成实质性压力和影响，并由此引起人民调解的衰落。"大调解"以相关职能部门"联合办公"的方式应对矛盾纠纷，因调解人获得了巨大的权力资源，所以也就有了特殊的效果，但它已经偏离了调解的自治本质，也不符合国家法治的要求。为此，从法治的角度审视人民调解，需要以正当的程序设计，规范的自治协商，让人民调解重新走向兴盛。

论文有一些观点深刻却有片面之嫌，值得进一步商榷，有些内容已有涉及却还不够深入，但是瑕不掩瑜，张红侠同学的研究对于人民调解实现法治转型，还是有重要理论价值和现实意义的。张红侠同学刻苦好学，三年在职攻读获得了博士学位。毕业后她一直从事多元化纠纷解决机制研究，又发表了数篇论文，是一位不断追求进步的高校诉讼法学老师。学生的博士论文即将出版，我作为老师感到由衷的高兴，希望她在今后的教学和研究中取得更大的成绩。

狄小华

2016 年 3 月 31 日

前 言

人民调解是我国重要的诉讼外纠纷解决方式。它是新民主主义革命时期革命根据地、解放区政权组织在批判继承我国传统民间调解的基础上创造出来的。它被党和政府高度重视，曾被誉为"东方一枝花"，是社会稳定的"第一道防线"。在长期的历史发展过程中，人民调解在纠纷解决和社会治理方面发挥着重要作用。

在构建和谐社会、倡导大调解的背景下，人民调解、行政调解、司法调解相结合，解决了许多社会纠纷，减轻了法院的压力，起到了社会"稳压器"的作用。不过，当前的人民调解面临许多挑战，法学界对人民调解的理论研究还不深入。而在建设"法治中国"的今天，如何摆正人民调解的法律地位，人民调解与诉讼到底如何衔接、如何充分发挥人民调解的作用等问题亟待解决。人民调解变迁史研究都会涉及这些问题或者对这些问题的解决提供一定思考。因此，人民调解变迁史研究有利于丰富我国多元化纠纷解决机制研究，有利于促进我国法制现代化建设，有利于完善我国当前的人民调解工作。

本书基于人民调解在不同历史时期，其组织化、制度化、法制化、专业化程度及具体运作样态和效果有所不同的历史事实，以权威类型转变为视角，主要运用描述性法史学和解释性法史学、法社会学方法对人民调解变迁史进行描述和解释。总体而言，人民调解经历了兴起、兴盛、衰落和"复兴"的历史变迁过程。人民调解的历史变迁始终与人民调解权威类型及其权威强弱变化紧密相关。新民主主义革命时期人民调解兴起，这与人民调解组织权威形成密切相关。新中国成立初期至20世纪80年代中期人民调解兴盛，这离不开人民调解组织权威高涨的背后支撑。20世纪80年代中期以后至2002年人民调解处于衰落阶段，因为这一时期人民调解组织权威下降、法理型权威较弱。2002年以来人民调解呈现"复兴"样态，这是因为人民调解组织权威回升、法理型权威提升。在中国逐渐走向法治的时代背景下，人民调解组织权威回升有悖于法理，人民调解法理型权威提升才契合时代要求。因此，未来的人民调解将会从组织权威走向法理型权威。当然，由于社会条件的复杂性，人民调解权威类型转变的道路可能是曲折的。

目 录

导 论 ……………………………………………………………（1）
 一 问题的提出 ………………………………………………（1）
 二 研究的意义 ………………………………………………（3）
 三 文献梳理 …………………………………………………（6）
 四 基本概念的界定 …………………………………………（16）
 五 分析工具 …………………………………………………（18）
 六 研究思路 …………………………………………………（31）

第一章 人民调解的兴起 ……………………………………（35）
 第一节 人民调解组织化、制度化的雏形 …………………（35）
  一 人民调解组织化、制度化的背景 ……………………（36）
  二 人民调解组织化、制度化的立法 ……………………（42）
 第二节 人民调解的运作及其取得的效果 …………………（44）
  一 人民调解的实践样态 …………………………………（45）
  二 人民调解的实际作用 …………………………………（55）
 第三节 人民调解何以兴起：组织权威的形成 ……………（60）
  一 抗日根据地、解放区政权组织权威的树立 …………（61）
  二 人民调解组织依附于抗日根据地、解放区政府 ……（63）
  三 "大众司法"的形成及其推广 ………………………（66）
  四 传统地方精英被清扫、新式地方精英被塑造 ………（68）
 小 结 …………………………………………………………（71）

第二章 人民调解的兴盛 (72)
第一节 人民调解组织化、制度化的全面确立与发展 (72)
一 新中国成立初期人民调解组织化、
制度化全面确立 (72)
二 80年代中期人民调解组织化、制度化的发展 (76)
第二节 人民调解在实践中繁荣昌盛 (79)
一 人民调解的运行状态 (79)
二 人民调解的解纷作用 (88)
第三节 人民调解何以兴盛：组织权威高涨 (92)
一 国家政权组织享有高度权威 (93)
二 人民调解组织紧密依附于各级人民政府 (95)
三 人民司法全面确立和实施 (101)
四 多数人民调解员具有较高的政治地位和
思想道德素质 (103)
小 结 (107)

第三章 人民调解的衰落 (109)
第一节 人民调解组织化、制度化和初步法制化
遇到困境 (109)
一 人民调解组织体系相对松散 (111)
二 人民调解与民事司法衔接日益减少 (116)
三 人民调解的法制化难以推进 (118)
第二节 人民调解的实际作用出现下降 (120)
一 人民调解的解纷能力降低 (120)
二 人民调解的维稳作用减弱 (121)
第三节 人民调解何以衰落：组织权威弱化、
法理型权威尚弱 (123)
一 人民调解的组织权威弱化 (124)
二 人民调解的法理型权威尚弱 (137)
小 结 (143)

第四章 人民调解的"复兴" ……………………………… (145)
第一节 人民调解的新突破 ……………………………… (145)
一 人民调解新突破的现实依据 ……………………… (145)
二 人民调解新突破的基本内容 ……………………… (150)
第二节 人民调解在实践中欣欣向荣 …………………… (158)
一 人民调解的工作创新 ……………………………… (158)
二 人民调解的效果提升 ……………………………… (171)
第三节 人民调解何以"复兴":组织权威回升、
法理型权威提升 ……………………………………… (175)
一 人民调解的组织权威回升 ………………………… (175)
二 人民调解的法理型权威提升 ……………………… (184)
小 结 ………………………………………………………… (188)

第五章 人民调解的未来走向 …………………………… (190)
第一节 人民调解的组织权威将会逐步下降 …………… (190)
一 人民调解组织权威回升面临法理困境 …………… (190)
二 人民调解组织权威下降的具体样态 ……………… (195)
第二节 人民调解的法理型权威将会进一步提升 ……… (201)
一 人民调解法理型权威提升中存在张力 …………… (201)
二 人民调解法理型权威进一步提升的表现 ………… (208)
小 结 ………………………………………………………… (215)

结 语 …………………………………………………………… (217)

参考文献 ……………………………………………………… (219)

后 记 …………………………………………………………… (239)

导 论

> 当我试图理解现在或展望未来时，我首先要做的便是回顾过去。
>
> ——霍姆斯

一 问题的提出

调解是一种古老而又常新的纠纷解决方式。在人类社会早期，调解便是人们解决纠纷的普遍方式；当前调解作为一种现代的主要的 ADR 形式仍然被许多国家广泛应用。我国的调解历史悠久、资源丰富。在传统中国，调解在民事纠纷和轻微刑事案件的解纷机制中处于基础地位，民间调解尤为盛行。新民主主义革命时期，共产党领导的革命根据地政权组织对传统民间调解进行改造，发展出人民调解制度。从新民主主义革命时期至今，政府扶持下的人民调解在纠纷解决和社会治理方面发挥了重要作用。2002 年以来，人民调解制度文本呈现出组织化、制度化、法制化、专业化趋势，人民调解实践中却存在两种路径：组织化、行政化；组织化、制度化、法制化、专业化。人民调解实践中的这两种路径还存在一定的交叉与渗透。从实践效果来看，2002 年以来人民调解在纠纷解决机制体系和社会治安综合治理中占有重要地位并发挥着重要作用。那么当前的人民调解为什么会出现较好的效果呢？实践中的人民调解为什么会出现这两种路径呢？当前人民调解的这两种路径存在哪些问题？以及人民调解的未来走向将是什么呢？

首先，以"大调解"为例，看人民调解组织化、行政化及其效果。从"大调解"实践来看,"'大调解'有广义和狭义之分。狭义的'大调解'是指市、县、乡、镇成立的调解中心;广义的'大调解'是指在党委、政府的统一领导下,由政法委、综合治理办公室牵头协调、司法行政部门业务指导、调解中心具体运作、职能部门共同参与,通过整合各种调解资源,最终实现对社会矛盾纠纷的协调处理"①。由此来看,"大调解"不是一种具体调解方式,而是一种由党委、政府主导的纠纷解决协调机制。最为典型的如江苏南通的做法。那么"大调解"为什么会出现呢?党委、政府为什么要主导而且能够主导"大调解"?"大调解"是不是历史上人民调解组织化、行政化的继承和发展呢?构建法治背景下的"大调解"存在法理困境吗?"大调解"的未来将是什么呢?

其次,以司法确认、医疗纠纷人民调解为例,看人民调解组织化、制度化、法制化、专业化及其效果。当前的司法确认是人民法院根据当事人双方申请,确认非诉调解协议效力的非诉程序。司法确认最早出现于甘肃定西法院,是法院主动建构的产物,后经全国推广取得实效后,被2010年《人民调解法》、2012年《民事诉讼法》确立为一项程序制度。许多地方积极开展司法确认活动,这一活动保障着人民调解协议的法律效力,推动着人民调解有效适用。有学者高度赞扬司法确认,认为司法确认作为诉调对接的关键环节,对于充分发挥各类纠纷解决机制的作用,为法院减负、为当事人分忧,最大限度地化解纠纷、促进社会和谐具有重大的现实意义。② 也有学者认为为充分从法律上保障人民调解协议的效力,应进一步完善司法确认制度。③ 有学者却认为司法确认应成为备而不用的制度。④ 那么构建法治背景下的司法确认不是人民调解协议效力法律保障的历史最好选择吗?我们该如何对待司法确认程序呢?

---

① 章武生:《论我国大调解机制的构建——兼析大调解与 ADR 的关系》,《法商研究》2007 年第 6 期。
② 潘剑锋:《论司法确认》,《中国法学》2011 年第 3 期。
③ 常怡:《人民调解协议的效力变迁》,《昆明理工大学学报》(社会科学版)2012 年第 5 期,第 28 页。
④ 刘加良:《论人民调解制度的实效化》,《法商研究》2013 年第 4 期,第 64 页。

另外，近年来人民调解专业化、职业化得以发展。比如，医疗纠纷人民调解。医疗纠纷人民调解是指由医学、法学等专家组成的医调委，在司法行政机关和基层人民法院指导下，就医疗纠纷问题，促使医患双方当事人进行协商，互谅互让、平等协商、自愿达成协议，消除医疗纠纷的一种纠纷解决活动。北京、上海、天津、江苏、山西、漳州、宁波等地方在探索用人民调解机制解决医疗纠纷方面取得了良好的效果。①那么医疗纠纷人民调解为什么会受到人们青睐？人民调解为什么会出现组织化、制度化、法制化、专业化发展方向呢？

上述这些问题的解答都与人民调解的历史变迁密切相关。因此，要正确理解2002年以来人民调解实践中的两种路径及其效果并科学地规划人民调解的未来，必须深刻审视人民调解的过去。鉴于此，本书的核心问题是人民调解经历了怎样的历史变迁以及背后原因是什么？人民调解的发展前景是什么？

二 研究的意义

（一）理论意义

1. 丰富我国多元化纠纷解决机制理论研究

范愉教授认为多元化纠纷解决机制是指一个社会中，由各种不同性质、功能和形式的纠纷解决方式（包括诉讼与非诉讼两大类型），相互协调互补，共同构成的纠纷解决和社会治理系统。多元化纠纷解决机制既强调纠纷解决方式的多元化，又注重纠纷解决方式之间的优势互补，衔接和互动。②近年来，多元化纠纷解决机制的研究是我国法学界热点，而人民调解是我国的一项重要的诉讼外纠纷解决机制，它在不同历史时期与民间调解、行政调解、法院调解、诉讼等纠纷解决方式的关系呈现出不同的状态。人民调解与不

---

① 佚名：《各地政府为解决医疗纠纷纷纷试水调解机制》，2013年10月24日，人民网（http://news.qq.com/a/20091214/000111.htm）。

② 范愉：《纠纷解决的理论与实践》，清华大学出版社2007年版，第221页。

同纠纷解决方式的关系影响着人民调解功能的发挥，也影响着人民调解在纠纷解决机制中的地位。可见，研究人民调解的历史变迁必将丰富我国多元化纠纷解决机制理论研究。

2. 丰富我国法制现代化建设理论研究

清末至民国时期，我国主要借鉴德国、日本先进法律制度、法律思想，开展法制近代化建设。新民主主义革命时期及新中国成立后的较长历史时期内，我国学习、模仿苏联法律制度、法律思想。20世纪80年代以来我国既借鉴大陆法系又学习英美法系。可见，这100多年的法制近代化、现代化建设，是一个不断学习外国先进法律制度、法律思想的过程。客观地说，移植外国先进法律制度是我国从人治走向法治的一条重要路径。虽然立法部门立法时，尽力将法律移植与本土资源相结合，但是已出台的法律仍在很大程度上水土不服。许多学者从宏观上探讨如何把法律移植和本土资源很好地结合，不过，从具体路径上如何实现法制现代化仍有待研究。调解是我国重要的本土资源，传统民间调解维持了民间自治的空间，维持了国家与社会二元秩序构造。脱胎于我国传统民间调解的人民调解不仅化解了大量民间纠纷，还在基层社会治理中发挥了重要作用。20世纪80年代以来，为适应法制建设的需要，国家试图将人民调解纳入法制轨道。那么人民调解法制化进行得怎样？如何使人民调解融入到构建法治的宏大社会背景中去呢？因此，研究人民调解的历史变迁，可以推动中国法制现代化建设理论研究。

3. 丰富我国基层社会治理研究

所谓"社会治理"，从社会学角度看是"指政府与社会力量在法治架构中，共同管理和规范社会组织、社会事务，化解社会矛盾，维护社会公正、社会秩序和社会稳定的多元回应与互动过程"[①]。这一新的社会治理理念在我国构建法治、和谐社会背景下，被政府逐渐接受。目前国家从高度垄断公共服务的社会管理模式逐步走向国家与社会的共同治理模式。而人民调解从其诞生起就与社

[①] 戚攻：《社会转型·社会治理·社会回应机制链》，《西南师范大学学报》（人文社会科学版）2006年第6期，第110页。

会管理模式镶嵌在一起,在基层社会治理中发挥着重要作用。因此,研究人民调解的历史变迁,有助于深刻透视我国基层社会治理模式的变迁轨迹,正确定位社会组织在基层社会治理中的地位和作用。

(二) 现实意义

1. 有助于深刻理解人民调解的历史变迁以及背后动因

目前,人们对于20世纪80年代中期至2002年人民调解是否衰落问题有不同看法。从《中国统计年鉴》、《中国法律年鉴》上看,20世纪80年代中期至2002年人民调解的解纷数量一直处于下降状态。许多学者根据这一表征认为人民调解衰落了,但是对于人民调解衰落的原因,学者们意见不一。例如,有学者认为是因为新的时期人民调解制度出现了合法性危机。[①] 有学者认为是由于纠纷形态本身随着社会的转型而发生了变化致使适合人民调解解决的纠纷减少了。[②] 有学者认为是人民调解的半官方化的体制障碍使得人民调解解纷数量下降。[③] 也有学者认为人民调解"衰落"的主要原因在于调解干部的强制权力被削弱、调解经费得不到保障、大集体时代形成的乡村精英再生产机制失效和乡村由熟人社会向陌生人社会转化。[④] 不同于许多学者认为20世纪80年代中期至2002年人民调解衰落的观点,范愉教授曾经认为20世纪90年代人民调解开始衰落并分析了衰落的原因,但是后来尽管没有直接评价人民调解是否衰落,却认为以人民调解组织与其调解纠纷的数量之比来证明其作用的降低的评估标准存在明显的不足。[⑤] 那么人民调解是否曾经衰落?

---

① 郑杭生、黄家亮:《论现代社会中人民调解制度的合法性危机及其重塑——基于深圳市城市社区实地调查的社会学分析》,《思想战线》2008年第6期。
② 郭松:《人民调解解纷数量为何下降?——超越已有理论的新论说》,《清华法学》2010年第3期。
③ 吴俊:《人民调解制度的再完善》,《学习与探索》2012年第1期。
④ 何永军:《乡村社会嬗变与人民调解制度变迁》,《法制与社会发展》2013年第1期。
⑤ 范愉:《非诉讼纠纷解决机制研究》,中国人民大学出版社2000年版。范愉:《〈中华人民共和国人民调解法〉评析》,《法学家》2011年第2期。

如果人民调解衰落,那么人民调解衰落的原因到底是什么呢?而这些问题的研究对于正确理解人民调解的历史变迁及其原因具有重要意义。

2. 为人民调解法律完善提供参考

2002年以来有关人民调解的政策、法律虽然有较大发展,但是仍然存在一些问题。例如,2010年的《人民调解法》规定社会团体或其他组织根据需要可以设立人民调解委员会,调解民间纠纷。这一条文只是对人民调解专业化发展的部分回应,还不足以规范人民调解的专业化发展。实践中的专业化人民调解存在种种问题。比如,关于医疗纠纷人民调解的指导、支持、监督,卫生行政部门、司法行政部门、保险行业协会在医疗纠纷人民调解管理上如何协调呢?是否所有的专业社会调解组织都纳入人民调解范畴?这些问题的存在影响人民调解专业化的健康发展,而人民调解专业化发展问题是人民调解历史演变问题的一部分。因此,研究人民调解的历史变迁,将有利于人民调解法律的完善。

三 文献梳理

任何学术研究都是在已有的研究基础上展开的,为了避免重复研究并有所创新,有必要对已有的研究文献进行细致梳理。

(一) 国内研究

围绕人民调解历史变迁问题,笔者除了整理有关人民调解历史变迁整体研究的文献外,还归纳有关不同历史时期人民调解立法与实践特点的研究资料。

1. 关于人民调解历史变迁的整体研究

有学者从制度层面梳理了人民调解的历史发展,认为人民调解诞生于新民主主义革命时期,新中国成立初期发展壮大,"文化大革命"时期遭受影响，改革开放以来得到进一步发展。① 另一些学者主要运用法社会学方法对人民调解的历史变迁做了描述和分析，并对人民调解的未来予以展望。这些学者描述人民调解的历史变迁主要是基于人民调解的解纷数量，将人民调解变迁的原因主要归结为社会变迁导致社会结构转型、诉讼分流作用以及人民调解自身的局限性。例如，洪冬英博士认为人民调解经历了兴衰演变历程，未来的人民调解应坚持民间自治性定位并保证自愿原则的实现和发挥道德情感维系的作用。② 朱新林博士生认为1986—2002年人民调解经历了衰落与复兴的历程，人民调解式微的基本因素是诉讼分流、社会结构转型和人民调解制度自身的不足，官方推动下的制度革新则是2002年以来人民调解制度重新焕发生机的主要原因，人民调解的未来发展中应充分认识到人民调解制度是多元纠纷解决机制中重要的基础环节，同时人民调解具有自身局限性。③ 周琰副研究员认为1981年以来人民调解经历了发展壮大、衰微和逐渐复兴历程，人民调解未来发展中应找准人民调解在多元化纠纷解决机制中的地位和作用、进一步推进人民调解与其他纠纷解决方式衔接、明确人民调解制度的政府责任与社会自治属性。④

2. 关于新民主主义革命时期人民调解的立法与实践研究

这一时期的研究主要集中在人民调解经验的总结、人民调解组织的组建、人民调解推行的原因以及运作背景。杨永华、方克勤教授把陕甘宁边区调解工作的基本经验归结为：自始至终要依靠群众；要做到四个结合；说服教育是调解工作的关键；重视调解人才；加强领导是搞好调解工作的保证；调解人必须奉公守法，遵守

---

① 江伟、杨荣新：《人民调解学概论》，法律出版社1990年版。梁德超：《人民调解学基础》，中国广播电视出版社1988年版。孙丕志、王玮：《人民调解知识》，黑龙江人民出版社1985年版。王红岩、张富、牛思庆：《人民调解通论》，内蒙古大学出版社1989年版。蒋月：《人民调解理论与实践》，群众出版社1994年版。韩延龙：《人民调解制度的形成和发展》，《中国法学》1987年第3期。史凤仪：《人民调解制度溯源》，《中国法学》1987年第3期。

② 洪冬英：《当代中国调解制度变迁研究》，上海人民出版社2011年版。

③ 朱新林：《人民调解：衰落与复兴——基于1986—2009年人民调解解纷数量的分析》，《河南财经政法大学学报》2012年第4期。

④ 周琰：《人民调解制度发展研究》，《中国司法》2013年第2期。

纪律。① 杨永华、方克勤教授认为陕甘宁边区调解形成了自愿原则、合法原则和保证诉权原则，而三原则的形成经历了曲折过程。② 李婷婷博士从组织产生的背景角度指出新民主主义革命时期人民调解委员会的产生逻辑是：与传统调解制度存在连续与断裂，政治力量对社会控制的需求所采取的理性构建，共产党进行权力组织网络化建设。③ 侯欣一教授认为陕甘宁边区人民调解制度的推行是出于与国民党政治斗争、探索中国新型司法制度的需要。④ 强世功教授认为权力的组织网络背景为民间调解的运作搭建了平台，反过来民间调解的有效运作又加强了权力的组织网络化。⑤

3. 关于新中国成立后至 20 世纪 80 年代中期人民调解的立法与实践研究

这一时期的相关研究较少，主要有：柴发邦教授、李春霖副教授认为当时的人民调解工作取得很大成效，但是仍存在一些问题需要完善。⑥ 曾琼博士认为人民调解在新中国初期婚姻诉讼实践中与民事司法紧密互动，发挥了重要作用。⑦

4. 关于 20 世纪 80 年代中期至 2002 年人民调解的立法与实践研究

部分学者关注这一时期人民调解法制化的状况。大多数学者认为人民调解衰落，并且分析了人民调解衰落的成因。有些学者却对人民调解的衰落表征提出了质疑。该项研究具体体现为：傅华伶的论文《后毛泽东时代中国的人民调解制度》认为邓小平时代调解与

---

① 杨永华、方克勤：《陕甘宁边区调解工作的基本经验》，《西北政法学院学报》1984 年第 2 期。
② 杨永华、方克勤：《陕甘宁边区调解原则的形成》，《西北政法学院学报》1984 年第 1 期。
③ 李婷婷：《制度、行动与策略：新民主主义革命时期人民调解委员会的组织生产逻辑》，《云南行政学院学报》2012 年第 3 期。
④ 侯欣一：《陕甘宁边区人民调解制度研究》，《中国法学》2007 年第 4 期。
⑤ 强世功：《法制与治理——国家转型中的法律》，中国政法大学出版社 2003 年版。
⑥ 柴发邦、李春霖：《改革与完善人民调解制度》，《政法论坛》1986 年第 1 期。
⑦ 曾琼：《新中国初期婚姻诉讼实践及当代启示》，博士学位论文，湘潭大学，2008 年。

毛泽东时代调解发生变化的背后原因是从毛泽东个人魅力型的领导转向更理性和法治的领导，警察对人民调解的支持减弱，居委会的权力减弱，人民调解员不计报酬、热心调解的精神已经减弱。季卫东教授认为中国在重视法制的背景下对人民调解进行了法制化努力，但人民调解仍然出现了组织形式化的现象，不过他仍然乐观地认为人民调解在中国法制现代化进程中会发挥积极作用。① 范愉教授的《非诉讼纠纷解决机制研究》一书中认为20世纪90年代人民调解解纷数量总体上下降，除了乡镇（街道）法律服务所工作的解纷分流作用外，主要是人民调解面临着社会转型期的新形势和自身机制的问题。② 左卫民教授等著的《中国基层纠纷解决研究》一书认为以S县人民调解为个案的研究发现，人民调解解纷数量持续下降，其原因很可能是源于进入人民调解制度管道的纠纷本身在减少，而这并不完全是因为人民调解制度的缺陷与公众的选择取向所致。③ 何永军副教授认为20世纪90年代以来乡村人民调解"衰落"的主要原因在于调解干部的强制权力被削弱、调解经费得不到保障、大集体时代形成的乡村精英再生产机制失效和乡村由熟人社会向陌生人社会转化。④ 范愉教授则在《〈中华人民共和国人民调解法〉评析》一文中认为以人民调解组织与其调解纠纷的数量之比来证明其作用的降低的评估标准存在明显的不足。⑤

5. 关于2002年以来人民调解立法与实践的研究

总体而言，在这一时期有关人民调解立法与实践的研究较为丰富，其研究主要体现在以下几个方面：

（1）关于人民调解实践及改革的宏观研究。学者们认为2002年以来人民调解改革是必然的，但对人民调解改革的评价不一，多

---

① 强世功：《调解、法制与现代性：中国调解制度研究》，中国法制出版社2001年版。
② 范愉：《非诉讼纠纷解决机制研究》，中国人民大学出版社2000年版。
③ 左卫民等：《中国基层纠纷解决研究——以S县为个案》，人民出版社2010年版。
④ 何永军：《乡村社会嬗变与人民调解制度变迁》，《法制与社会发展》2013年第1期。
⑤ 范愉：《〈中华人民共和国人民调解法〉评析》，《法学家》2011年第2期。

数学者认为未来的人民调解应是多元化纠纷解决机制的一种，应走向现代调解。狄小华教授认为随着中国社会加速由传统向现代转型，传统调解（包含人民调解）面临挑战，要使传统调解再现辉煌，必须使传统调解进行现代转型。传统调解实现现代转型的具体路径是调解的价值取向应是秩序与自由、公正与效率的统一，引入正当程序等。① 何兵教授认为20世纪90年代以来，人民调解组织庞大、力量不足，人民调解处于半瘫痪状态，试图按往日的模式重建人民调解不现实，应从威信调解型向依法调解型转变，加强人民调解与民事司法的互动。② 范愉教授认为社会转型期人民调解发展面临着问题，上海长宁区人民调解制度改革是人民调解发展的重要探索，但改革的普适性有限，长远来看，解决人民调解的发展问题，应完善多元化纠纷解决机制。③ 康怀宁博士针对实践中人民调解的两条改革路径——法治路径、强制路径，认为法治路径实现了人民调解制度功利、权威和回归传统的"三丰收"，强制路径虽然迎合了"乡土社会"的需要，但是该路径在构建法治的背景下可能潜藏着危机。④ 毋爱斌博士根据人民调解组织创新方式的特点将2002年以来我国人民调解的实践归结为六种模式："大调解"模式的人民调解；专门性的人民调解；专业化的人民调解；激励机制式的人民调解；引入民调评议制度的人民调解；"广安模式"的人民调解。⑤ 刘敏教授认为21世纪以来我国人民调解不管在立法上，还是在实践中，都出现了较大的创新，人民调解在未来的发展中应进一步明确人民调解在我国纠纷解决体系中的地位，更好地处理好人民调解与诉讼的关系，深刻把握人民调解的正当性基础，严格规范

---

① 狄小华：《中国传统调解制度的现代转型》，《东南大学学报》（哲学社会科学版）2008年第6期。
② 何兵：《现代社会的纠纷解决》，法律出版社2003年版。
③ 范愉：《社会转型中的人民调解制度——以上海市长宁区人民调解组织改革的经验为视点》，《中国司法》2004年第10期。
④ 康怀宁：《人民调解的两条道路——法治亦或强制》，《理论与改革》2006年第3期。
⑤ 毋爱斌：《对我国人民调解各地模式的考察》，《法治论坛》2009年第2期。

人民调解员的行为。① 范愉教授认为2010年《人民调解法》基本上回应了社会的需求，具有积极意义，仍有一些问题需要关注和解决。② 周望认为实践中的人民调解存在三大症结：国家化与非国家化、制度化与非制度化、专业化与非专业化；《人民调解法》对于这些问题做出了一定程度上的回应，但并不表明人民调解中的三大症结可以迎刃而解。③ 王禄生博士以新制度主义为视角将人民调解从2002年至2012年十年复兴的特征总结为：机构的全面扩张、地方"试点主义"、制度化与同构主义、正式制度的符号化，并认为人民调解组织的扩张是为了降低资源不确定性的必然选择；同构主义是人民调解回应社会共识而进行制度化建设的必然结果；制度环境的丰富内涵导致了人民调解多元的地方实践；制度环境的理念冲突造成了人民调解的制度符号与运行实践的断藕。④ 李婷婷博士、李亚教授认为21世纪人民调解的实践动向体现为人民调解逐渐被纳入维稳"大调解"体系中、调解领域不断扩展、人民调解组织呈现发展和分化态势、人民调解渐趋规范化、专业化，但是人民调解存在调解理念错位、调解指导策略单一、调解程序仍缺乏规范、调解组织的自治性遭到侵蚀、新兴冲突领域介入不足，人民调解的未来发展：应传播冲突解决理念、发展促参式调解、加强调解培训、厘清组织间关系、拓展人民调解的应有范围和形式。⑤ 刘加良博士认为《人民调解法》通过后，为促进人民调解制度实效化，应科学地进行人民调解细则化工作、人民调解员的遴选就低化、经费保障国家责任的长效化、司法确认程序的非常态化。⑥

（2）关于人民调解创新和发展的具体路径研究。2002年以来

---

① 刘敏：《人民调解制度的创新与发展》，《法学杂志》2012年第3期。
② 范愉：《〈中华人民共和国人民调解法〉评析》，《法学家》2011年第2期。
③ 周望：《转型中的人民调解：三个悖论——兼评〈人民调解法〉》，《社会科学》2011年第10期。
④ 王禄生：《审视与评析：人民调解的十年复兴——新制度主义视角》，《时代法学》2012年第1期。
⑤ 李婷婷、李亚：《人民调解实践：动向、问题和对策》，《上海行政学院学报》2013年第4期。
⑥ 刘加良：《论人民调解制度的实效化》，《法商研究》2013年第4期。

人民调解创新和发展的具体路径主要表现为大调解、人民调解与民事司法衔接和人民调解的专门化、专业化。围绕这些实践探索，学界出现了大量研究成果，有代表性的研究成果如下：a. 关于大调解的研究。多数学者认为大调解发挥了一定作用，但存在法理困境，需要进行改革。桑本谦以陵县乡镇司法调解中心的调解为个案的研究，揭示了调解的合理性及不当调解带来的困境。[①] 章武生教授认为我国 2002 年以来的大调解的实践是回应社会现实的需要，大调解与域外 ADR 具有相似性又有自身特点，大调解机制构建的总体方向是构建多元化纠纷解决机制。[②] 吴英姿教授认为转型期社会纠纷呈现现实性与非现实性交错的特征，面对纠纷解决的需求，我国现有的纠纷解决机制不能有效供给；在此意义上"大调解"是有现实必要性的，但"大调解"具有自身局限性；为了更好地满足转型期纠纷解决的需求，应重构我国纠纷解决机制，及时调整"大调解"运动发展方向。[③] 艾佳慧副教授认为"大调解"运作模式具有五大要素，即党政驱动、司法能动、多方联动、法院主导和关系协调，并且有利于预防和解决纠纷，促进社会和谐、保障社会稳定，但是"大调解"存在法理困境。因此，必须确保调解人具有中立地位，"大调解"才能真正实现"案结事了"、"三效合一"的效果。[④] 胡洁人（Jieren Hu）的论文《中国大调解》认为中国大调解具有正当性，其产生是由于中国法院无法很好地处理转型期的一些纠纷，信访压力大、非诉解决纠纷的传统影响以及积极政府角色定位等综合因素的结果；中国大调解已发挥了重要作用，但存在一些弊端；中国大调解未来的发展应注意以下四点：要有一个不断保障资金来源的支持机制；应进一步采取措施复兴人民调解；应明确司法调解的权限和案件范围；政府应作为提供补充信息的建议者并尊重法

[①] 谢晖、陈金钊：《民间法》（第 1 卷），山东人民出版社 2002 年版。
[②] 章武生：《论我国大调解机制的构建——兼析大调解与 ADR 的关系》，《法商研究》2007 年第 6 期。
[③] 吴英姿：《"大调解"的功能及限度——纠纷解决的制度供给与社会自治》，《中外法学》2008 年第 2 期。
[④] 艾佳慧：《"大调解"的运作模式与适用边界》，《法商研究》2011 年第 1 期。

院。① b. 关于人民调解与民事司法衔接的相关研究。多数学者围绕人民调解与民事司法衔接的具体方式即委托调解、协助调解、法院附设调解和司法确认进行规范研究。例如，李浩教授对于委托调解开展的原因，委托调解的性质、范围、原则、程序、效力以及完善对策进行了理论探讨。② 刘加良博士认为将立案前委托调解定性为诉讼调解可以确保法院对委托调解的主导性，并保障委托调解司法化进程的顺利深入，并认为委托调解具备分流案源、提升司法公信力、扩大司法民主、促进社会治理和促进法律发展功能。③ 李浩教授对协助调解的性质、历史沿革、依据、程序、存在的问题及其完善进行了基础性研究。④ 唐力教授、毋爱斌博士认为以主导机构为标准将当前各地法院探索的法院附设诉前调解机制划归为两种模式，即法院主导型诉前调解模式、政府主导型诉前调解模式，并认为法院主导的司法性附设调解机制应当成为未来制度化构建的方向并提出了具体的构建设想。⑤ c. 关于行业性、专业性人民调解的研究。这项研究有分量的论文主要有刘加良博士的论文《医疗纠纷人民调解的实践模式及其启示》，该文认为为了有效化解医疗纠纷，我国官方急速推进全国统一的医疗纠纷人民调解模式可能会带来一些问题。⑥

（二）域外研究

关于中国不同历史时期人民调解法社会学研究的域外资料较为丰富。2002 年以前比较有代表性的成果是美国学者对人民调解的研究⑦：

---

① Jieren Hu, "Grand Mediation in China", *Asian Survey*, Vol. 51, No. 6, November/December 2011, pp. 1065-1089.
② 李浩：《委托调解若干问题研究——对四个基层人民法院委托调解的初步考察》，《法商研究》2008 年第 1 期。
③ 刘加良：《委托调解原论》，《河南大学学报》（社会科学版）2011 年第 5 期。
④ 李浩：《法院协助调解机制研究》，《法律科学》2009 年第 4 期。
⑤ 唐力、毋爱斌：《法院附设诉前调解的实践与模式选择——司法 ADR 在中国的兴起》，《学海》2012 年第 4 期。
⑥ 刘加良：《医疗纠纷人民调解的实践模式及其启示》，《政治与法律》2012 年第 5 期。
⑦ 强世功：《调解、法制与现代性：中国调解制度研究》，中国法制出版社 2001 年版。

柯恩的论文《现代化前夕的中国》运用文化解释的方法认为毛泽东时代共产党调解与传统中国调解存在文化连续性，二者都高度倚重"批评—教育"、自我批评和"自愿"。美国加州大学法学院陆思礼（Stanley Lubman）的论文《毛泽东与调解：共产主义中国的政治与纠纷解决》则以功能主义为视角认为中国传统调解与毛泽东时代调解虽然存在着一些连续性，但二者在意识形态和制度上存在较大的断裂，从某种意义上说，共产主义中国调解的政治功能取代了纠纷解决功能。陆思礼的论文《邓小平之后的中国纠纷解决：再谈"毛泽东和调解"》认为邓小平时代调解与毛泽东时代调解相比，调解的运作背景、调解依据以及功能发生变化，人民调解已出现衰落迹象，虽然存在着衰减的因素，但是人民调解也有存续的社会基础。另外，日本学者高见泽磨也对人民调解进行了附带研究。高见泽磨的专著《现代中国的纠纷与法》一书认为中华人民共和国采用调解方式解决纠纷主要是由于司法者与当事人双方的力量不足、纠纷形态本身以及认识纠纷的方式所决定的。①

2002年以来有关人民调解变迁的研究，域外比较有代表性的研究是：何宜伦（Aaron Halegua）的论文《中国城镇地区人民调解制度改革》认为2002年以来中国官方通过改变人民调解政策、人民调解组织形式和人民调解运作模式已经成功地扭转了20世纪90年代人民调解衰落，但是人民调解的发展存在一些隐忧即人民调解的性质已发生改变；年轻的人民调解员调解是否更有效率；如果人民调解的法律化和正规化不能继续让年轻、富裕、受过更多教育的中国人信服地使用人民调解，那么社区的人民调解委员会的正当性只能随着时间的推移而不断消减；如果人民调解员的待遇不能保证，人民调解的复兴可能会表面化等等。②

---

① ［日］高见泽磨：《现代中国的纠纷与法》，何勤华、李秀清、曲阳译，法律出版社2003年版。

② Aaron Halegua, "Reforming the People's Mediation System in Urban China", *Hong Kong Law Journal*, Vol. 35, 2005, p. 715.

（三）对已有研究的评价

通过对已有人民调解变迁研究的梳理，笔者发现了有关人民调解变迁研究的特点及不足。总体来看，国内对人民调解历史变迁的整体研究不多，并且主要侧重于人民调解制度文本以及人民调解某方面如人民调解组织的研究。新民主主义革命时期，人民调解的立法与实践研究虽然较为丰富，但是解读不够深入，并且主要是经验总结。新中国成立初期至20世纪80年代中期，有关人民调解立法与实践的研究相对薄弱，并且主要是对策研究。20世纪80年代中期至2002年，有关人民调解立法与实践的研究主要集中于人民调解衰落的研究，法社会学研究方法的应用开始出现。2002年以来人民调解的立法与实践研究相对较为丰富，而且法社会学研究方法的应用增多，但是该阶段的研究主要集中于人民调解某方面的研究，比如，人民调解与民事司法衔接等。域外主要侧重对不同历史时期人民调解的法社会学研究，附带涉及人民调解的历史变迁。

同时，国内外对人民调解历史变迁的研究还存在一些问题。国内对于人民调解历史变迁研究的不足主要表现为：一些学者仅仅关注人民调解制度文本变迁史。洪冬英博士对人民调解制度变迁的研究是其专著《当代中国调解制度变迁研究——以法院调解与人民调解为中心》的一个组成部分，侧重于人民调解立法、政策的变化，较少关注人民调解的实践及效果，而且该书完成于2007年，自然也无法涵括2007年之后人民调解的新变化。朱新林、周琰虽然较为深入地解读了人民调解的衰落与复兴，但是他们对人民调解变迁形态的描述仅仅关注人民调解解纷数量的变化，没有涉及人民调解与其他解纷机制的互动形态以及人民调解作为社会治理手段的变化。就人民调解历史演变的分阶段研究来看，新民主主义革命时期，人民调解立法与实践的研究侧重于描述，不注重分析人民调解的运作样态、效果及其背后逻辑；学者们对新中国成立以来至2002年人民调解历史变迁的研究往往是作为对策研究的一部分，附带进行的；2002年以来人民调解历史变迁的研究往往只关注人民调解的某个方面。域外对人民调解历史变迁的研究虽然关注不同历史时期人民调解的比较，但是缺乏对人民调解历史变迁的整体深入研究。上述关于人民调解历史变迁研究的不足为笔者继续研究预留了足够的空间。

四　基本概念的界定

"概念乃是解决法律问题所必需的和必不可少的工具。没有限定严格的专门概念，我们便不能清楚地和理性地思考法律问题。没有概念，我们便无法以一种可理解的方式把这些思考传达给他人。如果我们试图完全否弃概念，那么整个法律大厦就将化为灰烬。"① 为了便于理清人民调解历史演变的脉络，有必要对人民调解的概念做一界定，明确本书所探讨的人民调解范畴。

笔者通过查阅有关调解的文献，发现一些学者没有将人民调解与民间调解区分开来。实际上人民调解渊源于我国传统民间调解，属于民间调解形式。"但是，并非一切民间调解都是人民调解，只有在中国共产党和人民政府领导下的民间调解才能被称为人民调解。确切来说，人民调解是在人民调解委员会的主持下，对民间纠纷的当事人依法进行疏导、说服、教育，促进当事人达成协议，进而解决纠纷的活动。"② 从有关人民调解立法上看，人民调解作为一种民间调解形式具有自身的特点，即人民调解员的自主性；人民调解接受共产党和人民政府的领导；有相应的组织形式；有法规、政策依据；人民调解员有相应的工作纪律约束。实践中不同历史时期不同地方的人民调解则没有局限于立法对人民调解的定位。不同历史时期人民调解的外延表现形式不一。

抗日战争、解放战争时期抗日根据地和解放区有关制度文本规定了四种调解形式：民间自行调解、群众团体调解、政府调解和司法调解。这些调解形式是否都统称为"人民调解"？这两个时期的

---

① ［美］博登海默：《法理学：法律哲学与法律方法》，邓正来译，中国政法大学出版社 2004 年版，第 504 页。

② 尹力：《中国调解机制研究》，知识产权出版社 2009 年版，第 63 页。

调解法规和相关文献中没有明确记载。在学术界，有些学者给出了答案，但观点不统一。例如，韩延龙教授认为我国新民主主义革命时期，人民调解是一个内涵广泛的概念，有广义的人民调解和狭义的人民调解之分。广义的人民调解是泛指当时所有的调解形式而言的，狭义的人民调解则专指民间调解。① 史凤仪教授认为："以前，在我们国家里人们把民间调解、基层政府调解、审判机关调解统称为人民调解，以区别于国民党反动政府搞的反人民的调解。一九五四年原政务院颁布了《人民调解委员会暂行组织通则》，对调解委员会的调解职能、基层政府的行政职能与人民法院的审判职能划定了明确界限；从而把人民调解从过去统称的那种含义中分立出来，专指调解委员会所进行的调解。"② 与韩延龙教授、史凤仪教授的观点不同，江伟教授、杨荣新教授认为新民主主义革命时期的人民调解组织形式为民间自行调解、群众团体调解和政府调解。③ 综合上述学者的观点，笔者认为，抗日战争、解放战争时期民间自行调解、群众团体调解和政府调解都突出民众自主解决纠纷、自我管理、行使当家作主的权利，而司法调解的两种形式（即庭内调解、庭外调解）与其他调解形式有差别，庭内调解是由法官独自进行的调解，庭外调解分两种情况：一是法官指定民众、群众团体以及干部调解，调解协议是否成立，需要法官最后把关。二是由法官主持，民众、群众团体以及干部参加的调解。也就是说庭外调解是人民调解与法院调解互动的一种机制。因此，抗日战争、解放战争时期，民间自行调解、群众团体调解和政府调解属于人民调解范畴。除此之外，实践中的村调解委员会调解也具有民众自主解决纠纷的特点。因此，本书论述的抗日战争、解放战争时期的人民调解包括民间自行调解、群众团体调解、村调解委员会调解、政府调解。

新中国成立后不同历史时期人民调解委员会有不同形式：新中国成立初期的派出所辖区或街道调解委员会、乡调解委员会以及实践中的互助组、合作社中的调解小组；人民公社时期的公社调解组

---

① 韩延龙：《人民调解制度的形成和发展》，《中国法学》1987年第3期，第39页。
② 史凤仪：《论人民调解制度》，《东岳论丛》1983年第4期，第10页。
③ 江伟、杨荣新：《人民调解学概论》，法律出版社1990年版，第28页。

织和大队、生产队、生产小组调解组织；计划经济时期的企事业单位调解组织和城市居委会调解组织；20世纪80年代至90年代的居民委员会调解组织、村民委员会调解组织、企事业单位人民调解组织、乡镇司法调解中心；2002年以来除了保留20世纪80年代至90年代的人民调解组织外，出现了乡镇（街道）人民调解委员会、社会矛盾调解中心、人民调解工作室（站）以及专门化、专业化人民调解委员会。另外，无论在人民调解立法还是实践中，人民调解委员会与司法助理员、乡镇法律服务所、乡镇（街道）司法所和基层人民法院都存在互动关系。鉴于上述情况，本书对新中国成立以来人民调解历史演变的探讨中所指的人民调解包含上述所有人民调解组织形式外，还包括人民调解与有关机关、组织调解的互动状况。

五　分析工具

以人民调解的文本、实践及其效果来看，其经历了兴起、兴盛、衰落和"复兴"的历史变迁过程。人民调解脱胎于我国传统民间调解，抗日战争、解放战争时期，人民调解开始兴起；新中国成立至20世纪80年代中期，人民调解虽然遭受"文化大革命"的影响，于1966—1972年基本上处于瘫痪状态，但是其总体上处于兴盛状态；20世纪80年代中期至2002年，人民调解相对衰落；2002年以来人民调解又逐步走上了"复兴"的道路。如果满足于对人民调解变迁现象的描述，则是属于传统法史学的研究范畴，仅具有资料价值。胡旭晟教授把传统法史学称为描述性的法史学。20世纪80年代中期，法史学界兴起一种新的趋势：它不再满足于考据、对历史现象的描述，而是强调从政治、经济、哲学、伦理、审美等多种侧面和角度对法史进行综合性考察。这种新趋势被胡旭晟教授称为解释性的法史学。[①] 解释性的法史学要求"法史研究不能满足于对既往

[①] 胡旭晟：《描述性的法史学与解释性的法史学——我国法史研究新格局评析》，《法律科学》1998年第6期，第38—40页。

法律现象的描述，而必须以新的学术角度重新审视、解释和阐发一切旧有的法律文化现象，并力求从历史的流变中探究出普遍意义，甚至从往昔的经验里厘定出某些现代文明秩序中一般性的原则和规律，以便为当代之法律文明提供必要的参照视镜和有益的建设资源。显然，这样的法史研究已主要不再是'发现'，而更是一种'创造'"[①]。徐忠明教授也认为："历史研究的目的并非仅仅在于'还原'历史现象，而是在于揭示历史的意义结构，思考历史与我们当下生存境遇之间的关联意义。"[②] 受法史研究新趋势的启发，本书在描述人民调解变迁现象的基础上，力图解释人民调解变迁现象。

调解的广泛适用和有效与调解者权威密不可分。正如强世功教授所说："民间调解是否可以得到有效的推行，关键在于乡村社会是否存在有效的权威人物和组织，因为调解作为纠纷解决机制总是和权威人物和机构联系在一起的。"[③] 同理，人民调解组织、人民调解员的权威是人民调解有效运作的前提和保障。如果人民调解组织和人民调解员不具有权威，纠纷当事人一般不会选择人民调解。在人民调解员调解纠纷过程中，当纠纷当事人对人民调解组织和人民调解员的权威产生置疑时，人民调解活动往往很难进行下去。从人民调解协议达成来看，人民调解员权威也发挥着重要作用。合意是人民调解的正当性基础，而合意的达成是一个在人民调解员主持下双方当事人的互谅互让的过程。在这一过程中当双方当事人不能协商一致时，人民调解员常常在双方当事人各自说出自己的解决方案基础上，根据事实和相关依据、综合考虑双方当事人的利益给出一个解纷方案。那么纠纷当事人是否接受人民调解员给出的解纷方案呢？一般来说，调解方案被当事人接受往往发生在以下两种情况，即当事人出于对人民调解员的信任，往往会主动放弃自己的一些利

[①] 胡旭晟：《解释性的法史学——以中国传统法律文化的研究为侧重点》，中国政法大学出版社2005年版，第6页。

[②] 徐忠明：《试说中国古代法律制度研究范式之转变》，载北大法律评论编委会《北大法律评论》，法律出版社2001年版（4卷1辑），第216—238页。

[③] 强世功：《法制与治理——国家转型中的法律》，中国政法大学出版社2003年版，第99页。

益，确信自己的让步会以另一种方式得到补偿的情况下而接受调解结果；当事人考虑到人民调解员的权威，如果自己不做出一定的让步，自己可能会处于更为不利的境地的情况下而接受调解结果。看来，调解方案是否被接受往往取决于人民调解员是否有权威。正如棚濑孝雄所说："像这种第三者（调解者）始终不过是当事者之间自由形成合意的促进者从而与能够以自己的判断来强制当事者的决定者区别开来的场面，可以视为调解过程的基本形态。……但是，如果仔细观察实际生活中的调解过程，也可以很容易地发现那里存在着决定性的契机。在调解者对具体纠纷的解决持有自己的利益时，往往可以看到他为了使当事者达成合意而施加种种压力的情况。这种'强制性的合意'之所以成为可能，是因为调解者对当事者常常持有事实上的影响力。在调解者相对于当事者来说处于社会的上层，或者当事者在经济上对调解者有所依靠的情况下，调解者提出的解决方案对于当事者具有不可忽视的分量。"①

鉴于权威对于人民调解的重要性，笔者尝试从权威类型转变角度解读人民调解的历史变迁。那么什么是权威以及权威的来源是什么呢？不同历史时期人民调解的权威类型及来源是什么？

（一）权威的含义、类型及来源

1. 权威的含义

汉语语境中的权威往往与权力、权势、威望联系在一起。《辞海》将"权威"一词解释为权力与威势；权威源于拉丁文 auctoritas，含有尊严、权力和力量的意思。②《现代汉语词典》里的权威包括两层意思：使人信服的力量和威望；在某种范围里最有威望、地位的人或事物。③ 事实上，正如卡特（April Carter）指出的那样，权威是一个很难定义的概念，一个重要的原因就是通常所说的权威

---

① ［日］棚濑孝雄：《纠纷的解决与审判制度》，王亚新译，中国政法大学出版社2004年版，第13页。
② 《辞海》（缩印本），上海辞书出版社1989年版，第1141页。
③ 中国社会科学院语言研究所词典编辑室编：《现代汉语词典》（第5版），商务印书馆2009年版，第1130页。

同时包含权威性和权威者的双重含义。① 因此，单纯从词的意义上理解权威已经不足够，必须从特定学科上对权威做一个基本的界定。一般来说，权威往往是政治哲学、社会学上的概念。

政治哲学上的权威界定，中外学者均有关注。恩格斯在《论权威》中将权威界定为："这里所说的权威，是指把别人的意志强加于我们；另一方面，权威又是以服从为前提的。"② 这一权威概念包含两大要素：强制和服从。不过，恩格斯又在别处从另一种意义上使用"权威"一词："革命无疑是天下最权威的东西。革命就是一部分人用枪杆、刺刀、大炮，即用非常权威的手段强迫另一部分人接受自己的意志。"③ 这里的"权威"又等同于"暴力"、"武力"。我国学者洪向华正是受恩格斯权威观的启发，认为"权威就是指对别人意志的服从，具体来说，权威包括两个方面的含义：一指对别人的意志如果在价值观上是认同的，那么在行动中就会自愿地服从他人的意志；二指即使对别人的意志不是认同的，在行动中如果采取了服从的行为，那么这也是权威发生了作用"④。可见，政治哲学上的权威往往与权力联系在一起，是一个广义概念。

西方学者从社会学角度对权威的界定较为成熟。马克斯·韦伯在论述统治类型时指出狭义的统治与权威的命令权力是一致的，认为"（权威型）统治应该叫做在一个可能标明的人的群体里，让具体的（或者一切的）命令得到服从的机会"⑤。换句话说，他认为，强制力虽然可能维持统治，但是仅依赖于它是不能持久地稳定。统治，只有"合法性"的统治才可能稳定持久。⑥ 也就是说，在马克斯·韦伯笔下的权威是一种合法权力。科尔曼则认为权威"即指拥

---

① See April Carter, *Authority and Democracy*, Routledge & Kegan Paul, 1979, p.1.
② 《马克思恩格斯选集》（第2版第3卷），中共中央马克思恩格斯列宁斯大林著作编译局译，人民出版社1995年版，第224页。
③ 同上书，第227页。
④ 洪向华：《政党权威——一个关系政党生死存亡的重要问题》，中国时代经济出版社2006年版，第57页。
⑤ ［德］马克斯·韦伯：《经济与社会》（上卷），林荣远译，商务印书馆1997年版，第238页。
⑥ 薛广洲：《权威类型的哲学论证》，《中国人民大学学报》2001年第1期，第35页。

有控制他人行动的权利。如果说甲对乙在某些方面具有权威地位，意即甲有权在某些方面控制乙的行动"①。这种控制行为形成了一种"如果行动者甲有权控制乙的某些行动，则行动者甲和乙之间存在着权威关系"②。可见，科尔曼认为权威是一种权利。帕森斯也认为权威"包括在社会关系体系中控制他人的行为的被合法化了的权利（或者）责任"③。罗伯特·沃尔夫同样认为权威与权力不同，权威是一种权利。他"认为政府是最高的权威，权力是运用物理或者以武力相威胁逼迫他人服从，而权威是拥有得到服从的权利或者意味着使自己的主张得到他指向的人的承认接受"④。与大多数社会学家不同，丹尼斯·朗强调权威首先是一种命令服从关系，认为"权威是成功的命令或嘱咐"⑤。

综上，人们对权威的界定不一。本书采用社会学上的权威概念，认为权威是权力的一种特殊形式，是一种合法权力，是一方凭借一定的资源对另一方施加控制和影响，另一方认同、信服的一种支配关系。

2. 权威的类型

各种社会生活、生产顺利地开展都离不开权威，不同社会时期改变的仅是权威的具体形式。因此，依据不同的标准，权威有不同的分类。在西方学术界，影响较大的是马克斯·韦伯的权威类型说和丹尼斯·朗的权威类型观。马克斯·韦伯以合法性统治赖以存在的社会基础将人类社会历史上的合法性统治抽象出三种理想类型：传统型权威、魅力型权威和法理型权威。

所谓传统型权威是指"如果一种统治的合法性是建立在遗传下

---

① ［美］詹姆斯·S.科尔曼：《社会理论的基础》（上），邓方译，社会科学文献出版社1999年版，第79—80页。
② 同上书，第80页。
③ 转引自［英］罗德里克·马丁《权力社会学》，陈金岚、陶远华译，河北人民出版社1989年版，第67页。
④ ［美］罗伯特·沃尔夫：《为无政府主义申辩》，毛兴贵译，江苏人民出版社2006年版，第2页。
⑤ ［美］丹尼斯·朗：《权力论》，陆震纶、郑明哲译，中国社会科学出版社1999年版，第42页。

来的('历来就存在的')制度和统治权力的神圣的基础之上,并且也被相信是这样的,那么这种统治就是传统型的"①。传统是在长期的社会生活中逐渐形成的获得公众承认的、具有象征力和约束力的制度,如老人统治、原始的家长制、世袭制等等。在传统型权威中,成员对领导者的服从是一种人格化服从,而非职务服从。由传统所控制的社会里,某些人根据传统、习俗先赋性地拥有了社会生活中的支配权。这类权威主要存在于相对封闭的传统社会中。

所谓魅力型权威是指建立在"非凡的献身于一个人以及由他所默示和创立的制度的神圣性,或者英雄气概,或者楷模样板之上"②。"在心理的、生理的、经济的、伦理的、宗教的、政治的危难之时的'天然'领导者,既不是被任命的官职人员,也不是在今天意义上的作为专业知识来学习的和为了报酬而从事的某一种职业的持有者,而是特殊的、被设想为超自然(并非人人都能企及的意义上)身体和精神的天赋的体现者。"③ 具有魅力型权威的个人往往是原始时代的巫师,或者中世纪的宗教先知,或者现代的群众领袖。而魅力型权威的适用范围是由被统治者自愿给予的承认所确定,而且承认必须由魅力型领袖的功绩来保证。如果魅力型领袖在较长时间内无法创造奇迹或取得成功,领袖的魅力就会丧失。在受传统束缚的年代,魅力型权威是一种巨大的革命力量,但一旦局面稳定,超凡魅力型人物的影响便会逐渐消退。

所谓法理型权威是指"建立在相信统治者的章程所规定的制度和指令权利的合法性之上的权威类型,他们是合法授命进行统治的。科层权威是法理型权威最纯粹的类型,在一个科层组织里,组织的规章规定了处于不同层次上的各个职位的职责和权限,并使处于较高职位的人对于处于较低职位的人拥有了一种由组织规章所赋予的权威。典型的法理权威拥有者是领导者。权力客体对领导者的

---

① [德]马克斯·韦伯:《经济与社会》(上卷),林荣远译,商务印书馆1997年版,第251页。
② 同上书,第238—283页。
③ [德]马克斯·韦伯:《经济与社会》(下卷),林荣远译,商务印书馆1997年版,第445页。

服从是服从规则本身，而不是服从领导者个人"①。法理型权威主要存在于现代民主社会，是社会分工、社会组织复杂多样化的产物。

综上所述，马克斯·韦伯从最一般层面上将人类行动抽象为三种类型，即"传统行动"、"情感行动"和"理性行动"，并且这三种人类行动分别以习俗、情感、理性为基础，为"服从"提供了具体的动力，于是他就提出了合法性统治的三种类型：传统型权威、魅力型权威和法理型权威。传统型权威和魅力型权威都是个人权威，但传统型权威受传统约束，而魅力型权威仅依托于非凡品质；法理型权威是制度权威。马克斯·韦伯的三种权威类型又是他对人类社会权力或统治模式的发展及其规律的理想型抽象，而人类历史发展中权威的实际样态是在某一历史时期往往同时存在两种或两种以上权威类型。马克斯·韦伯也承认"在历史上没有任何一个真正以'纯粹'的形式出现过"②。

美国学者丹尼斯·朗依据权威所具有的命令服从关系共性，根据不同的服从动机将权威划分为强制性权威、诱导性权威、合法权威、合格权威、个人权威。

强制性权威是源于权力对象的畏惧。权力主体行使权力时以武力相威胁，假如权力客体不服从，就可能出现消极的后果。丹尼斯·朗认为，"至少在短时期内，强制性权威在广延性、综合性和强度上无疑是最有效的权力形式"③。因为强制性权威"只需要掌权者和权力对象之间最低限度的交流和相互理解，就可以迫使后者服从"④。

诱导性权威与强制性权威不同，是权力主体通过给予奖励获得服从，而不是通过剥夺威胁达到服从的目的。诱导性权威是"存在于一切社会几乎无处不在的权力形式，在那里一些人比另一些人对生活资料行使更大的控制权——通常是对生产资料有更大控制权的

---

① Dragan Milovanovic, *A Primer in the Sociology of Law* (Second Edition), New York: Harrow and Heston, 1994, pp.51-52.
② [德]马克斯·韦伯：《经济与社会》（上卷），林荣远译，商务印书馆1997年版，第242页。
③ [美]丹尼斯·朗：《权力论》，陆震纶、郑明哲译，中国社会科学出版社1999年版，第49页。
④ 同上。

结果"①。正是因为雇主提供的经济报酬,通常情况下,诱导性权威较少引起权力对象的反抗和敌意。然而,诱导性权威不比强制性权威有效率,因为"要有效率并且长期稳定,诱导性权威必须确实提供承诺的好处,从而耗尽掌权者的经济资源,并且需要不断致力于生产或获得固定的经济货物供应,以此维持对他人的控制"②。

合法权威是"一种权力关系,其中掌权者拥有公认的发布命令权利,而权力对象有公认的服从义务。这种自愿服从的来源是特定命令而不是内容的合法性。构成合法权威关系的共同规范并非专门为权威关系双方所共有,而是为双方所属的更大群体或社区所共有。合法权威的命令有两个特点:一是下级感到应该服从,即使他可能不喜欢或不同意某一特定命令。二是他知道更大的'下级集体'规定要服从,如果不服从就会招致非难"③。

合格权威是"一种权威关系,其中对象服从权威的指令是出于信任权威的卓越的才能或专门知识去决定何种行动能最好服务于对象的利益和目标。合格权威的综合性和强度一般都比较低,往往限于严格划定的公认的权威资格范围之内,限于增进对象特殊目的和利益的行动。作为遵从合格权威的回报,对象获得的服务质量,与物质好处相比可能不太具体,不易衡量,但如果保持对象权威的信任和继续遵从,则必须满足其最低水平的服务需要"④。

个人权威是"一种'纯粹'型的权威,其中命令的发布与服从,无需发布命令者拥有任何强制性权力、可转让的资源、社会授予的特殊资格或合法性。个人权威有双重含义:一方面,它是基于掌权者的特殊性格和能力而不是基于其社会角色或广义的规范品质;另一方面,它源于对象独特的个人品质的感觉和评价而不是掌权者强制奖励或提供专家咨询的资源"⑤。

---

① [美]丹尼斯·朗:《权力论》,陆震纶、郑明哲译,中国社会科学出版社1999年版,第52—53页。
② 同上书,第54页。
③ 同上书,第56—58页。
④ 同上书,第60—62页。
⑤ 同上书,第67页。

丹尼斯·朗的上述五种权威类型划分是一种抽象理论解读。现实生活中五种权威类型存在着转化的契机，例如，医生的合格权威可能转化为合法权威。同时五种权威类型中一种或几种在某个领域某个时期会同时存在，例如，父母对孩子的权威可能会是合法权威和合格权威同时存在。

3. 权威的来源

通过分析马克斯·韦伯对权威类型的划分，我们可以看出马克斯·韦伯对权威来源的观点是：不同的权威类型其权威来源不同。传统型权威来源于传统；魅力型权威来源于个人的超凡魅力；法理型权威来源于理性的规则。丹尼斯·朗对权威类型的划分是站在权威对象服从动机的角度关注权威的来源，但他只注意到权威的人际来源，而忽视了权威的结构来源。在权威的来源问题上，我国学者则有不同的解读。

洪向华认为"从权威发展史上看，权威基本上有三个来源：一是权威来源于神授权力；二是权威来源于血统；三是权威来源于武力"①。笔者认为洪向华对权威来源的前两项认识和马克斯·韦伯的传统型权威来源相同，而他认为权威来源于武力的观点则是和他的权威界定相一致。张永和教授认为权威的形成至少有以下几个方面的依据："首先是魅力型。这一点跟马克斯·韦伯的魅力型权威界定基本一致，但是他认为有关那些具有超凡能力或'英雄气概'魅力的人更能够成为权威的情况其实并不仅仅存在于封闭的群体，在一些开放的共同体中也同样存在。其次，合意型。合意型是指一个共同体在形成时并不依据某人的魅力、外在强力或超然的神性，而是该共同体每一个成员通过一人一票或共同意志形式确定其中一个人享有该共同体的统治权或者说成为权威，现代社会中的选举属于这类权威类型。再次是神性型。神性型是那些权威在形成过程中标榜其获得权威性的依据来自于超然的神灵，或者说是'受命于天'。这类权威主要代表是古代君王，这种权威由于'受命于天'，也体

---

① 洪向华：《政党权威——一个关系政党生死存亡的重要问题》，中国时代经济出版社2006年版，第62—63页。

现其权威的无可置疑性。复次是继受型。继受型是通过对人们已经习惯的权威转让而确立的权威,世袭制就是典型的继受型权威。实际上继受型权威是传统型权威的一种。最后是强力型。强力型是通过暴力强制而确立的权威形式,包含两种情况,一是在既有的范围内推翻权威,从而形成新的权威形式;二是通过政府,直接对被征服者宣称自己的权威。"[1] 总体而言,张永和教授把权威来源归结于制度和外在压力。他和洪向华博士一样都认为权威可能来源于暴力强制,但张永和教授对权威来源的论述较为全面、具体,综合了马克斯·韦伯和丹尼斯·朗的权威观点。

从中外学者对权威类型及其来源的论述,我们可以得出启示:人们对权威类型和来源的看法与其对权威的界定紧密相关;人们对权威类型和来源的认识不仅考虑权威主体、客体的具体情况,还应该考虑权威主体、客体所生活的社会生活条件;权威来源不同,其类型也不同,而且权威的来源是多元的,并且在不同历史时期不同地域权威来源不同,侧重点也不同。

(二) 人民调解的权威类型及来源

通过上文分析权威的含义、类型及其来源,可知权威是人类社会的一种现象,人们的生产、生活、纠纷解决等一切活动均离不开权威。随着经济、社会、政治、文化的发展变化,权威会出现不同的类型和特点。同样道理,人民调解作为一项纠纷解决活动,也离不开权威,也有自己的权威类型及其来源。人民调解从我国传统民间调解发展而来,虽然与传统民间调解一样都是民间调解,但是人民调解是一种有组织有指导有章程的民间调解,从其诞生起就与共产党及其领导的政权组织联系在一起,而且20世纪80年代中期以来还向法制化、专业化方向发展。而传统民间调解则基本上是民间调解人如长老、族长(族正)、房长、家长、乡绅、中人、乡正、保(甲)长等依赖社会地位、声望、知识、才干、个人品质等获得

---

[1] 张永和:《信仰与权威:诅咒(赌咒)、发誓与法律之比较研究》,法律出版社2006年版,第141—145页。

的威望进行调解，没有固定的组织，没有统一的规范，官府基本上也不介入。笔者认为，考虑到我国传统民间调解、人民调解的特点和权威的一般原理，我国传统民间调解的权威是一种个人权威，主要是一种长者权威，其权威主要来源于传统习俗，调解人个人的经验、人品威望，相当于马克斯·韦伯所说的传统型权威和魅力型权威。而人民调解的权威则被抽象为两种理想类型：人民调解的组织权威、人民调解的法理型权威。

1. 人民调解的组织权威

所谓人民调解的组织权威是指人民调解员通过人民调解组织、人民调解组织所依附的共产党领导的政府组织以及人民法院而拥有广泛权力资源和政治威望，调解民事纠纷、轻微刑事案件，纠纷当事人认同、服从人民调解员调解的支配关系。虽然人民调解具有自己的组织，有相应的法律、法规，但是实践中纠纷当事人认同人民调解员的调解不是出于服从人民调解法律、法规，而是信服人民调解员拥有人民调解组织、政府和法院赋予的权力和政治威望。因此，人民调解组织权威是一种特殊的组织权威即主要来源于共产党领导的政府组织、人民法院赋予权力和政治地位的组织权威。这种组织权威是马克斯·韦伯所谓的合法权力的一种具体体现，既具有明显的权力因素又具有魅力型权威的实质。

人民调解组织权威的内在构成要素为：（1）人民调解组织、人民调解员拥有所在组织的广泛权力。虽然从有关法律、法规上看，人民调解组织往往是基层群众组织的一个工作委员会，不是共产党和政权组织系统的一部分，大多数人民调解员也不是政权组织系统的工作人员，但是实践中人民调解组织所属的组织直接从属于基层党组织和基层政府，大多数人民调解员是共产党员，甚至一些人民调解员就是政权组织的成员。因此，人民调解组织、人民调解员在共产党和政府组织的控制和渗透下不仅具有调解相应纠纷的权力，还拥有所在组织的物质分配权、教育权、管理权，甚至一切与生活有关的公共权力，并且人民调解组织、人民调解员的公共权力往往与私人权利不区分。同时，抗日根据地、解放区"大众司法"推行，新中国成立后人民司法全面贯彻以及2002年以来"司法为民"

和能动司法提出与实施还使得人民调解组织、人民调解员有权直接参与、分享司法权力。正是由于人民调解组织、人民调解员拥有广泛的权力资源，在具体的调解活动中会出现丹尼斯·朗所说的强制性权威或诱导性权威。（2）人民调解员因具有政治荣誉等因素获得政治威望。能够当选为人民调解员的人往往是当时社会组织中见识高、能力强的人，并且更为重要的是这些人常常是拥护共产党的方针、政策，具有较高政治地位、思想道德素质的人。

2. 人民调解的法理型权威

所谓人民调解的法理型权威是指纠纷当事人选择人民调解解纷方式或接受人民调解协议，不是出于服从人民调解组织本身或人民调解员个人，而是认同人民调解组织或人民调解员个人背后的人民调解制度的一种权威关系。人民调解的法理型权威的来源是理性的人民调解制度。因此，人民调解的法理型权威是马克斯·韦伯所说的法理型权威的一种具体表现，主要存在于现代民主、法治社会。

人民调解法理型权威的内在构成要素包括以下三点：（1）法律是纠纷当事人和民众认同人民调解的根本标准、重要尺度。尽管人民调解不排除道德、风俗习惯作为解纷依据，但是当道德、风俗习惯违背法律的强制性规定或者纠纷当事人不认同道德、风俗习惯时，法律则是毋庸置疑的解纷标准。相关法律为纠纷当事人充分协商提供一个参考基准，"对于调解主持人而言，调解的合法性事实上是一个不言自明的前提"①。（2）人民调解程序正当化。①人民调解具有相应的程序保障。虽然人民调解不能像普通诉讼程序一样强调程序正义，但是纠纷当事人主体性、自愿性、参与性、交涉性和人民调解员的中立性是防止调解"合意"贫困化必须遵循的程序正义要素。这些程序理念要有相应的程序设置给予保障。②人民调解遵循保密原则。纠纷当事人自治性内在要求调解保密原则。该原则包括三方面内容：调解的过程不向公众和社会公开；纠纷当事人不得在随后的仲裁或诉讼程序中将调解过程中所作的让步或者承诺

---

① 李祖军：《调解制度论——冲突解决的和谐之路》，法律出版社2010年版，第102页。

作为证据提出；人民调解员不得在随后的仲裁或诉讼程序中作为一方当事人的代理人或者作证。③达成的人民调解协议受相关法律的保障和救济。（3）人民调解员通过专业知识获得威望。人民调解员熟悉相关法律及人民调解程序理念，具备丰富的调解经验、技能和有关专业知识。这些方面使得人民调解员拥有专业威望。为了更好地运用规则调解纠纷，通过专门知识考试或获得相应资格证书是担任人民调解员的资格，并且人民调解员要定期参加专业培训。实行人民调解员资格评定制度。人民调解员级别根据调解资历和业绩由相关机关按照有关规则评价。采用固定的货币薪金支付报酬，大多数人民调解员有权领取退休金。人民调解员往往从事专门类型纠纷的调解。

  上述人民调解的两种权威类型是笔者依据人民调解权威来源的侧重点的不同进行的抽象概括。实际上，人民调解的两种权威类型并非与人民调解实践一一对应。人民调解组织权威存在于人民调解的整个历史发展过程中。具体来说，抗日战争、解放战争时期，人民调解组织权威已经初步形成。该时期人民调解组织权威来源于抗日根据地、解放区政府、法院赋予的权力和政治荣誉，特别是抗日根据地、解放区政府赋予的行政权力；新中国成立初期至 20 世纪 80 年代中期，人民调解组织权威高涨。该时期人民调解组织权威来源于各级人民政府、人民法院，主要是基层人民政府、基层人民法院赋予的权力和政治荣誉，尤其是基层人民政府赋予的广泛行政权力；20 世纪 80 年代中期至 2002 年，人民调解组织权威降低。该时期人民政府、人民法院对人民调解的权力支撑减弱，司法所对人民调解的支持一度强劲，后来逐渐减弱；2002 年以来人民调解组织权威又出现一定的回升。各级政府特别是县、乡镇政府和各级司法行政机关，尤其是司法所加大了对人民调解组织的行政权力支持，各级人民法院，特别是发达地区的基层人民法院加强了对人民调解的指导。20 世纪 80 年代中期至 2002 年，人民调解的法理型权威在制度层面上得以初步建构，即国家强调法律作为人民调解的解纷依据，注意人民调解程序正当化以及要求人民调解员具备相应法律、政策水平，但实践中并未真正确立；2002 年以来人民调解的法理型权威逐渐提高，即法律作为解纷依据的认同度提高，人民调解程序正当化水平上升以及人民调解员的专业威望提高。上述人民调解的权威类型及其强弱变化都有其生成和存续的背景和条件。这一点将在正文相应部分深入论述。人民调解正是在上述权威类型的支撑和保障下，发挥了重要作用，经历了兴起、兴盛、衰落和"复兴"的变迁过程。

六 研究思路

与共产党及其领导的政权组织一起成长的人民调解已经走过了近百年的历史。围绕本书提出的人民调解经历了怎样的历程、背后的原因以及未来走向的问题，笔者运用法律文本分析方法、实证分析法、法社会学方法，特别是运用描述性的法史学与解释性的法史学于一体的研究方法，描述和呈现人民调解的变迁史，并从人民调解权威类型转变角度来动态解读人民调解的变迁史，最后指出人民调解的未来走向。

（一）本书的总体思路

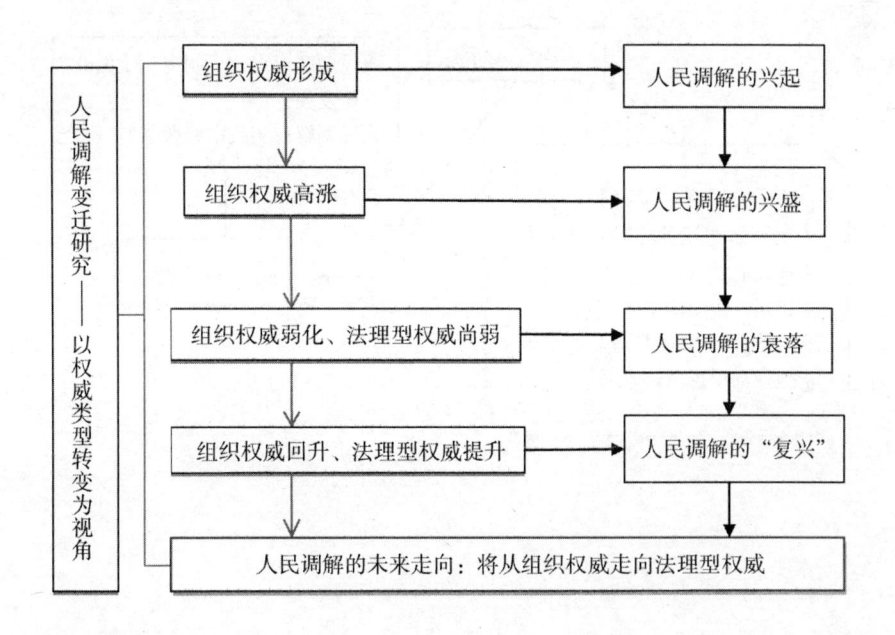

```
人民调解变迁研究——以权威类型转变为视角
├── 组织权威形成 ────────────→ 人民调解的兴起
├── 组织权威高涨 ────────────→ 人民调解的兴盛
├── 组织权威弱化、法理型权威尚弱 ──→ 人民调解的衰落
├── 组织权威回升、法理型权威提升 ──→ 人民调解的"复兴"
└── 人民调解的未来走向：将从组织权威走向法理型权威
```

（二）人民调解的兴起：组织权威的形成

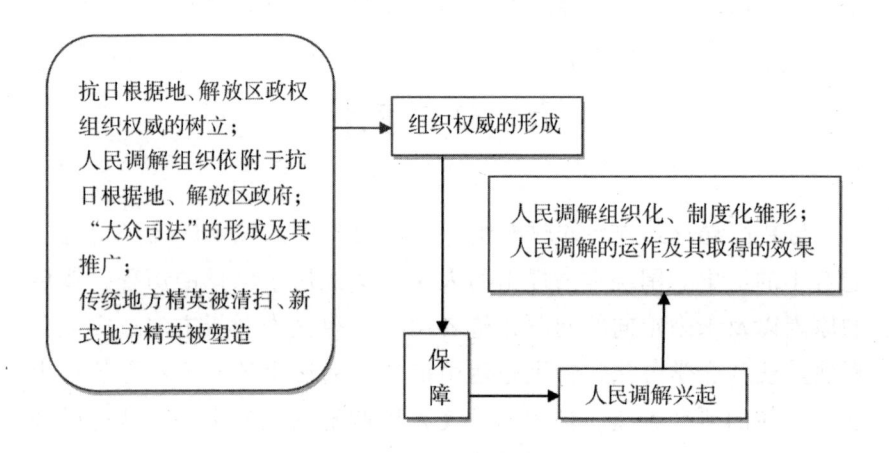

```
┌─────────────────────┐
│ 抗日根据地、解放区政权  │
│ 组织权威的树立；       │         ┌──────────────┐
│ 人民调解组织依附于抗    │────────▶│ 组织权威的形成 │
│ 日根据地、解放区政府；  │         └──────────────┘
│ "大众司法"的形成及其    │                │
│ 推广；                │                │         ┌──────────────────────┐
│ 传统地方精英被清扫、新  │                │         │ 人民调解组织化、制度化雏形； │
│ 式地方精英被塑造       │                │         │ 人民调解的运作及其取得的效果 │
└─────────────────────┘                │         └──────────────────────┘
                                        ▼                    ▲
                                    ┌──────┐         ┌──────────────┐
                                    │ 保障 │────────▶│  人民调解兴起  │
                                    └──────┘         └──────────────┘
```

（三）人民调解的兴盛：组织权威高涨

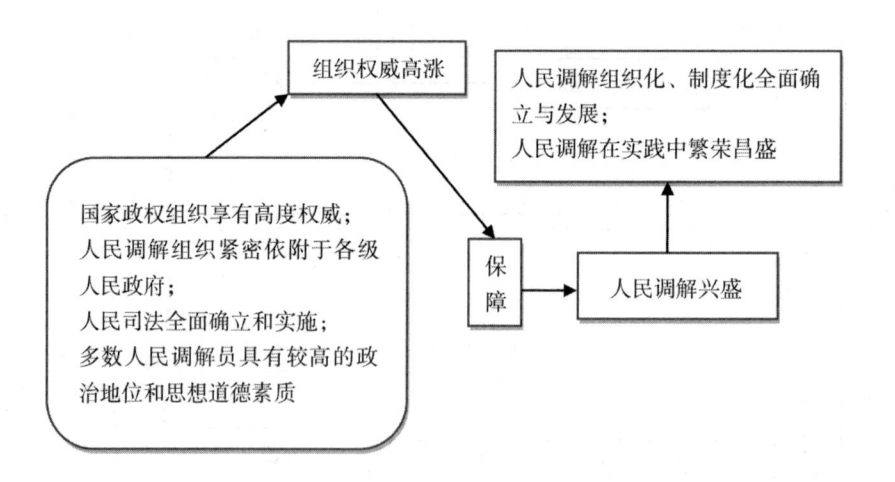

```
                          ┌──────────────┐       ┌──────────────────────────┐
                          │ 组织权威高涨  │       │ 人民调解组织化、制度化全面确 │
                          └──────────────┘       │ 立与发展；                 │
                              ▲     │            │ 人民调解在实践中繁荣昌盛     │
┌──────────────────────────┐ │     │            └──────────────────────────┘
│ 国家政权组织享有高度权威；    │ │     │                        ▲
│ 人民调解组织紧密依附于各级    │─┘     │                        │
│ 人民政府；                 │       ▼                ┌──────────────┐
│ 人民司法全面确立和实施；     │    ┌──────┐          │  人民调解兴盛  │
│ 多数人民调解员具有较高的政    │    │ 保障 │─────────▶└──────────────┘
│ 治地位和思想道德素质        │    └──────┘
└──────────────────────────┘
```

（四）人民调解的衰落：组织权威弱化、法理型权威尚弱

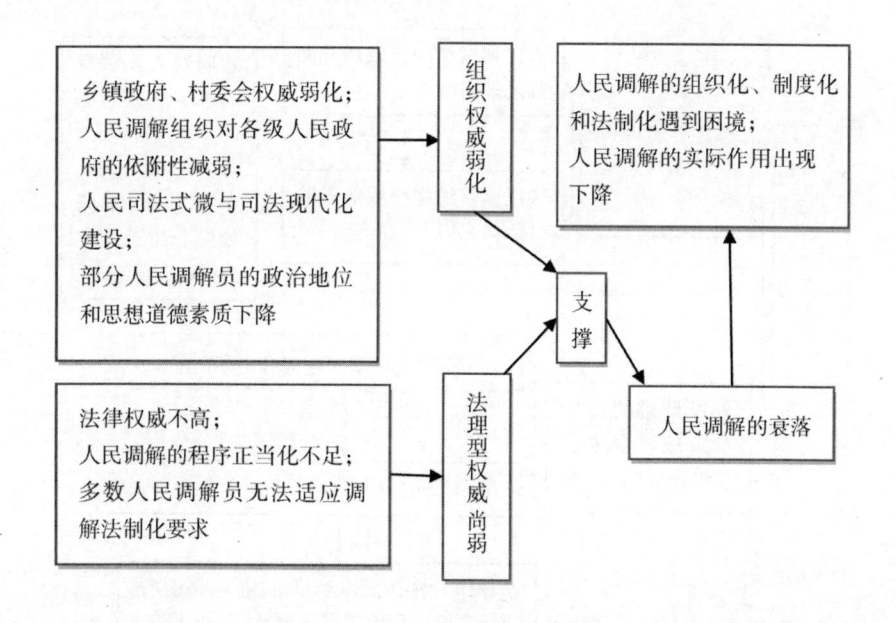

乡镇政府、村委会权威弱化；
人民调解组织对各级人民政府的依附性减弱；
人民司法式微与司法现代化建设；
部分人民调解员的政治地位和思想道德素质下降

→ 组织权威弱化

人民调解的组织化、制度化和法制化遇到困境；
人民调解的实际作用出现下降

法律权威不高；
人民调解的程序正当化不足；
多数人民调解员无法适应调解法制化要求

→ 法理型权威尚弱

支撑 → 人民调解的衰落

（五）人民调解的"复兴"：组织权威回升、法理型权威提升

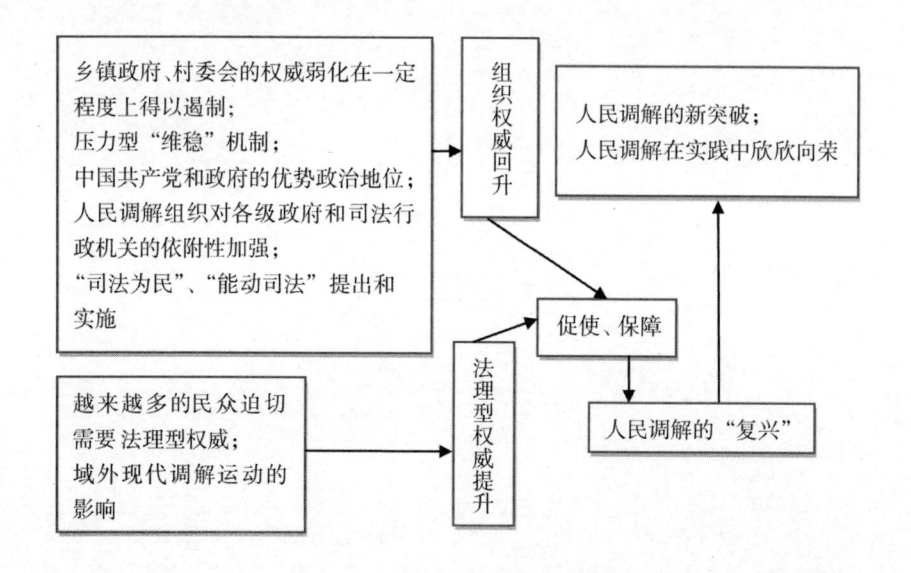

乡镇政府、村委会的权威弱化在一定程度上得以遏制；
压力型"维稳"机制；
中国共产党和政府的优势政治地位；
人民调解组织对各级政府和司法行政机关的依附性加强；
"司法为民"、"能动司法"提出和实施

→ 组织权威回升

人民调解的新突破；
人民调解在实践中欣欣向荣

越来越多的民众迫切需要法理型权威；
域外现代调解运动的影响

→ 法理型权威提升

促使、保障 → 人民调解的"复兴"

（六）人民调解的未来走向：将从组织权威走向法理型权威

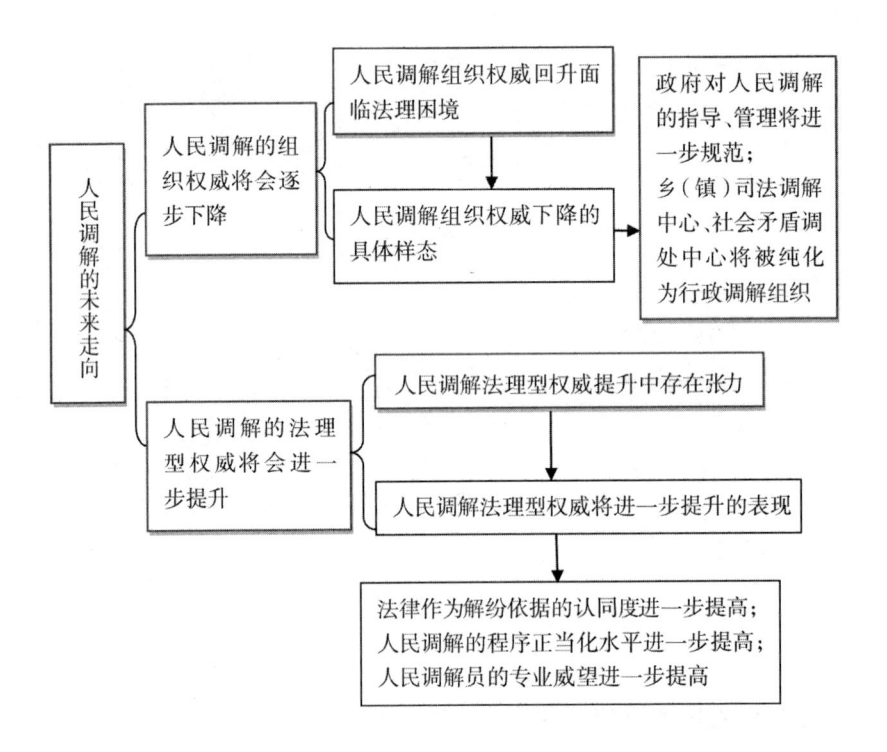

```
人民调解的未来走向
├── 人民调解的组织权威将会逐步下降
│    ├── 人民调解组织权威回升面临法理困境
│    │    └── 人民调解组织权威下降的具体样态
│    └── 政府对人民调解的指导、管理将进一步规范；乡（镇）司法调解中心、社会矛盾调处中心将被纯化为行政调解组织
└── 人民调解的法理型权威将会进一步提升
     ├── 人民调解法理型权威提升中存在张力
     └── 人民调解法理型权威将进一步提升的表现
          └── 法律作为解纷依据的认同度进一步提高；人民调解的程序正当化水平进一步提高；人民调解员的专业威望进一步提高
```

第一章

人民调解的兴起

我国传统社会的民间调解较为发达。不过，在近代中国，随着帝国主义的入侵、军阀混战，农村出现破产、衰败景象；科举制度废除、学堂兴起后，入城居住的乡绅增加，留在乡村的乡绅出现武化、劣化现象。于是乡绅在民间调解中的作用大为减弱。为了充分保护农民的权益，第一次国内革命战争时期，许多成立的农民协会的具体部门就具有了调解职能。例如，1922年澎湃领导的赤山约农会下设的仲裁部，就地调解处理农会会员之间、农会会员与非会员之间的婚姻、钱债、业佃等民事纠纷。第二次国内革命战争时期，除了农会设立的具有调解职能的组织外，区、乡、村苏维埃裁判委员会也调解民事纠纷。而第一次、第二次国内革命战争时期，农会的调解，苏维埃的区、乡和村调解都不同于我国传统民间调解。这些调解是由工农推举的代表主持，以农民运动中制定的章程、共产党的革命纲领、法规以及符合工农利益的风俗习惯为依据，充分维护工农利益。这些调解虽然都属于人民调解范畴，但是他们处于萌芽和初创阶段。抗日战争、解放战争时期，人民调解才真正发展、壮大。因此，本章所探讨的人民调解兴起是指抗日战争、解放战争时期人民调解兴起。本章首先从人民调解制度文本、实践形式及效果方面描述人民调解兴起的样态，然后从人民调解组织权威形成角度来解读人民调解的兴起。

第一节 人民调解组织化、制度化的雏形

抗日战争、解放战争时期，共产党和抗日根据地、解放区政权

组织为了适应抗日根据地、解放区经济、文化和司法的状况，对传统民间调解进行创造性改造，颁布了一系列调解法令、政策，从而人民调解组织化、制度化的雏形得以形成。

一 人民调解组织化、制度化的背景

法律是经济、社会和文化的产物。人民调解作为一项法律制度，同样离不开抗日根据地、解放区经济、社会和文化状况。

（一）抗日根据地、解放区落后的自然经济

法社会学家一般都赞同法律发展受制于经济发展状况的制约，正如罗斯科·庞德所言："人们对于以经济来解释法律史的一般过程不可能有争论。"[①] 马克思主义法学者更是认为经济基础决定上层建筑，法律制度作为上层建筑的组成部分，当然由社会生产力和生产状况所决定。人民调解立法与抗日根据地、解放区自然经济状况也不无关系。

尽管不同抗日根据地、解放区的经济发展程度不同，但是从总体上来看，由于历史上经济发展的影响、战争的破坏和抗日根据地、解放区大多处于偏远落后的农村，抗日根据地、解放区经济大都处于贫穷落后的自然经济状态。如抗日根据地的政治、经济和文化中心——陕甘宁边区的经济状况就非常落后。陕甘宁边区地处黄土高原的中北部，属于大陆性、高原性气候。来自海洋的季风受秦岭阻挡很难强势抵达边区，而边区的西北风则很猛烈。因此，这里年降水量少，无霜期短，生长周期长的农作物不宜种植。同时，边区农业生产面临频繁的自然灾害，有"十年九灾"之说。恶劣的自然条件加上原始的生产工具[②]以及长期的社会动荡，边区的农业生

[①] Roscoe Pound, "The Economic Interpretation and the Law of Torts", 53 Harv. L. Rev. 1940, pp.365-366.

[②] "这里农民用的生产工具，都是最原始的。在这方面，革命前同现在根本没有区别，而且其中大部分是革命前遗留下来的……这些农具，除'铧'须经常购买外，其余的均可自己制造修理。""革命以来，生产工具并无进步，而且有些地方还损坏了一些。但这对于独立小生产者的农民，并不十分重要。他们的生产，第一，是靠天（所谓'靠天吃饭'），天灾才是他们的致命伤；第二，是靠勤苦（所谓'勤俭起家'）；第三，就是靠牲畜肥料。简单与原始的生产工具，在他们的生产中，占着比较不重要的地位。"参见张闻天《神府县兴县农村调查》（2/18/1942—4/12/1942），人民出版社1986年版，第9—11页。

产水平很低。边区的粮食短缺现象十分严重,陕西食粮,丰年仅能自给,盛产鸦片的陕北则在很大程度上仰给于山西粮食,在"三边"之一的靖边县,每年依靠外部输入的粮食占总消耗量1/3。甘肃省缺粮额也高达40.7%,每年邻省青海输入粮食其数颇巨。从对陕甘宁边区农业生产,特别是该区域粮食供需状况的分析中,我们可以看到,该地区的农业生产已经陷于"低水平的生产—低水平的消费—低水平的生产"的停滞状态,它所能完成的仅仅是使承载于其上的人群勉强"活"下去。① 边区不仅在农业生产方面落后,在工业生产、商业贸易上也很落后。在边区政府成立前,工业生产几乎为零,不但没有机械工业,手工业也很薄弱,就连人们维持日常生活所需的锅、碗、瓢、勺等炊具都依赖外部输入。以当时的"经济中心"延安为例,1936年底,全县仅有工商业和服务业128户,从业456人;手工业年产值只有2万元左右(法币,下同),商业总额也不过13.6万元上下。②

针对边区落后的经济状况,边区政府采取一系列刺激发展经济的政策③,并在抗日战争之余组织群众进行互助合作,例如,组织互助组,成立"扎工队"、"变工队"等来提高农业生产效率;组建工业生产体系,除了主要建造、运营与日常生活密切的工业外,比如,纺纱产、制药厂、精盐厂、肥皂厂、被服厂、面粉厂、造纸厂、制革厂、铁木厂等,还有一些简单的重工业生产。经过边区政府、民众的努力,边区的经济有了较大起色,但是边区的经济总体上仍然处于落后的自然经济状态。边区大部分民众从事农业耕种,而且农业生产大部分沿用原始的技术和工具,只有极小部分民众经营畜牧业和手工业,农业经济占统治地位。虽然边区政府组建了一些工业,但是这些工业生产大多是公营的,而且工业生产处于低水

---

① 赵刚印:《陕甘宁边区大生产运动的历史背景及意义》,《宁夏大学学报》(人文社会科学版)2005年第4期,第49页。

② 延安市志编纂委员会:《延安市志》,陕西人民出版社1994年版,第146页。

③ 为了改变边区落后的经济面貌,根据地政府在边区推行了发动各阶层人民(包括地主阶级)的政策,开展减租减息运动、合作社运动,还专门制定了《陕甘宁边区三年建设计划方案》。参见《中共陕甘宁边区三年建设计划方案研究》,中联出版社1946年版。

平状态。在这样的经济环境下人民的生活水平自然不高。加上连年战争的影响以及天灾频繁,很多民众时时刻刻挣扎在死亡线上。

众所周知,纠纷与人类的生产、生活相伴随,经济上落后的抗日根据地、解放区人民生产、生活自然也不例外,而解决纠纷,追求稳定、公正的生活是人们的内心需求。从前文分析得知,抗日根据地、解放区经济处于自然经济状态。而自然经济特征之一就是安土重迁,过分依赖土地,这就使生活于其中的人们有一种求稳、求安的心理。这种心理与冲突是相对的,与"和"是相通的。① 自然经济状态下的人们世代被束缚在土地上,很少流动,周围的人不是亲属、邻居,就是方圆左近的熟人。这就要求人们之间有了纠纷,最好选择不撕破脸面、不把关系搞僵的纠纷解决方式,否则会让自己处于不利的境地。另外,自然经济状态下的大多数民众不富裕,理性的民众往往会选择低成本的解纷方式来解决纠纷。而调解不但能满足保持人们之间和谐的关系,而且还能满足人们低成本解决纠纷的需要。抗日根据地、解放区政权组织作为人民自己的政权组织,把回应民众生活需求,构建满足民众需求的纠纷解决制度作为其重要职责。因此,构建人民调解制度就成为抗日根据地、解放区政权组织适应当时经济状况要求的必然选择。

(二) 我国传统民间调解文化的影响

"从周、秦到清鸦片战争以前的这一长时期中,中国社会的基本经济结构都是以农奴劳动为主体的小规模农业生产和家庭手工业的统一结合。"② 这种经济结构"不容许在耕作时进行任何分工,应用任何科学,因而也就没有任何多种多样的发展,没有任何不同的才能,没有任何丰富的社会关系。每一个农户差不多都是自给自足的,都是直接生产自己的大部分消费品,因而他们取得生活资料多

---

① 张淑娟:《调解制度与中国传统社会的存续——一个社会学的分析》,《学海》2004年第1期,第185页。

② 邓拓:《论中国历史的几个问题》,生活·读书·新知三联书店1979年版,第44页。

半是靠与自然交换,而不是靠与社会交往"①。与这种古老的自然经济相适应,我国传统社会形成了以"天人合一"哲学观为核心的"和合文化"。"和合文化"反映在冲突解决方面,强调冲突双方的和谐统一,要求冲突双方尽量避免矛盾和冲突发生,避免矛盾激化。而诉讼本身包含着双方当事人对立与冲突,当事人诉讼当然意味着对和谐的破坏。于是,"无讼"成为我国传统社会的必然要求。我国古代思想家无论是道家、法家还是儒家皆认为"争"以及因"争"而起的冲突,不是什么好事情,向往和追求"无讼"世界。而纠纷是人类社会不可避免的现象,"和合文化"又追求无矛盾、无纷争的社会。这就要求人们采用一种纠纷解决方式来化解纠纷,同时又不伤和气。渊源于初民社会的调解就是一种有利于维持人们和谐关系的一种纠纷解决方式。正是基于"和合文化"、"无讼"思想以及调解、诉讼的自身特点,我国传统社会统治者培养民众的"厌讼"、"贱讼"意识,限制民众的诉权,实施调处息讼策略以及支持和鼓励民间调解。生活于此社会环境中的民众出于趋利避害的心理,遇到纠纷时首先或主要运用调解来解决纠纷。于是我国传统社会就出现了民间调解盛行的样态。

我国传统民间调解包括民间自行调解、宗族调解、乡里调解等等。民间自行调解是指民间"细故"(民间户、婚、田土、斗殴、相争等一些小事)发生后,由地邻亲友、长辈或者乡贤出面说和、劝解,以解决纷争。这种调解类型没有统一的规范,调解人主要靠个人威信来调解,能够较为充分地考虑当事人的意愿。因此,这种调解被广泛使用,对民间纠纷解决发挥了重要的作用。宗族调解是指家族成员之间发生纠纷时,族长、宗长依照传统道德、家法和族规进行调解裁决。这种调解类型在西周时期就已出现,如周朝钟鼎铭文中就有"宗子"案例的记载。以后各朝代都继承并发展了宗族调解。宋朝以后,普遍化的宗族组织制定了大量的族规。这些族规往往明文规定族内纠纷由族长在宗祠处理,不许擅自告官。官府对

---

① 《马克思恩格斯全集》(第8卷),中共中央马克思恩格斯列宁斯大林著作编译局译,人民出版社1961年版,第217页。

宗族调解一般予以认可鼓励。① 清朝则更是重视宗族调解，《大清律例》规定，轻微罪犯、妇女罪犯可以送交宗族，责成宗族管束训诫，至于民事纠纷，特别是婚姻、继承争端也大多数批转宗族处理。乡里调解是指啬夫、乡老、里正等基层小吏调解发生在乡、里的民事纠纷和轻微刑事案件。周朝已有专司调处职责的官吏设置。在《周礼·地官》中有"调人"之职，其职能是"掌排解调和万民之纠纷"。《汉书·百官公卿表》记载："乡有三老、有秩、啬夫、游徼……啬夫职听讼。"② 唐朝时，由里正、村正、坊正先行调解乡里讼事。元朝时，乡里设社，社长负有调解职责。明朝时，在乡里设"申明亭"，并由里长、里正宣教礼仪道德，调处民间纠纷。到了清朝，虽然法律规定"户、婚、田土"民间纠纷须州、县官亲自裁断而不得批示着乡保来调解处理，但实际上，大量民间争端都是在官府之外解决的。在我国传统社会，除了民间调解外，还存在官府调解，但是"在大多数告到衙门来的案件中，县令都会反复敦促原告和被告私了"③。可见，在我国传统社会民间调解最为盛行。正如罗兹曼所说："中国拥有精致的律令制度，拥有以皇帝为顶点的官僚制度，但人民有了纠纷，大部分不向官府起诉，而是通过地缘、血缘和同行业等关系中的头面人物的调解而获得解决。"④

我国传统民间调解兴盛在历史的演化过程中形成一种调解文化，并成为我国传统法律文化的重要特色。而传统法律文化一旦形成，就会影响人们解纷思想以及选择、使用解纷方式，并且当适合其生存的土壤存在时，它对人们的影响更为深远。前文所述，抗日根据地、解放区仍旧处于自然经济状态，这就为传统调解文化的历史延续奠定了经济和社会基础。同时，传统民间调解符合我国民族社会心理，具有促进人际关系和谐和维护社会生活秩序的积极作

---

① 柴发邦：《诉讼法人辞典》，四川人民出版社1989年版，第582页。
② 孔庆明：《中国民法史》，吉林人民出版社1996年版，第171页。
③ ［美］吉尔伯特·罗兹曼：《中国的现代化》，国家社会科学基金"比较现代化"课题组译，江苏人民出版社1995年版，第127页。
④ ［日］高见泽磨：《现代中国的纠纷与法》，何勤华、李秀清、曲阳译，法律出版社2003年版，第3页。

用。因此，传统民间调解给抗日根据地、解放区政权组织以深刻的启发。然而，抗日根据地、解放区政权组织不可能照搬传统民间调解。这是因为革命根据地政权组织具有新民主主义性质，其目的是反对帝国主义、官僚资本主义，反对封建主义，确立人民民主专政的政权。同时，抗日根据地、解放区政权组织以马克思列宁主义、毛泽东思想为指导思想，坚持马克思主义法律观。在此背景下，抗日根据地、解放区所有法律必须反映抗日根据地、解放区政权组织性质，服务于抗日根据地、解放区政权建设。而传统民间调解的目的是息事宁人，维护奴隶主、封建统治者的统治利益，巩固奴隶、封建等级制度和等级秩序。宗族调解人与旧势力利益密切、乡吏调解人本身就是旧势力的代表。传统民间调解所采用的依据主要是奴隶、封建社会的礼俗、家法和族规。也就是说传统民间调解的调解目的、调解人和调解依据都不符合抗日根据地、解放区政权组织的要求。鉴于传统民间调解的特点和抗日根据地、解放区政权的特点，抗日根据地、解放区政权组织对传统民间调解进行批判继承。这就促成了人民调解法规、政策出台。

（三）抗日根据地司法面临困境

第一次国内革命战争时期，革命根据地政权组织在汲取我国传统司法制度的经验和借鉴苏联司法制度的经验基础上初步建立了自己的司法制度。当时的司法实务主要是与革命斗争相关的刑事司法，民事司法的案件数量不大。而到了抗日战争时期，抗日根据地法院民事司法面临巨大压力。在众多抗日根据地中，陕甘宁边区的民事司法困境尤为严重。一方面司法人员在处理婚姻纠纷时，陷入了一种左右为难的境地。如果法院不按婚姻法判决离婚，则违背了边区政府的法律规定。如果法院一律按婚姻法判决离婚，则会引发民众的不满。这是因为当时的婚姻法倡导婚姻自由、一夫一妻制、男女平等等新的婚姻思想，而陕甘宁边区落后的婚姻风俗仍然存在。比如买卖婚姻的习俗就使得贫穷的男方在离婚后可能无力再娶。而当时离婚的人当中穷人特别多。这就使得抗日根据地法院的判决遭到一些人特别是穷人的反对。另一方面陕甘宁边区的民事司法在司法效率上引起民众的强烈不满。抗日战争时期边区法院案件大增，特别是离婚案件尤多，而法院的办案人员有限。特别是1941年边区政府迫于内外交困实行精兵简政政策，边区高等法院为贯彻这一政策，将全院人员从原有的153人减少为86人，其中真正从事司法审判工作的又不足10人。司法人员的减少使得法院办案压力更加突出，办案效率降低更是引发群众不满。例如，子长县县长兼司法处处长李子厚就曾指出："边区法律尚无成熟的明文规定，故在判案及定刑中间就有过轻或过重的偏向"，"本县只有两个司法工作人员，但审判员是农民出身，书记员是久病的干部，故对工作有堆积的现象……我们的意见最好再健全一个书记员或另配一个身强力壮能力较好的书记官"。①

总之，抗日根据地的民事司法引起了民众的不满。而司法机关是抗日根据地政府的组成部分，民众对司法的不满必然指向抗日根据地政府，从而危及抗日根据地政府的合法性。不过，抗日根据地政权组织一贯把人民的利益放在首位，发现问题后，抗日根据地政权组织很快不仅在司法系统内进行改革，还在司法系统外寻找解决问题的办法。于是构建人民调解制度就成为抗日根据地政权组织的一项重要任务。

二 人民调解组织化、制度化的立法

抗日根据地、解放区政权组织依据上述立法背景，在总结抗日根据地、解放区调解实践经验的基础上制定和颁布一系列人民调解法规、政策，以便更好地规范调解活动，推动抗日根据地、解放区政权建设。

从1941年开始，各个抗日根据地政权组织相继出台了适用于本地区的关于调解工作的条例、指示、决定、办法等。1941年4月18日山东抗日民主政府颁布了《调解委员会暂行组织条例》。这是抗日根据地最早出台的调解专门条例。1942年3月1日晋西北行政公署颁布了《晋西北村调解暂行办法》；1942年4月1日晋察冀边

---

① 《在陕甘宁边区第二届司法工作会议上的发言》（1945年10月21日），陕西档案馆档案，全宗号15。

区行政委员会颁布了《晋察冀边区行政村调解工作条例》。1943年6月11日陕甘宁边区人民政府颁布了《陕甘宁边区民刑事件调解条例》，该条例在各抗日民主政权公布实施的调解法规中是最有影响的。① 1944年晋察冀边区行政委员会颁布了《晋冀鲁豫边区冀鲁豫区调解委员会组织大纲》。1944年陕甘宁边区人民政府发布了《关于普及调解、总结判例、清理监所指示信》。1944年渤海区行政公署颁布了《山东渤海区区村调解委员会暂行组织条例》。1944年淮海区专员公署颁布了《重订淮海区调解委员会规程》。这些调解法规的具体内容不完全相同，但都明确了调解的目的，规范了调解的范围、原则、依据、组织形式、方式方法和效力等，有力地推动了人民调解工作的发展。就《陕甘宁边区民刑事件调解条例》来看，该条例的基本内容为：(1)明确调解的目的是解决民间纷争、减少诉讼。(2)要求调解遵循自愿原则。(3)要求民事纠纷实行先行调解，规定刑事案件强制适用调解的案件范围。该条例第2条规定："凡民事一切纠纷均应厉行调解，凡刑事除内乱罪、外患罪、汉奸罪、故意杀人罪、盗匪罪、掳人勒赎罪、违反政府法令罪、贪污渎职罪、妨害公务罪、妨害选举罪、脱逃罪、藏匿人犯及湮没证据罪、破坏货币及有价证券罪、伪造公文印信罪、公共危险罪、伪证罪、妨害水利罪、破坏交通罪、伪造度量衡罪、妨害农工政策罪、烟毒罪及其他有习惯性之犯罪不许调解外，其他各罪均得调解。"(4)调解的组织形式主要为：民间调解、群众团体调解、政府调解、司法调解。(5)规定了调解的方式方法。该条例第3条规定："民事及得许调解之刑事，其调解之方式如下：(1)赔礼道歉或以书面认错；(2)赔偿损失或抚慰金；(3)其他依习惯得以平气息争之方式，但以不违背善良风俗及涉及迷信者为限。前项所列方式得用其一或并用之。"(6)调解结果。该条例第8条规定："在法庭外调解成立之事件，应由调解人制成和解书交双方当事人收执为据，如其事件已系属司法机关有案者，应另写一份和解书送司法机关，请求销案。"

---

① 张晋藩：《中国法制史通史》（第10卷），法律出版社1991年版，第479页。

解放战争时期人民调解立法在继承抗日根据地人民调解立法的基础上继续发展。许多解放区都颁布了专门的调解条例或指示,例如,1945年苏中行政公署颁布了《苏中区人民纠纷调解暂行办法》。1945年山东省人民政府颁布了《关于开展调解工作的指示》和山东省《民事案件厉行调解的通令》。1946年冀南行署颁布了《冀南区民刑事调解条例》。1948年3月关东地区的《关东地区行政村(坊)调解暂行条例》(草案)。1949年2月25日华北人民政府发布了《关于调解民间纠纷的决定》。1949年3月15日天津市人民政府发布了《关于调解程序暂行规程》等。这些调解条例或指示不仅继续强调调解的重要性,扩大了调解的适用范围,而且对调解组织形式、调解程序、调解效力等做了较为明确的规定。随着解放战争的节节胜利,城市的解放,相关调解法规明确规定调解法规也适用于城市,例如,1949年2月25日华北人民政府发布的《关于调解民间纠纷的决定》就有明确规定。又如,1949年天津市、哈尔滨市、南京市等地政府或高等法院也颁布了有关调解的法令。

综上所述,抗日战争时期不同根据地和解放战争时期的不同解放区人民调解立法的发展程度不同、人民调解法令的具体内容有差别,但这些调解法令都强调调解的人民性,对人民调解进行组织化、制度化建设,有力地推动了人民调解实践活动,并且为新中国成立后制定全国统一的人民调解法规积累了立法经验教训。

第二节 人民调解的运作及其取得的效果

瞿同祖先生认为:"研究法律自离不开条文的分析,这是研究的根据,但仅仅研究条文是不够的,我们也应注意法律的实效问题。条文的规定是一回事,法律的实施又是一回事。某一法律不一定能执行,成为具文。社会现实与法律条文之间,往往存在着一定的差距。如果只注重条文,而不注意实施情况,只能说是条文的、形式的、表面的研究,而不是活动的、功能的研究。我们应该知道法律在社会上的实施情况,是否有效,推行的程度如何,对人民的生活有什么影响等等。"① 那么抗日战争、解放战争时期，人民调解是怎样运作的？其运作成效又如何呢？

一 人民调解的实践样态

抗日战争、解放战争时期，人民调解实践活动蓬勃发展，与我国传统民间调解相比，明显表现出自身特点。这两个时期的人民调解活动不仅是第一次、第二次国内革命战争时期人民调解的继承与发展，而且对新中国的人民调解影响较大。

（一）人民调解组织化运作

1. 人民调解组织类型多样

我国传统民间调解主要有民间自行调解、宗族调解和乡里调解。而抗日根据地、解放区的人民调解组织形式主要有：临时组成的民间自行调解组织、群众团体调解组织、村调解委员会以及政府调解组织形式。

临时组成的民间自行调解组织，是指在民间自行调解场合，并没有组成专门的调解机构，也没有固定的调解人员，而是由当事人遇到纠纷时临时邀请地邻、亲友和区乡（村）公正士绅等进行调解的组织形式。陕甘宁边区民间调解实践中，民间调解人主要有劳动英雄、有威望的公正人士、士绅、德高望重主持公道的老人，还有四邻、地邻、亲友、户族长老等。② 这些民间自行调解人虽然与抗日根据地、解放区政权组织没有直接隶属关系，但是他们受到抗日根据地、解放区政权组织的鼓励和支持。比如，陕甘宁边区政权组织大力倡导民间调解。1942年之前，陕甘宁边区受苏维埃时期影响，主要是人民法庭、人民仲裁委员会（后来这两个组织合二为一，成立调解组织）调解乡村纠纷，民众也形成了有纠纷找政府的观念。1942年12月8日，边区高等法院为适应精兵简政、整风运动的需要，命令"取消仲裁员之组织"，规定"所有人民纠纷问题，可由当事人所住之乡村地邻亲友出面调解，无须专设固定之机关"。

---

① 瞿同祖：《中国法律与中国社会》，商务印书馆2010年版，导论第2页。
② 陕西省地方志编纂委员会：《陕西省志·审判志》，陕西人民出版社1994年版，第187页。

1944年1月6日,边区政府主席林伯渠在政府委员会第四次会议上首先提出:"提倡并普及以双方自愿为前提的民间调解,以减少人民诉讼到极小限度……区乡政府应善于经过群众中有信仰的人物(劳动英雄、公正士绅等),去推广民间调解工作。"1944年6月6日,边区政府在《关于普及调解、总结判例、清理监所指示信》中"号召劳动英雄,有信仰的老人和公正人士参加调解,90%以上,甚至100%的争执,最好都能在乡村中,由人民自己来调解解决"①。

群众团体调解组织,就是依靠群众力量,由群众组织负责人或成员解决群众当中出现的纠纷的调解组织。群众团体调解组织分为两种基本形式:一种是设专门调解机构的群众团体调解组织,比如,定边抗援会就组织了调解委员会,由抗援会、区、市政府、商会负责人以及地方公正人士组成。延安县川口区五乡商会也成立了调解小组,其人员组成包括商会负责人和会员选出的代表数人②。另一种是不设专门调解机构的群众团体调解组织,这种调解组织由负责人出面直接进行调解。比如,在晋冀鲁豫边区的太岳区,由各群众团体直接履行调解的职能,不仅工、农、青、妇等群众团体,甚至冬学、互助组也行使调解的职能。③群众团体组织内部设立党组织,直接接受党的领导,而且群众团体代表通过代表会议制度参政议政。因此,群众团体调解组织依附于抗日根据地、解放区政权组织。

村调解委员会,是指作为抗日根据地、解放区最基层政权组织组成部分的行政村成立专门从事调解的组织形式。例如,晋绥边区在行政村普遍建立村调解委员会,由5—7人组成,村主席为主任,农会主任、民兵队长、妇女、青年干部、劳动英雄、公正人士各一人为委员。④又如,1940年晋察冀边区根据地各村公所都设置了调

---

① 《陕甘宁边区政府文件选编》(第8辑),档案出版社1988年版。
② 杨永华、方克勤:《陕甘宁边区法制史稿》(诉讼狱政篇),法律出版社1987年版,第210页。
③ 江伟、杨荣新:《人民调解学概论》,法律出版社1990年版,第28页。
④ 山西省地方志编纂委员会:《山西省志·政法志》,中华书局1998年版,第182页。

解委员会。调解委员会由村代表会议选举决定。大村一般由3至7人组成，小村由3至5人组成，内设主任委员1人，由村长或村副兼任（也有的由民政主任或民政委员主任兼任），负责调解村中的各种纠纷。对一些复杂纠纷，有时也邀请村中其他干部和有威望的人士协助调解。1941年1月，晋察冀边区行政委员会实行编组行政村，有些地区把调解委员会并入了民政委员会。随着敌后根据地的巩固与恢复，晋察冀边区逐步建立健全了以行政村民政委员会为核心的"民事调解委员会"。[1] 可见，村调解组织形式与村政权结合在一起，村调解委员可以运用手中的权力进行调解。

政府调解组织形式是指在抗日根据地、解放区基层政府主持下对民间纠纷进行调解的组织形式。政府调解组织形式基本上有两种类型。一种是基层政府不成立专门调解委员会，而是直接由基层政府调解，必要时基层政府可以邀请群众团体代表和地方公正人士给予协助；另一种是基层政府内设置专门的调解委员会，这是各抗日根据地、解放区普遍采用的政府调解组织形式。政府内部设立的调解委员会是在基层人民政府内设置的专门负责调解工作的机构，是同级政府的附属部门。这类调解委员会的具体组成以及职权配备在不同根据地存在差异。例如，对于区调解（处）组织，晋察冀和晋冀鲁豫两边区所属各行署的规定不尽相同。冀南区规定，区调解委员会由区长及区抗联1人和公正士绅或公正人士1至3人组成，区长为主任委员。冀中区规定区调处委员会由区长、公安助理、司法助理、抗联和雇佃贫代表3至5人组成。还有的行署和专署规定，区调解委员会以区长为主任委员，其他委员由区村政府推举或指派均可。[2]

2. 抗日根据地、解放区政权组织对人民调解组织指导和监督

我国传统民间调解被国家鼓励和支持，同时也受国家权力的约束。国家对民间调解的范围做了较明确的限定，不允许僭越。一旦民间调解被滥用，国家随时可能进行干预。比如，清朝政府对一些

---

[1] 河北省地方志编纂委员会：《河北省志·司法行政志》，河北人民出版社2012年版，第203—204页。

[2] 同上书，第205页。

大宗族通过械斗等私力救济解决争议的行为，曾多次进行限制和打击，同时，通过立法规定，在民间调解无效时，当事人仍可以到官府起诉。不过，国家对传统民间调解组织的组建基本上不介入。国家对于传统民间自行调解人选基本上不过问；宗族调解人基本上由宗族按照族规确定，清朝后期族规须由官府审查认可；乡里调解人由地方基层社会推选，官府一般给予认可。

而人民调解与传统民间调解相比，则更多地受到抗日根据地、解放区政权组织的倡导、指导与监督。例如，晋察冀和晋冀鲁豫边区抗日根据地政权组织采用多种方法指导、帮助和管理村调解委员会调解工作。① 冀中区各县、区从1941年以后主要通过发放调解教材、开会或办训练班的形式，不定期地对部分村庄的调解干部进行集训。有的还采用师傅带徒弟的方法，训练提高村调解委员会成员。有的县、区调解重大案件时，召集附近村庄调解干部参加旁听，互相学习，互相观摩，丰富工作经验。有的县还指定区民政助理员和不脱产的生产助理员，对村调解干部具体帮助。1944年和1945年间，冀中区第六、第七专署，为了加强对村调解工作的领导与管理，还在各区设置了司法助理员。司法助理员的职责是：管理区调处委员会的日常工作，在区内巡回调查，处理较小的诉讼案件，总结群众的诉讼倾向，考察专题案件材料供审判官处理案件参考，帮助区村调解工作。同时，还规定县、区每两个月召开一次司法助理员会议。又如，绥德分院对调解人的政治状况极为重视，于"'1945年在本院关于农村调解工作的调查材料中'将农村的调解人才，根据村庄的政治状况的不同分为三种：①经过彻底的土地革命的村庄，其中的调解英雄都是革命干部和积极分子；②新区域但群众社会成分好，旧社会残余势力不大的村庄，其中的调解人物都是新的调解人才；③新区域，社会成分不好，旧势力残余比较大的村庄，其中的调解人员属于改造中的调解人才。绥德分院明确要求对第三种类型的调解人进行改造，其具体意见是：第三种类型的农

---

① 河北省地方志编纂委员会：《河北省志·司法行政志》，河北人民出版社2012年版，第203—205页。

村开始应将重点放在旧人才的改造上,然后再逐渐转变到培植新的成分上面去。在推动民间调解的开始,第三种类型的农村改造旧人才是绝对有利的,可以利用现有人才,又可以争取旧的在群众中有信仰的人,对他们必须给以适当的领导及教育,对他们又不能要求过高,他们不正确的思想要在利用其工作中逐渐改造"①。再如,绥德分院对于不按照共产党意识形态改造、教育群众的民间调解人给予批评。绥德杜家沟岔的杜良依热心调解,调解率很高,但他调解时主要适用民间谚语如"天下贩子一娘生,贩子看见贩子亲"、"穷人不惜穷人"、"穷要本分,富要让人,让人一步自己宽,做下恩德常要当福汉"来说服当事人。对"杜良依的这种调解方法,绥德分院批评道:这些话很有感动力,容易刺激当事人在思想上的转变。但是他的调解方法偏向于有些过于采用苦劝,揭示矛盾和利用当事人之间的矛盾不够,形成了对强者一味说好求情哀苦的倾向"②。

3. 实行逐级人民调解,后被相关法令否定

我国传统民间调解有多种形式,而且一般优先于诉讼。一个案件可能运用多种民间调解形式没能解决后,再起诉到官府,但是不同传统民间调解形式并不存在逐级适用的关系,而是一种选择关系。人民调解则与传统民间调解不同,抗日战争、解放战争的较长时期内抗日根据地和解放区实行逐级人民调解,并且调解优先于诉讼,后被相关法令否定。

[例证] 20世纪40年代太行地区政府断的63个案件基本上是村公所、区公所逐级调解不成功,由村公所、区公所开介绍信,当事人起诉到县司法科,纠纷才得以解决。③ 比如,1945年张戌辰诉庞和生租种土地案④就是如此。该案中张戌辰

---

① 陕甘宁边区高等法院:《1945年本院关于农村调解工作的调查材料》,转引自强世功《权力的组织网络与法律的治理化》,《调解、法制与现代化:中国调解制度研究》,中国法制出版社2001年版,第231—232页。

② 同上书,第232页。

③ 白潮:《乡村法案——1940年代太行地区政府断案63例》,大象出版社2011年版。

④ 同上书,第230—232页。

开垦庞和生的荒地，曾经说好三年内不交租子。第二年庞和生将地卖给了王书元，中间做过调解，张戊辰不服。张戊辰种够三年后，村里调解，张戊辰不服；村里介绍到区，区调解，张戊辰仍不服；区里又介绍到县里。最后县里经过调查后，让张戊辰再种一季，地归庞和生。区、村是这样开介绍信的：1945年阴历五月十六日涉县二区西达城村公所写给二区干部的信："武区长、王永鸣二位均鉴：现在有一土地问题，就是地主庞和生、开地户张戊辰、买主王书元的关系是这样：庞和生过去是个懒汉，有一块荒地在民国三十二年卖与王书元，那时张戊辰在当中盘了一小片（是开的和生地），在民国三十二年王书元虽然买了，但是张戊辰开了三年地，因此王书元不能种。在去年秋天张戊辰够三年了因土地法会变更，实行土地翻身，王书元去年种的麦子经佃农会与村政权双方调解，为了照顾各方面的困难，让张戊辰多得王书元一季麦子，并且又让地主庞和生包赔一棵柿树，摘二年柿子。当时三方面都同意，到现在开地户又不同意了，种的麦子到现在才割了，地也不愿丢，黑夜又去下种，这样干部也对他没办法，因为王书元家里人多，好地要不起，才要些荒地，开地户家中一口人，地有三四亩（水旱地），以这样看来张戊辰是应当丢地的，因为他过去没有出过租子，王书元早已要了地，还没有得到，现在张戊辰是应当丢地的，请二位看看是否应当这样，你们斟酌处理好了。村长温恭、农会师福运、佃农会江仁中。阴历五月十六日。"落款处盖有涉县第二区西达城抗日村公所条形章和师福运私章。然而，区公所收到村公所的信后，进行调解，并给出调解意见，但是当事人仍不服。于是1945年6月25日涉县二区区公所区长武安民给县司法科蒋科长写信，信是这样写的："蒋科长：王书元、张戊辰为土地问题，经区解决，让张戊辰收了麦子，再种一秋天，让庞和生包出一棵柿子树，叫王书元收了，张戊辰不服，请处理。事情是这样：庞和生是懒汉，荒了地，张戊辰问了和生，开种三年，第二年和生把地卖给王书元，王书元夺了张戊辰地，去年减租搞的过火，后又调解。现在张戊辰不服，详看村里信。附去王殿元的现洋（已没收）5元查收，冯迎祥教人带回去的。武安民。6.25。"落款处盖有涉县第二区抗日区公所条形章和武安民私章。

该案中村公所、区公所在纠纷起诉到县司法科前逐级进行调解，虽然有利于调解广泛适用，并且一般不剥夺当事人的诉权，但是当事人向上一级申请调解，提起诉讼都是需要开介绍信的。村公所、区公所开的介绍信都说明纠纷事实以及调解意见。这一方面方便县司法科初步了解纠纷事实，有利于县司法科快速、低成本地处理纠纷，另一方面纠纷不分类型、不分实际情况地逐级调解、先行调解，可能会拖延纠纷解决，村公所、区公所也可能会滥用调解权力。实践中就存在村公所、区公所滥用调解的情况。1948年聂兴顺诉张廷的因参军不归请求离婚案①就是如此。原告聂兴顺9岁就被娘家以60元钱卖给了涉县三区史家庄张廷的做童养媳。原告聂兴顺不到17岁时就与张廷的结婚圆房，婚后两人感情不好。1943年张廷的参军，参军5年毫无音信，聂兴顺便提出离婚。村公所因其是军属，以离婚影响不好为由，调解不准离婚。聂兴顺不服后，村公所介绍聂兴顺到区公所申请调解。区公所以同样理由调解不准离婚。聂兴顺又不服区公所调解，区公所随之介绍聂兴顺到县司法科申请离婚。而县司法科判决离婚后，区署则迟迟不执行离婚判决，不予聂兴顺办理离婚手续。区署的理由是抗战快要胜利，恐怕前夫参军回来。该案件原告聂兴顺原本符合抗属离婚条件，而村公所、区公所片面强调军人利益，不准离婚。村公所、区公所明显是违法调解，县司法科给予了纠正，判令聂兴顺离婚，维护了原告方的婚姻自由权，但区署仍百般阻挠。实践中不止聂兴顺离婚案件一例，并且引起了当事人不满。针对实践中的这种偏差，1948年9月1日陕甘宁边区高等法院安字第三号指示信明确："任何人不愿调解或不服从调解，有权径

---

① 白潮：《乡村法案——1940年代太行地区政府断案63例》，大象出版社2011年版，第108—111页。

向县司法处或地方法院起诉。调解不是诉讼的必经程序，不得加以任何阻止或留难。"

(二) 人民调解依据根据地政策、法规，同时兼顾民间善良风俗

传统民间调解依据传统道德、地方风俗和惯例。人民调解在解纷依据上明显不同于传统民间调解。人民调解则依据根据地政策、法规，兼顾民间善良风俗。这一原则是根据地政权组织顺应近代法制潮流和改造抗日根据地和解放区社会状况的产物。然而，由于革命根据地文化落后，人民调解实践过程中曾出现了无视根据地法规、政策现象。例如，有人在调解离婚纠纷时，以"烈女不嫁二夫，好马不配双鞍"来劝阻闹离婚的妇女；调解租佃纠纷时，就劝地主"多做好事为儿孙，富不跟穷斗，鸡不跟狗咬"①；"佃户和地主发生纠纷，佃户失去了土地，也调解了事；子洲一个雇工向地主索取所欠工资，地主竟将雇工吊打成残疾，对于这种蛮横无理违背政策的事情，也仅仅采取了调解方式"②；等等。针对这种情况，抗日根据地政权组织教育、改造人民调解员，一方面要求人民调解员不能进行无原则调和，必须根据政策、法规进行调解，另一方面将民间习惯依据是否有利于根据地政权建设分为"善良"、"非善良"两种。对于"善良"习惯，允许参照适用，而对于"非善良"习惯则禁止适用。经过抗日根据地政权组织对人民调解的引导、规范，大部分人民调解实践都能做到坚持依据根据地政策、法规，兼顾民间善良风俗。比如，1945年王巨生诉王志秀继承土地纠纷案③就是如此。涉县四区古凸村王治元没有儿子，死后由其哥哥王治仁的儿子王艮香拉灵送葬，并继承王治元的遗产。王艮香死后，其妻子改嫁，其儿子被狼咬死。王艮香的弟弟王巨生负责办理王艮香和其子的后事，并继承王艮香所继承的王治元的三亩土地。后来，王治元

---

① 《陕甘宁边区文件选编》(第6辑)，档案出版社1988年版，第296—297页。
② 王子宜：《调解与审判》，转引自张世斌《陕甘宁边区高等法院史迹》，陕西人民出版社2004年版，第89页。
③ 白潮：《乡村法案——1940年代太行地区政府断案63例》，大象出版社2011年版，第225—228页。

的本家王志秀对王巨生继承王治元的三亩土地有意见，向王巨生讨要土地。他的理由是王治元是他大伯父的儿子，可是另给远本族王显社顶过门。王治元留下的三亩地曾因欠债给了南顺祥。王治元死后，他的父亲先租后赎回那块地。再后来王巨生把这三亩地从自己手中赎去。村公所、区公所调解意见都是两家各得一半土地。王巨生不服，向涉县政府起诉要求继承王治元的土地。涉县政府经过调查，认为王巨生应得土地，王志秀无理由争执。于是涉县政府给古凸村村长批复调解理由。该调解理由有五点：（1）王志秀与王治元按股也不算近，因王治元已给王显社顶过门，就说成股近而再没有亲叔侄的近了吧。（2）王巨生是王治元的亲侄儿，王治元死后，王巨生哥王艮香虽没立继单，但拉灵是事实，况王治元的遗产不仅这三亩地，还有旱地一亩和一个小山坡，一向是王艮香耕种，王志秀也没过问过。（3）王治元女人改嫁身价及王艮香女人身价都是王巨生之父王治仁使的，王治秀也没过问过，王艮香和他儿子被狼咬死之后，都是王巨生负责埋葬，而王志秀就连一点义务也没尽。（4）就按旧日继承法，王志秀与王治元是平辈也不能平辈相继呀。（5）按家庭目前情况，说王巨生四口人七亩地，王志秀二口人五亩地。古凸村村长按此理由说服王志秀，王志秀不再争执，于是涉县政府销案。

该案件原先由村公所、区公所调解时，由于村公所、区公所没有充分按照根据地政策、法规，兼顾民间善良风俗的人民调解原则，纠纷不能解决。后来在县政府的指导下，村公所调解在坚持相关法律、法规基础上，兼顾善良风俗，从而赢得了纠纷当事人的认同，妥善解决了纠纷。

（三）人民调解与根据地司法衔接形式多样

我国传统民间调解不仅解决大多数民事纠纷和轻微刑事案件，还与官府审判存在衔接与互动机制。比如，起诉到官府的案件，当事人在堂外和解的，可以申请官府销案、官批民调等。其中官批民调是最常用的衔接方式。官批民调是指官府对于起诉的案件认为案情轻微，不值得审理或者认为案件由民间调解更为合适时，就批令民间调解人调解，民间调解人调解后将处理结果报告给官府的一种调解与诉讼的互动机制。官批民调的调解人由当事人所在基层组织的保甲长、厢坊长，家族的宗族长、行帮的会首、客长，以及地邻、亲友和中人等，在这些人中宗族长担任调解人的情况最为普遍。封建统治者推行官批民调的主要目的是为了将更多民间细故和轻微刑事案件排除在官府之外，节省官府财力、人力。与传统民间调解和诉讼的互动机制相比，抗日战争、解放战争时期人民调解有一定发展的情况下，人民调解与司法调解之间不仅形成了两种常见的互动机制：司法机关指定人民调解、人民调解协助司法调解，还催生了一种审判新方式——马锡五审判方式。

1. 司法机关指定人民调解

司法机关指定人民调解形式上类似于传统社会的官批民调，但具体内容不同。这种衔接方式又具体分为两种方式：一是司法机关指定双方当事人的邻居、亲友、公正士绅、有威望的长者、劳动英雄、乡参议员等民众或者农会、工会、商会、妇联会、青年救国会及抗援会等群众团体进行调解。调解成立的，由调解人制成和解书，并经司法机关审查，符合相关法律者，将和解书交双方当事人收执为据；如果不符合，司法机关予以驳回。二是司法机关指定区、乡政府调解。司法机关收案后，发现一些案件适合区、乡政府调解，就把这些案件发回区、乡政府，由区、乡政府进行调解。司法机关向区、乡政府发回案件时往往指出案件的关键点，指出解决问题的原则、调解办法和应注意的问题。区、乡政府调解后要向司法机关报告调解经过，调解成立的，发给调解书，并注销讼案；调解不成立的，司法机关调解或判令。

2. 人民调解协助司法调解

这种衔接机制的具体运作环节是：法院对于起诉的案件进行处理时，法官首先主动邀请案件发生地的有权威的民众、干部参与案件处理，其次法官与民众、干部在一起弄清事实的基础上进行调解解决纠纷。如果调解成功，法院就出具调解书结案；如果调解不成功，法院就进行判决。例如，绥德县政府合理调解争窑讼案[①]就是

---

① 《解放日报》1944年5月8日，转引自侯欣一《从司法为民到人民司法——陕甘宁边区大众化司法制度研究》，中国政法大学出版社2007年版，第287页。

如此。"绥德县沙滩坪区一乡穆家楼村，1943年底发生两姓佃户争租一窑的事件，经区乡政府屡次调解未成。今年三月双方告到县司法处，各执一词，不听调解。县长霍祝三见两姓为此小事，诉讼不休，有碍生产，特派推事白炯明同志赴当地调查，并发动群众调解。3月24日白推事到穆家楼，首先召集村乡干部及有威望的老人拉话，问明争执真相，继而到争窑地点察看，就与众人研究了调解方案，推选出面调停的人，然后找双方当事人进行调解。前后仅费三四个小时，和解即成，诉讼双方均化怨为喜，全村群众都说调解得好。"

人民调解协助司法调解往往是马锡五审判方式的重要内容，但马锡五审判方式并不局限于人民调解与审判的结合。马锡五在延大回答学员的提问时，将马锡五审判方式的特点概括为："就地审判、不拘形式、深入调查研究，联系群众解决问题。"① 可见，人民调解协助司法调解是马锡五审判方式"不拘形式"的具体表现。

二 人民调解的实际作用

人民调解在实践中尽管出现了一些问题，但成绩是主要的。人民调解不仅在解决纠纷方面发挥了重要作用，还促进了民主政治建设，促进了马锡五审判方式形成与推广，促进了民众思想、文化观念提高。

（一）人民调解的解纷作用得以发挥

各类人民调解组织形式在抗日根据地、解放区政权组织指导和管理下都解决了大量纠纷。1942年之前抗日根据地的民间自行调解不活跃，民间自行调解被倡导后，涌现出了一批民间调解模范，而郭维德是最突出的代表。郭维德所在的村庄有75户，360口人。由于贫穷落后，有20多垧土地者就是该村很富裕的人家，二流子又很多，因此，该村经常发生纠纷。自郭维德当村主任两年多，村里发生的70多件纠纷，都由他根据调解条例的和解精神，一一合理

---

① 马锡五：《在延大关于司法工作中几个问题的报告》（1949年5月22日），陕西省档案馆档案，卷宗号15.151。

解决，没有形成一件诉诸法庭的官司，使落后村一举变成了先进模范村。① 保德县民国33年（1944年）统计，以冬学、夜校为主要场所，全县办起98处冬学，两个多月中，调解纠纷达1089件，其中包括土地纠纷221件、减租纠纷224件、公粮案件102件、婚姻纠纷44件、家庭问题127件、工资纠纷182件、其他179件。经过调解，该县民间纠纷明显减少，诉讼案件由上年的105件下降为26件。② 在轰轰烈烈的人民调解实践运动中政府调解也解决了许多纠纷。陕甘宁边区民政厅专设第三科负责民事调解管理工作和调解工作。据1939年下半年至1941年上半年统计，即调解土地纠纷64件，婚姻纠纷258件，杂案（债务、劳资纠纷等）124件，共计446件。陕甘宁专署、县政府的民政科也领导和从事调解工作。1945年清涧县民政科，共收案76起，自己调解44起，介绍到县司法处判决的32起。与陕甘宁民政厅第三科，专署、县政府民政科相比，陕甘宁区、乡政府处理的纠纷更多。如延安县1944年经区乡政府解决的纠纷就有1900多件，富县经区政府解决的民间纠纷有1100件。曲子县天子区1945年1月至8月，发案21件，由区政府解决了19件，转司法处只有两件。1949年，清涧县法院结案44件，而全县八个区中的六区政府纠纷解决了299件。③

（二）促进了民主政治建设

抗日战争、解放战争时期根据地政权组织都通过相关选举条例，组织民众选举代表从事政权管理活动。推行民主选举使民众感受到根据地政权组织的政治民主性。而人民调解活动广泛开展让民众进一步感受到自己是政权的主人，真正行使了当家作主的权利，让民众逐步体会到民主的实质。谢觉哉说："大家的事，大家来议，大家来做。在大家公认的条件下（少数服从多数，个人服从全体……），谁都能发表意见，好的意见一定能被采纳；谁都有出来

---

① 陕西省地方志编纂委员会：《陕西省志·审判志》，陕西人民出版社1994年版，第187页。

② 山西省地方志编纂委员会：《山西通志·政法志》，中华书局1998年版，第180—181页。

③ 同上书，第185—186页。

做事管事的义务和权利。这就是民主的实质。"①

无论是群众团体调解人还是政府调解人都是经过民众选举或推选的,这就为民众相信人民调解提供了组织保障。纠纷发生后,民众通过人民调解员主持调解,自己对纠纷的意见得以表达,自己的合法权益得以维护,切实感受到人民调解活动本身是一种民主管理活动。人民调解与司法衔接,让民众体验到自己也在分享司法权行使,认识到根据地司法是人民利益的维护者。总之,人民调解的民主管理特性使得民众和根据地政权组织紧密联系在一起,促进了根据地民主政治建设。有学者指出:"民众的意识发生了天翻地覆的变化,他们克服了世世代代养成的'怕官'心理和从不过问政事的习惯,提高了对政治的兴趣和参政的热情,明确了自己在国家中的地位,认识到'老百姓是主人,政府工作人员是公仆','自己有管理政权的权利'。"②

(三) 促进了马锡五审判方式的形成与推广

陕甘宁边区于1941年前就初步确立"大众司法"制度。这一时期的"大众司法"制度主要表现为:强调司法工作的政治化;强调司法机关的一体化;强调审判程序的简单化和司法人员的非专业化。③ 然而,1941年后,随着陕甘宁边区社会条件改变,纠纷增多,初步确立的"大众司法"制度遭遇领导人批评和民众不满。于是李木庵等人掀起了一场以司法专业化为内容的司法改革运动,但是这场运动因为种种条件的限制而归于失败。

面对司法制度依然存在的问题,陕甘宁边区高等法院开始在司法系统倡导调解,但是效果并不明显。于是,陕甘宁边区高等法院转向发动群众,倡导全民调解。民间自行调解、群众团体调解、政府调解纷纷开展起来,民众参与解决纠纷的热情被调动起来,解决

---

① 谢觉哉:《民主政治的实际》(1940年4月24日),载王定国等编《谢觉哉论民主与法制》,法律出版社1996年版,第37页。

② 杨永华、方克勤:《陕甘宁边区法制史稿》(诉讼狱政篇),法律出版社1987年版,第181页。

③ 侯欣一:《从司法为民到人民司法——陕甘宁边区大众化司法制度研究》,中国政法大学出版社2007年版,第115页。

了大量纠纷。在此背景下，人民调解与司法衔接的实践也活跃起来。司法机关指定人民调解、人民调解协助司法调解在各抗日根据地广泛适用，马锡五审判方式更是被陕甘宁边区领导人高度赞扬，如"马锡五的审判方式，召集群众，大家评理，政府和人民共同断案，真正实现了民主，人民懂了道理，又学会了调解，争讼就会减少"①。陕甘宁边区政府还通过媒体广泛宣传马锡五审判方式，要求各抗日根据地法院学习马锡五精神，于是马锡五审判方式在各抗日根据地被大力效仿。

总之，人民调解与根据地司法业务衔接一方面使民众行使了当家作主的权利，行使了司法民主权，充分发挥了民众的调解智慧，又使得人民调解活动不偏离抗日根据地政策、法规要求；另一方面使司法人员养成了办理案件依靠群众、发动群众的民主作风。

（四）促进了民众思想、文化观念提高

民国时期，随着西方国家先进思想、制度在中国的传播以及国内的革新运动，民主、科学思想以及男女平等等先进思想、文化被一些先进知识分子以及许多城市人所接受。然而，在偏僻落后的农村地区，封建礼教、封建迷信以及包办、买卖婚姻等愚昧落后的陈规陋俗仍然比比皆是。革命根据地政权组织往往建立在落后的农村地区，因而革命根据地政权组织建立之初，民众的思想和文化观念极其落后。如许多人信奉星占、卜筮、风水、面相与鬼神，"以为一切丁、财、贵、富，皆决定于住宅之阳风水，或地坟之阴风水"，故建房或丧葬，"无不先请阴阳家择定时日方位，方敢进行"，以至各种"吃斋"，名目很多。② 女子社会地位很低，被包办、买卖婚姻，养童养媳，没有经济上的自由权，无受教育的机会，被视为"除单纯制造人类的机器和料理细小家庭事项外，没有别的作用"③。革命根据地政权组织建立后，大力进行民主政权建设、进行经济建

---

① 王定国等编：《谢觉哉论民主与法制》，法律出版社1996年版，第320页。
② 万振凡、林颂华：《江西近代社会转型研究》，中国社会科学出版社2001年版，第234页。
③ 江西省档案馆、中共江西省委党校党史教研室编：《中央革命根据地史料选编》（下册），江西人民出版社1982年版，第690页。

设、进行社会改造和重建、进行精神文明建设。在此背景下，革命根据地民众的思想和文化观念有很大改观。而抗日根据地、解放区政权组织大力倡导和支持的人民调解实践活动在改造民众思想、文化观念方面就起了很大作用。

人民调解活动中调解人不仅关注纠纷妥善解决，还十分注意教育改造当事人的思想。例如，模范民间调解人郭维德调解的一例纠纷就是如此。"正月初十，李生荣欺辱伯父李志和，说李志和埋儿的坟地坏了他家的风水，使他只养女子不生男娃，要李志和给他说好话，否则搬坟。李志和无法，告诉了郭维德。郭找了几个了解李家内情的老人商量，查明李生荣借口迷信，故意欺辱李志和。第二天郭召集双方并会同众亲戚，指明：生男育女与坟地无关，教育李生荣要尊敬长老，不得无理取闹。"① 该案件中调解人郭维德不仅破除纠纷当事人的封建迷信思想，而且还教育无理的一方当事人要好好做人。调解人郭维德还常常利用调解，教育当事人支持根据地抗战政策。纠纷当事人往往在郭维德开导下抛弃前嫌，拥护抗战政策。比如，贫农常永禄伙种地主王泽滨一块土地，秋收时，王泽滨不给常分柴草，遂发生纠纷。常永禄向郭维德反映了这一问题，村民听说后要斗地主王泽滨。郭维德则认为，对待富人，在政策上绝不能让步，按照法律规定，伙种地租形式，一是照抗战前原租额减30%至20%，二是减租后，出租人所得最多不得超过收获量的40%，但为了团结他们抗日，在说话上无妨让步。于是他把常、王找来进行调解；向王泽滨说明政府减租政策法令不是和富人过不去，而是考虑穷人出了苦力，也要照顾，所以柴草应当平分。常永禄也当场表示，不是为争那些草，而是要争理，于是他把柴草也捐献给冬学了。②

与人民调解在非婚姻纠纷调解所发挥的思想教育作用相比，人民调解在婚姻纠纷调解的思想教育作用发挥就没有那么顺利、明

---

① 《解放日报》1944 年 5 月 8 日，转引自侯欣一《从司法为民到人民司法——陕甘宁边区大众化司法制度研究》，中国政法大学出版社 2007 年版，283 页。
② 陕西省地方志编纂委员会：《陕西省志·审判志》，陕西人民出版社 1994 年版，第 187 页。

显。由于根据地教育文化水平落后，封建婚姻陋俗十分盛行，妇女提出的离婚纠纷调解过程中往往遭到男方及其家庭强烈反对，而且有些调解人利用封建陋俗阻挠妇女离婚。最初人民调解员调解婚姻纠纷不能很好地贯彻婚姻法精神。抗日根据地、解放区政权组织对此进行教育和整顿，要求人民调解员在坚持遵守婚姻法的基础上，适当照顾善良风俗。随后，问题逐渐得到解决。随着人民调解活动正常开展，男女平等、婚姻自由、一夫一妻制、禁止包办和买卖婚姻等婚姻法规定日渐深入人心，妇女逐渐得到解放。

第三节 人民调解何以兴起：组织权威的形成

抗日战争、解放战争时期抗日根据地、解放区政权组织从当时实际需要出发，吸取我国传统民间调解的经验教训，制定人民调解法令、政策，广泛开展人民调解实践活动，取得了明显成效。人民调解不仅解决了大量民间纠纷，还促进了民主政治建设，促进了马锡五审判方式的形成与推广，促进了民众思想、文化观念提高。那么抗日战争、解放战争时期人民调解何以能够广泛推行，并且取得明显成效呢？学界大多数人认为这一时期的人民调解是为了适应精兵简政的需要和整风运动的产物。侯欣一教授认为："人民调解制度的推行，既是出于与国民党政治斗争的需要，也是探索未来中国新型司法制度的结果。"[①] 笔者认为，这一时期人民调解之所以能够有效推行，与这一时期人民调解的组织权威初步形成是密不可分的。正如强世功教授所说："民间调解是否可以得到有效的推行，关键在于乡村社会是否存在有效的权威人物和组织，因为调解作为纠纷解决机制总是和权威人物和机构联系在一起的。"[②] 同样道理，正是在人民调解组织权威初步形成的情况下，人民调解有效运作并

---

  ① 侯欣一：《从司法为民到人民司法——陕甘宁边区大众化司法制度研究》，中国政法大学出版社2007年版，第260页。
  ② 强世功：《法制与治理——国家转型中的法律》，中国政法大学出版社2003年版，第99页。

发挥重要作用，人民调解出现兴起与发展的样态。人民调解组织权威初步形成主要表现为：（1）大多数人民调解员拥有抗日根据地、解放区政权组织赋予的权力。担任人民调解员的农会主任、民兵队长、妇女代表、劳动英雄、积极分子、公正人士等等是在抗日根据地、解放区改造民间社会中涌现出的新式地方精英，他们信奉共产党的意识形态，而且他们中大多数要么是群众团体的领袖，要么是村政权的组成人员，要么是政府调解委员会的组成人员。不过，大多数人民调解员往往仅拥有某一项或某几项权力资源，如农会主任享有阶级成分划分和土地分配的执行权，民兵队长享有安全防务的权力。人民调解员还可以直接参与、分享根据地、解放区司法权力。（2）大多数人民调解员得到了民众的认可与信赖。他们往往是阶级成分好的贫、雇农，而且在某些方面表现突出，比如，在革命斗争中英勇果敢，或者在生产建设中被评为劳动英雄，或者积极支持革命斗争等等表现出能力较强、处事公正的品质，在民众中威信较高，并且通过民众民主选举或推选而成为人民调解员。总之，人民调解员既拥有抗日根据地、解放区政权组织赋予的权力又具备了政治威望。人民调解的组织权威吸引和保障着纠纷当事人选择和接受人民调解，从而人民调解广泛运作并发挥重要作用。那么抗日根据地、解放区人民调解组织权威是如何形成的呢？抗日根据地、解放区政权组织权威树立，人民调解组织依附于抗日根据地、解放区政府，"大众司法"形成与推广以及传统地方精英被清扫、新式地方精英被塑造共同促成了人民调解组织权威初步形成。

一　抗日根据地、解放区政权组织权威的树立

革命的根本问题是政权问题，而政权要真正确立起来，仅靠武力是不行的，政权必须要具备合法性。政权的合法性就是政权的合理性与正当性。关于权力合法性的问题，古今中外有不同观点。我国洪向华博士站在前人的基础上提出的合法性界定较为科学。洪向华认为："合法性指的是政治统治者依据传统或公认的准则而得到民众的同意和支持，实际上就是根据社会主导价值体系的判断，由

广大民众支持认可的政治统治的合理性与正当性。"① 共产党和抗日根据地、解放区政权组织通过颁布和实施一系列政策、法规，逐步取得了民众认同，树立了权威。

中国共产党在1921年建党时，就确立中国共产党的性质是无产阶级政党，工人阶级是无产阶级的先锋队。大革命失败后，中国共产党明确认识到农民是工人阶级的同盟军，将革命的任务确定为武装夺取政权，建立人民自己的政权。从此，中国共产党走上了农村包围城市的革命道路，在农村开辟革命根据地，进行各项政权建设活动。抗日战争、解放战争时期共产党领导的各项政权建设有了很大发展。1931年，苏维埃政府基本上形成了一条比较成熟的土地革命路线，即依靠贫雇农，联合中农，限制富农，保护中小工商业者，消灭地主阶级，变封建半封建的土地所有制为农民的土地所有制。土地革命路线的政策实施赢得了工农对革命大力支持，但是由于该项政策实施中存在的一些偏激做法过分侵犯了地主、富农权益，一些地主、富农不满，进行反抗。抗日战争时期，随着中日民族矛盾上升为主要矛盾，为配合统一战线实施，将土地革命时期的土地政策改为减租减息政策。该项政策实施，不仅贫、雇农得到了实惠，地主、富农的生活也有了保障。例如，淮北根据地的减租工作自1940年开始实行，"41年减租范围达22个区，98个乡，687个保，当年减了9000余石，得利佃农9000余户。42年减租范围增至196乡，39个区，减了31366石，得利佃户19240户。43年增至65个区，412乡，减退租共计50896石，得利佃户42756户。44年增至899个乡，减退租的数目增至112118石"②。由于贫、雇农获得了切实的物质利益，贫、雇农的抗日热情高涨，踊跃报名参军，努力参加生产活动，积极捐钱捐物，广泛参与抗日根据地政权事务的管理。贫、雇农们把自己的命运与根据地政权组织的前途紧紧联系在一起。地主、富农与抗日根据地政权组织的紧张关系也得

---

① 洪向华：《政党权威——一个关系政党生死存亡的重要问题》，中国时代经济出版社2006年版，第96—97页。
② 刘瑞龙：《淮北五年来群众工作总结》，载中共安徽省党史工作委员会《淮北抗日根据地》，中共党史出版社1991年版，第353页。

以缓解，一些开明的地主、富农也积极地参加到抗日的队伍中，从而抗日根据地政权组织获得了坚实的民心基础。

另外，共产党和抗日根据地、解放区政权组织出台和实施的工业、商业贸易、财政金融、文化和社会政策、法规以及政治民主制度也都从根本上维护工人、农民的利益。虽然有些政策、法规一开始有些过于理想化，没有照顾到相关权益人的利益，有些法规、政策在实施过程中出现了一些偏差，但是这些问题后来都被及时纠正。总体上看，抗日根据地、解放区政策和法规实施使工人、农民翻身做了主人，也使得抗日根据地、解放区政权组织获得了合法性。

综上所述，共产党和抗日根据地、解放区政权组织赢得了民心，取得了合法性。这为抗日根据地、解放区政权组织推行人民调解奠定了雄厚的政治基础。人民调解组织、人民调解员、人民调解的依据以及人民调解活动本身都与共产党和抗日根据地、解放区政权组织紧密相连。如果没有民众对共产党和抗日根据地、解放区政权组织认同的背景，人民调解政权组织权威将很难形成，人民调解也将很难发挥作用。当然，人民调解的有效运作反过来巩固和提高了抗日根据地、解放区政权组织。

二 人民调解组织依附于抗日根据地、解放区政府

秦汉以来的传统中国是建立在传统农业、社会资源极度贫乏的基础之上的集权国家。这使得传统中国国家统治的合法性只能主要依靠道德和价值体系。而鸦片战争以来的近代中国由于西方先进思想、文化、制度传播，清末新政实施，辛亥革命，新文化运动以及"五四"运动，三民主义，马克思、列宁主义思想的引入等，已经很难延续传统社会的文化统治模式。要使国家摆脱内外困境，必须建立现代民族国家。由于传统中国实行"皇权不下县"、"县下皆自治"的政治格局，中国近现代民族国家建设中的主要问题就是解决国家政权如何伸入乡村社会。于是清末政府、国民党政府和共产党领导的革命政权都力图打破传统社会的文化统治模式即杜赞奇所说的"权力的文化网络"，建设"权力的组织网络"。不过，清末政府的新政流于形式。国民党政权无法对乡村社会进行有效动员，出

现所谓的"国家政权内卷化"现象。金耀基认为，中国社会的结构革命和统一组织化只有到了中国共产党领导时期才得以实现。[①] 的确，中国共产党在新民主主义革命时期就在革命根据地打破旧的乡村社会结构，通过运用组织技术（民主、会议和设立各种组织等），把从旧体制中解放出来的个人重新吸纳到新的权力组织体系中，从而"权力的组织网络"形成。抗日根据地、解放区的主要四种人民调解组织形式即临时组成的民间自行调解组织、群众团体调解组织、村调解委员会以及政府调解组织形式，都镶嵌在抗日根据地、解放区"权力的组织网络"体系中，接受抗日根据地、解放区政权组织指导和监督，从而获得其赋予的权力资源。

  首先，共产党通过民主政治制度建设把民众组织起来，而人民调解组织也贯彻民主原则。早在苏区共产党就通过实行民主选举制度、代表会议制度、代表主任制度和工作委员会制度发动和组织民众，并且取得了一定成效。抗日根据地、解放区民主政治制度建设进一步发展，民众进一步被组织起来。比如，抗日民主政权的选举制度与中华苏维埃选举制度相比，抗日民主政权的选举制度更加科学、合理。选举权更加普遍化；选举平等原则进一步发展；直接选举范围扩大；选举中贯彻三三制政策；候选人提名和竞选；投票选举方式合理化。抗日民主政权的选举制度具体实施取得了良好效果。适合于选民不同文化程度的投票方法应用，激发了选民的选举热情，使更多的选民积极参加选举活动，认真地行使当家作主的权利。晋察冀边区1940年大选中，全边区参加投票的人数占选民总数的70%以下，中心地区各县达到90%以上，灵寿县7区和平山县15区竟高达97%—99%。[②] 在整个革命根据地和解放区普遍实行民主的政治氛围下，人民调解组织成员往往由选举产生，并且人民调解员调解纠纷时实行民主评议原则，人民调解员还参与司法调解、作为人民陪审员参与司法审判。

  其次，共产党还通过引导农民成立各种群众组织来组织民众，

---

  ① 金耀基：《现代化与中国现代历史》，载《金耀基社会文选》，台北幼狮文化事业公司1985年版，第7—14页。
  ② 《晋察冀边区行政委员会工作报告》（1938—1942），第36页。

而一些人民调解组织就是群众组织的一个组成部分。第二次国内革命战争时期,就成立农会、共青团、儿童团、工会、妇代会等群众组织。在共产党领导下这些群众组织发动和动员民众积极参加革命斗争和革命根据地的各项建设。抗日战争时期,群众组织进一步发展壮大。例如,"在苏中,1942 年已经建立了 13 个县农抗会、91 个区农抗会、442 个乡农抗会,共有会员 50 万。在农抗会带领下,青年抗敌协会、妇女抗敌协会、文教抗敌协会和职工抗敌协会也陆续建立。1945 年苏中根据地分别召开了全区职工代表大会、青年代表大会、妇女代表大会、记者联合筹备会等。据 1945 年 8 月的统计,全区群众参加工抗会有 128000 人、农抗会有 622400 人,妇抗会有 128300 人,教抗会有 4700 人,青抗会有 22547 人,儿童团有 308864 人,其他群众组织 11000 人,共计 970000 人"①。这些群众组织打破了传统的血缘、地缘标准,采用业缘、阶级标准,进一步瓦解了乡村旧势力,同时增强了共产党的凝聚力。这些群众组织在抗日根据地政权建设和抗日战争中发挥了重要作用,自身也赢得了民众的信赖。总之,抗日根据地、解放区民众被不同程度地纳入各类群体,而且各种群众组织被塑造成以贫、雇农为主体,以共产党员为核心,以民主制度为组织原则,以辅助基层政权治理为工作重心的新型社会政治组织。而一些人民调解组织就附着在这些新型社会政治组织中,比如,抗援会成立人民调解组织,冬学会、互助组的领导人也从事人民调解活动。

最后,上述各种民主政治活动、各种群众组织的组建都不是自发产生的,而是由共产党引领和推动,并且受共产党控制。"我们的乡村干部和党员,要首先参加进去,或者就以党的小组为骨干,组织成'札'工队,起模范带头作用,并利用这个机会进行群众教育、团结群众。我们的农村支部、乡政府和群众团体的工作同志,一定要把组织群众生产看作自己的工作,是自己工作中最重要的工作。某些同志以为'这些事群众自己会搞,用不着咱们担心',这

---

① 中共江苏省委党史工作委员会、江苏省档案馆:《苏中抗日根据地》,中共党史资料出版社 1989 年版,第 12 页。

种不正确的观点，一定要严格改正。"① 共产党通过在群众组织中发挥作用，克服群众的"小农理性"或"眼前利益"，使群众服务于党和国家的目标或利益。而多数人民调解员是革命斗争中涌现出的积极分子，是共产党员。在此意义上，多数人民调解员是动员和发动群众的一员。

总之，共产党利用上述组织技术将抗日根据地、解放区民众团结在自己周围，形成了"权力的组织网络"体系。而多数人民调解组织由民主选举组成或者从属于群众团体组织，或者是村政权和基层政府的组成部分。因此，人民调解组织附着在这种"权力的组织网络"体系中。这为人民调解组织权威形成奠定了组织基础。

三 "大众司法"的形成及其推广

我国传统司法是一种重视实体正义、轻视程序正义，专业化程度不高的全能型司法。这种司法类型尽管在传统社会发挥了重要作用，但是清末遭遇危机。晚清政府为了稳固自己的统治，借鉴西方法律制度，建立了专门化的司法制度。国民政府继承了晚清做法，进一步确立专门化司法制度。这种专门化司法制度包含新的司法理念即司法独立、司法公正、司法的形式化、司法中立以及司法人员专业化。然而，由于官员和民众不理解、专业人员缺乏等相关条件不具备，国民党政府在推行专门化司法制度过程中出现了一些弊端：（1）裁判不公，司法腐败严重。（2）程序烦琐，效率低下，案件久拖不决。（3）形式主义泛滥。面对国民党司法制度的流弊，与国民党争夺中国政权合法性的共产党没有选择司法制度专门化的道路。

第一次国内革命战争时期，革命根据地司法就初具"大众司法"特点。1942年后陕甘宁边区当时司法环境、群众路线确立和抗日根据地司法机关的政治地位促使"大众司法"正式形成与推广。

---

① 《把劳动者组织起来》，《解放日报》社论，1943年1月25日，史敬棠等，1957年，第148—149页，转引自强世功《法制与治理——国家转型中的法律》，中国政法大学出版社2003年版，第105页。

（一）抗日根据地司法不能提供较好的司法服务，李木庵领导的司法改革失败

陕甘宁边区抗日根据地经济、文化十分落后，又处于战争时期，而民众的组织化程度较高，具备了一定的民主意识，要求参与政权建设，要求边区政府提供较好的公共服务。然而，边区司法系统，特别是基层司法人员的文化素质较低和工作能力不强。1943年政府的一份文件记载了这一情况。"县级干部多数情况下同样具有工人和农民背景（特别是农民）。40%受过中小学教育；80%拥有丰富的革命斗争经验，由此而成为边区政府干部，但他们理论水平低，文化不高，不可避免思想狭窄，经常不能适应新的复杂情况（即统一战线）。"① 针对陕甘宁边区司法的状况，边区领导人谢觉哉给予批评，其日记中记载："边区司法似乎是政权中较落后的一环，原因，大家对司法不注意，不去研究，很少有司法知识，人民缺乏法律观念，而我们又是要求比旧民主主义进步的司法；老百姓要求断讼的公平、迅速，又很迫切。因此显得司法工作的落后。"② 1942年，李木庵被任命为陕甘宁边区高等法院代理院长。李木庵上任后，力主司法改革。这项司法改革的主要内容为：强调审判独立；完善诉讼程序，加强法院内部规范化管理；建议设立检察机关；规范审判方式和程序；司法工作和司法人员专业化。不过，这项司法改革遭到原有司法人员的反对，边区领导人不支持，边区也缺乏法治的观念，结果改革失败。中国共产党又开始了新型司法制度的探索。

（二）抗日根据地群众路线确立

中国共产党从一开始就代表工农阶级的利益，这种身份促使其追求工作平民化、大众化。随着中国共产党日渐成熟，抗日根据地政权建立和扩大，马克思主义与中国实践相结合的毛泽东思想在共产党内占了上风，1942年延安整风运动使其成为主流思想。毛泽东思想反对教条主义、反对本本主义，主张马克思列宁主义中国化。

---

① 《陕甘宁边区简政实施纲要》，延安，1943年。
② 《谢觉哉日记》（上）1943年2月26日，人民出版社1984年版，第411页。

因此，中国共产党的阶级立场和指导思想催生了群众路线。据不完全统计，仅在延安时期，中国共产党重要文献中阐述群众观点的就有40多篇。例如，"只要我们依靠人民，坚决地相信人民群众的创造力是无穷无尽的，因而相信人民，和人民打成一片，那就任何困难也能克服，任何敌人也不能压倒我们，而只会被我们所压倒"①。

（三）抗日根据地司法机关接受党的领导，隶属于各级政府的职能部门

抗日根据地政权实行中国共产党的"一元化"领导。这主要表现为两个方面：其一是在同级党、政、民以及各类组织的相互关系上，党的组织领导一切；其二是在中国共产党内部的上下级关系上，"个人服从组织，下级服从上级，全党服从中央"，党员个人必须无条件地服从组织。在中国共产党"一元化"领导下，抗日根据地司法机关只是中国共产党政策的执行机关。同时，抗日根据地司法机关接受同级政府的领导。抗日根据地各级政府对司法机关进行行政、财政、人事管理，还插手具体的审判业务。总之，抗日根据地司法机关是中国共产党的执行机关，是抗日根据地政府的组成部分。正是因为抗日根据地司法机关如此的政治地位，它必然贯彻党的群众路线。

在上述背景下，"大众司法"的典型代表——马锡五审判方式形成与推广。马锡五审判方式形成与推广给予人民调解相应的权力支撑。马锡五每次审理案件，都要走访群众，通过询问群众弄清案件事实，并且让当地有权威的群众，特别是人民调解员参与调解、审理纠纷。这种司法方式的运用使得人民调解员有机会直接参与、分享司法权力，使得人民调解员的意见能够被抗日根据地、解放区司法机关吸收。这增添了人民调解员的话语力量，提高了人民调解员在群众中的社会政治地位，从而促使人民调解组织权威形成。

四 传统地方精英被清扫、新式地方精英被塑造

传统中国乡村社会的宗（族）长、乡绅、地主等人凭借其经

---

① 《毛泽东选集》（合订本），人民出版社1968年版，第997页。

济、知识及其社会关系等资源成为乡村舞台上的权力主体。这些人往往是传统中国乡村社会的航向标。农民崇敬他们，有疑难问题时向他们请教，有了纠纷请他们调解等等。清末至国民党统治时期，乡绅由于科举制度被废除，其文化、经济优势下降。乡绅开始分化，乡绅中的佼佼者纷纷迁入城市居住，而留在乡村的乡绅的人品、道德素质下降，其文化权威减弱；一些新式士绅与军阀、外国反动势力勾结欺压百姓，这些新式士绅的权威荡然无存。宗（族）长的权威仍然很高。从总体上看，这一时期尽管传统地方精英的权威弱化，但是乡村社会仍然被传统地方精英所主宰。不过，新民主主义革命时期，革命根据地、解放区乡村社会中传统地方精英的权威逐渐被削弱。

共产党在革命根据地、解放区运用马克思主义阶级分析理论，结合中国实际情况，主要依据职业和社会地位，适当考虑政治态度，把地主、佃农、雇工、自耕农、无业游民等这些传统的职业分类转变为地主、富农、中农和贫农这种新的阶级分类体系。实践中，共产党领导的农会通过说服教育、诉苦、批斗大会等权力技术使农民提高阶级觉悟，使农民逐渐认识到："彻底翻身的日子到了，大家赶快团结一条心，只有依靠自己的力量，才能解放自己。"① 经过农村社会阶级划分和阶级教育后，农民的阶级仇恨得以树立，阶级觉悟得以提高，随之对共产党推行的土地政策予以认同。美国作家贝尔登是这样描述有了阶级觉悟的年轻人捣毁庙宇的情形，"他们以非同寻常的勇气……把打破了的偶像驱出寺院滚落街头……尽管村子里的老年人对此担忧。然后，他们又用油漆把破片拼成原样，在集合的农民面前当场把他们击得粉碎"②。土地政策实施后，大部分地主、富农等封建剥削阶级威风扫地，沦为乡村社会的边缘人物，如"地主祖三先生过去喊他家佃户小名'小许子'，现在改口喊许爷了。农民把减租当作一种制度，佃户自动减租，连人情租也减了，一点不让，认为不减租是最丢人的。地主向佃户低头。有

---

① 晋绥边区农会临时委员会：《晋绥农会告农民书》，载中共中央晋绥分局编印《整顿队伍平分土地》，晋绥新华书店发行，1948年，第17页。
② [美]杰克·贝尔登：《中国震撼世界》，每月评论出版社1970年版，第63页。

些中小地主，生活下降，有些要求自种土地，苦苦与佃户商量，不得佃户允许"①。一部分拥护共产党政策的开明地主、士绅经过改造后被吸纳到抗日根据地政权组织；同时宗教组织、家族组织等传统的"权力的文化网络"都作为"封建"典型被统统扫除掉。当然，由于根据地乡村社会的偏僻闭塞，民众的"封建意识"浓厚，传统的"权力的文化网络"的扫除不是轻而易举的，也不是立竿见影的。革命根据地、解放区政权组织还通过举办文化教育活动、进行民主建设、组建新型社会组织等使民众逐渐摆脱对传统地方精英的依赖。

总之，在阶级划分，革命根据地、解放区建设和革命斗争中，传统地方精英的权威被削弱的同时，一批新式地方精英开始成为乡村社会中的权力主体。共产党通过形成新的乡村社会的动员机制和治理机制即组建互助组、农业合作社、生产队、民兵组织、调解组织、贫农协会、妇女协会、儿童团等等来组织民众的同时充分吸纳认同共产党意识形态的乡村"领袖人物"。"各群众团体的领导者又直接参加各级政府委员会，把他们的意见随时反映到实际政治中来。"②一些在革命斗争和根据地政权建设中表现积极，能力突出，品质好的贫、雇、中农通过选举程序当选为村政权领导，乡、区代表大会代表或者乡、区政府成员。而这些新式地方精英往往又是人民调解组织的成员。另外，这些新式精英人民调解员一般能够较好地调解纠纷。因为革命根据地、解放区仍处于落后的自然经济状态，社会关系简单，民事纠纷数量不大又不复杂，多数新式精英人民调解员热心调解工作，人品又较好。而新式精英人民调解员调解纠纷的能力也增添了人民调解的权威性。

综上所述，共产党通过一系列权力技术将革命根据地、解放区传统地方精英的权威削弱。这为其塑造新式地方精英扫清了道路。同时农会主任、民兵队长、妇女代表、劳动英雄、公正人士等等新式地方精英涌现并上升为乡村社会中的权力主体。多数人民调解员

---

① 刘瑞龙：《淮北五年来群众工作总结》，载中共安徽省党史工作委员会《淮北抗日根据地》，中共党史出版社1991年版，第353—355页。

② 王定国等编：《谢觉哉论民主与法制》，法律出版社1996年版，第40页。

是新式地方精英，并且能够较好地调解纠纷。因此，传统地方精英被清扫、新式地方精英被塑造为人民调解政权组织权威形成提供了重要条件。

小 结

抗日根据地、解放区政权组织基于落后的自然经济状况的法权要求，吸取我国传统民间调解的经验教训以及缓解抗日根据地司法困境的需要，制定和颁布一系列人民调解法令、政策，于是人民调解组织化、制度化的雏形出现。与此相适应，人民调解实践中呈现出一些重要特征：人民调解组织类型多样；抗日根据地、解放区政权组织指导、监督人民调解；实行逐级人民调解；人民调解依据的偏离与纠正；人民调解与根据地司法衔接。虽然人民调解实践中出现了一些问题，但是其成效是明显的。人民调解不仅在解决民事纠纷和轻微刑事案件方面发挥了重要作用，还促进了民主政治建设，促进了马锡五审判方式形成与推广，促进了民众思想、文化观念提高。

人民调解能够广泛推行并取得明显成效，与人民调解组织权威初步形成是密不可分的，人民调解组织和人民调解员的权力和政治威望为纠纷当事人选择和接受人民调解提供了保障，而人民调解组织权威初步形成可归因于以下几点：抗日根据地、解放区政权组织权威的树立；人民调解组织依附于抗日根据地、解放区政府；"大众司法"形成及其推广；传统地方精英被清扫、新式地方精英被塑造。

不过，在人民调解兴起的过程中，一些人民调解组织和人民调解员却滥用手中的权力，而人民调解制度本身又不完善，致使人民调解实践中出现一些负面现象，比如，一些人民调解员不尊重纠纷当事人的意愿，不能平等对待纠纷当事人，不遵守根据地的相关政策和法令等等。这种状况的存在使得人民调解制度文本在一定程度上流于形式，纠纷当事人的自治性不能很好地实现。

第二章

人民调解的兴盛

新中国成立初期至20世纪80年代中期，人民调解在继承抗日战争、解放战争时期人民调解的基础上有了崭新发展。这一时期的人民调解除了受"文化大革命"影响，于1966—1972年基本上停止外，总体上处于兴盛状态。本章首先从文本和实践两个方面描述人民调解的兴盛样态，然后从人民调解组织权威高涨角度探究其兴盛的动因。

第一节 人民调解组织化、制度化的全面确立与发展

1954年国家在总结抗日战争、解放战争时期和新中国成立初期人民调解的经验教训基础上，适应继承和发展"大众司法"的要求，在全国进行人民调解组织化、制度化建设。受"文化大革命"的影响，人民调解于1966—1972年陷入瘫痪状态。1973年至20世纪80年代中期，随着社会主义民主与法制恢复与初步发展，人民调解迅速得以恢复并快速发展。

一 新中国成立初期人民调解组织化、制度化全面确立

（一）社会基础

人民调解的历史经验教训以及"大众司法"的继承和发展为人民调解组织化、制度化全面确立提供了重要条件。

1. 人民调解的历史经验教训

抗日战争、解放战争时期人民调解组织，人民调解原则，人民调解的方式、方法，人民调解协议的效力，人民调解员的工作纪律等等都有了一定的规范性，而且人民调解实践取得了一定的成效。它不仅解决了大量民间纠纷，缓解了法院司法的压力，还贯彻了共产党的政策、法规，促进了民众思想、文化观念提高。总之，抗日战争、解放战争时期人民调解的成功经验为新中国人民调解的立法奠定了坚实基础。

新中国成立后，不少省、市、自治区和大行政区在汲取老解放区人民调解工作经验的基础上，并结合新解放区的实际情况，相继制定和颁布了许多规范和倡导人民调解工作的条例和指示。据不完全统计，从中华人民共和国成立至1954年，先后发布过人民调解规程、指示、办法的有苏北、河北、平原、松江、甘肃、浙江、山东、云南、江西、新疆、内蒙古、武汉、天津等省、市、自治区，有的大区，如东北人民政府、中南军政委员会、西南军政委员会也发布过专门指示。① 这些条例和指示，不仅较好地规范了各地的人民调解工作，也为创建全国性人民调解制度积累了丰富的经验。

1953年4月11日至25日召开的第二届全国司法工作会议通过决议，决定在全国范围内有领导、有计划地建立和健全基层群众性调解组织。这一决议进一步推动了人民调解组织建立和发展。据不完全统计，截至1953年底，华东区已有调解委员会约46000个，占全部乡数的80%；华北区的山西和河北，约有1/3到1/2的县份建立了区村调解委员会或联村调解站，中南、西南的绝大部分地区处于大规模典型实验的阶段。②

2. 新中国成立初期"大众司法"的继承与发展

"大众司法"初创于中华苏维埃共和国时期，形成于抗日战争时期。马锡五审判方式是"大众司法"的典型表现，其特点主要是"深入基层，调查研究，彻底判明案件真相；就地审判，不拘形式，

---

① 韩延龙：《我国人民调解工作的三十年》，《法学研究》1981年第2期，第44页。
② 同上。

在群众参加下处理案件；简便手续，便利人民诉讼"①。马锡五审判方式的运用不仅赢得了根据地民众的认同和接受，而且与国民党政府司法相比赢得了司法民主优势。解放战争即将胜利之时，中共中央于1949年2月22日发布了《关于废除国民党的〈六法全书〉与确定解放区司法原则的指示》。该指示认为，"法律是统治阶级的所谓国家意识形态，并以武装强制执行。法律只是保护特定统治阶级利益的工具。国民党全部法律是镇压和束缚广大人民群众的武器，只是保护地主与买办官僚资产阶级发动统治的工具。国民党的《六法全书》应该立即被废除。在无产阶级领导的工农联盟为主体的人民民主专政的政权下，人民的司法工作不能以国民党的《六法全书》为依据，必须以人民的新法律作依据。按照指示，宣布国民党政府一切法律无效立即被宣布无效，禁止人民司法在审判中引用任何旧的法律"②。

1949年中华人民共和国成立，司法部、最高人民法院、最高人民检察署等司法机关也随之建立。中央人民政府司法部、法制委员会、最高人民法院、最高人民检察署于1950年7月26日至8月11日召开了第一届全国司法会议，该会议初步规划了"人民司法"③蓝图，并且划清了新旧法律和新旧司法制度的界限。1950年，周恩来总理指示："人民司法工作还须处理民间纠纷，对这类民事案件，亦须予以足够的重视，一方面应尽量采取群众调解的办法以减少人民讼争，另一方面司法机关在工作中应力求贯彻群众路线，推行便利人民，联系人民和依靠人民的诉讼程序与各种审判制度。"不过，新中国成立之初，法律人才奇缺，为了开展审判工作，维护社会秩序，国家留用了一大批旧司法人员。尽管国家对旧司法人员进行思想改造教育，但是一些旧司法人员还是出现了脱离人民的司法问题，特别是1952年开展"三反"运动中一些旧司法人员贪赃枉法，

---

① 张希坡、韩延龙主编：《中国革命法制史》，中国社会科学出版社2007年版，第437—440页。

② 何兰阶、鲁明健主编：《当代中国的审判工作》（上），当代中国出版社1993年版，第26页。

③ 人民司法是新民主主义革命时期"大众司法"的继承与发展，人民司法延续了大众化司法的精神实质即群众路线，体系更加完备。

坐堂办案、官僚主义等旧司法作风、思想充分暴露。于是1952—1953年全国进行了大刀阔斧的司法改革运动。其核心目的是对各级司法机关进行彻底改造与整顿,从政治上、组织上、思想上提高其纯洁性,实行司法的人民性;批判资产阶级法律思想,包括"三权分立"学说、"司法独立"原则、"罪刑法定主义"和"法不溯及既往"原则等;清除旧司法人员。经过1952—1953年的司法改革运动,国家把旧法观点和旧司法严重的司法人员从人民法院调离,把脱离人民的、危害人民的和官僚主义的旧司法审判方式清除掉,同时"人民司法"机关用马克思列宁主义、毛泽东思想以及人民的法律教育和改造司法人员,从而为人民服务的人民司法理念得以树立,以"调查研究、实事求是、群众路线、就地审判、重视调解"等为特征的人民司法审判方式得以全面建立。

形成于抗日战争、解放战争时期的人民调解,新中国成立后在许多地方陆续运作,而"大众司法"继承与发展一方面为人民调解发展提供了司法制度支撑,另一方面"大众司法"顺利开展也需要人民调解有力配合。

(二)基本内容

政务院于1954年3月22日颁布了《人民调解委员会暂行组织通则》(简称《通则》)。该《通则》共十一条,全面系统地规定了人民调解委员会的性质、任务、组织指导、职权范围、工作原则、工作方法和纪律等。《通则》的颁布标志着人民调解制度作为一种法律制度在我国正式确立,是我国人民调解制度发展史上的重要里程碑。与抗日战争、解放战争时期人民调解制度相比,《通则》第一次在全国范围内统一了人民调解制度,明确了人民调解委员会是唯一具有法律地位的调解民间纠纷的群众性组织。为了便于《通则》适用,1954年4月,司法部发布的《司法部关于〈人民调解委员会暂行组织通则〉的说明》,对人民调解的组织与指导、人民调解委员会的任务、人民调解委员会必须遵守的三个原则和工作方法与工作制度等四个方面进行了详细的说明。结合《通则》及司法部对《通则》的说明,全国性人民调解立法的基本内容为:人民调解委员会是一种群众性组织。人民调解委员会在城市一般以派出所辖区或街道，在农村一般以乡为单位建立。要求人民调解员政治面貌清楚、为人公正、联系群众和热心调解工作。人民调解委员会的任务是：调解民间一般民事纠纷和轻微的刑事案件以及通过调解向群众宣传政策、法令。人民调解委员会进行调解必须遵守的三个原则是：遵照人民政府政策、法令办事；必须取得双方当事人同意后调解方能成立；调解不是诉讼必经程序，当事人要向法院控告时，人民调解委员会不得干涉。人民调解委员会接受基层人民政府和基层人民法院指导和监督。人民调解委员会必须遵守的纪律是：禁止贪污受贿或徇私舞弊；禁止对当事人施行处罚或扣押；禁止对当事人有任何压制、报复行为。

二 80年代中期人民调解组织化、制度化的发展

（一）社会背景

"文革"期间社会主义民主、法制受到破坏，人民调解也处于瘫痪状态。"文革"后社会主义民主、法制恢复与初步发展。这为人民调解组织化、制度化迅速恢复与繁荣奠定了重要社会背景。

"文化大革命"使得社会主义民主、法制遭到极大的破坏。"文化大革命"中的"大民主"以大鸣、大放、大字报、大辩论为主要形式，从表面上看群众充分参与了政治生活，行使了政治权利，实际上是一种反民主、反法制的群众运动。这种群众运动是一种"风暴式的革命运动，它主要依靠群众的直接行动，而不依靠法律"①。在"大民主"盛行的背景下，新中国成立以来的一切法律制度被破坏。毛泽东的个人决策代替了党的集体领导；全国人民代表大会及其常设机关名存实亡，"革命委员会"成了实际的权力机构；最高人民检察院、军事检察院和地方各级人民检察院都被撤销，国家司法部和地方各级司法厅（局）被撤销，公证机关和律师机构也都被撤销，公、检、法三机关合署办公，并归属于中共各级党委政法部门或政法部门内的党组织领导。另外，"文化大革命"中还出现了以思想定罪的"恶法"规定。1967年1月13日，中共中央和国务

---

① 《董必武选集》，人民出版社1985年版，第448页。

院联合签发的《关于在无产阶级文化大革命中加强公安工作的若干规定》规定:"凡是投寄反革命匿名信,秘密或公开张贴、散发反革命传单,写反动标语,喊反动口号,以攻击污蔑伟大领袖毛主席和他的亲密战友林彪同志的,都是现行反革命行为,应当依法惩办等等。"① "文化大革命"的无法无天局面使很多人身受其害,使人们深刻认识到没有法制保障的民主,人们的权利是难以实现和保障的。

吸取"文化大革命"的沉痛教训,十一届三中全会公报指出:"为了保障人民民主,必须加强社会主义法制,使民主制度化、法律化,使这种制度和法律具有稳定性、连续性和极大的权威,做到有法可依,有法必依,执法必严,违法必究。从现在起,应当把立法工作摆到全国人民代表大会及其常务委员会的重要议程上来。检察机关和司法机关要保持应用的独立性;要忠实于法律和制度,忠实于人民利益,忠实于事实真相;要保证人民在自己的法律面前人人平等,不允许任何人有超于法律之上的特权。"② 十一届三中全会选举产生了以陈云同志为首的、由 100 人组成的中央纪律检查委员会,提出永远废止以设立专案机构审查干部的方式。十一届三中全会后,社会主义民主、法制逐步恢复、发展。1979 年颁布了《刑法》和《刑事诉讼法》等基本法律。1980 年最高人民法院特别法庭严格按照《刑事诉讼法》公开审判林彪、江青反革命集团。对林彪、江青反革命集团的依法审判是我国法制建设的一个重要里程碑,时任特别法庭副庭长的黄玉昆将军就认为:"五届全国人大十六次常务会议,专为审理林彪、江青反革命集团批准成立最高人民监察院特别监察庭和最高人民法院特别法庭,是我国法制工作恢复和健全的一个阶段性的展示和标志。"③ 国家不仅对刑事审判行为进行了立法规制,还于 1982 年出台《民事诉讼法》(试行),规制民

---

① 中国人民解放军国防大学党史党建政工教研室编:《"文化大革命"研究史料》(上册),内部印行,1988 年,第 247 页。

② 中国共产党第十一届中央委员会第三次全体会议公报,《人民日报》1978 年 12 月 24 日第 2 版。

③ 图门、肖思科:《特别审判——林彪、江青反革命集团受审实录》,中央文献出版社 2003 年版,第 357—358 页。

事审判和民事调解行为。1982年颁布的《宪法》深刻总结了"文化大革命"的沉痛教训，总体上确立了社会主义民主与法制。具体来说，它否定了"无产阶级专政下继续革命"的理论，确立了"一个中心，两个基本点"的基本路线；纠正了"不受任何法律约束"的群众专政，确立了受宪法和法律约束的人民民主专政；改变党政不分的政权体制，加强社会主义民主建设；建立了反对个人专制的制度。与此同时，人民法院、人民检察院、司法行政工作也逐步恢复、发展。人民法院的刑事审判庭、民事审判庭开始履行其职能，最高人民法院于1979年9月设立经济审判庭，各省、自治区、直辖市高级人民法院于1979年底至1980年也先后设立经济审判庭。1978年6月1日最高人民检察院恢复办公，随后地方各级人民检察院也相继恢复。1979年9月13日，五届全国人大常委会第十一次会议做出决定："为了适应社会主义法制建设的需要，加强司法行政工作，设立司法部。"① 随后，司法部重建，县级以上各级地方人民政府也相继成立了司法厅（局），农村乡镇和城市街道办事处设立了司法助理员。在司法行政机关恢复和发展过程中，律师制度、公证制度也得以恢复。

（二）人民调解法规迅速恢复与发展的概况

受"文化大革命"的影响，人民调解被视为"阶级调和"的工具受到批判，人民调解工作于1966—1972年基本上处于瘫痪状态，1973年，随着人民法院恢复，人民调解工作迅速恢复。1980年初，经全国人民代表大会常务会批准，司法部重新公布《人民调解委员会暂行组织通则》，并根据实际情况的变化对该《通则》的组织设置的有关条文做了修正说明。

十一届三中全会后，为了更好地指导和监督人民调解工作，许多地方政府已专门配备司法助理员。在此基础上，司法部于1981年11月制定并公布了《司法助理员工作暂行规定》。该《暂行规定》规定人民公社（镇）、街道办事处设专职司法助理员，司法助

---

① 蓝全普等编：《当代中国的司法行政工作》，当代中国出版社1995年版，第56—57页。

理员在人民公社（镇）、街道办事处和县（区）司法局（科）的领导和基层人民法院指导下进行工作，并且该《暂行规定》第3条明确规定司法助理员的工作职责为："管理人民调解委员工作；指导人民调解工作，参与调解疑难纠纷，接受、处理有关人民调解工作的来信、来访；结合调解实践，进行有关政策、法律、法令和道德风尚的宣传教育；调查研究本辖区内发生纠纷的原因、特点和规律，并提出防止纠纷的办法；了解并向上级报告群众对现行法律、法令和司法工作的意见和要求。"由此来看，该《暂行规定》细化了司法助理员对人民调解工作的指导和监督责任。

另外，20世纪80年代初，我国《宪法》和《民事诉讼法》把人民调解纳入其中，这使人民调解的法律保障水平进一步提升。1982年3月第五届全国人民代表大会常务委员会公布的《中华人民共和国民事诉讼法》（试行）不仅进一步确认了人民调解的法律地位，还把它规定为民事诉讼法的一项基本原则。1982年12月公布的《中华人民共和国宪法》第111条明确规定："居民委员会、村民委员会设人民调解、治安保卫、公共卫生等委员会，办理本居住地区的公共事务和公益事业，调解民间纠纷，协助维护社会治安，并且向人民政府反映群众的意见、要求和提出建议。"

第二节　人民调解在实践中繁荣昌盛

人民调解立法汲取了人民调解的实践经验，反过来，人民调解立法发展为人民调解实践提供了法律、法规依据，进一步推动了人民调解实践活动。与人民调解立法发展相对应，新中国成立初期至20世纪80年代中期，除了1966—1972年基本停止外，人民调解实践总体上呈现出繁荣景象。

一　人民调解的运行状态
（一）建立了较为严密的人民调解组织体系

新中国成立初期至20世纪80年代中期，全国的村（居）调委会和企事业单位人民调解委员会组织体系基本上建立，中间虽然有波动，特别是1966—1972年处于瘫痪状态，但是从总体上看，全国人民调解委员会的组织体系是较为完备的。这一时期的人民调解组织体系与抗日战争、解放战争时期的人民调解组织体系相比，不管是从人民调解组织的横向普及程度还是人民调解组织的纵向发展，不管是人民调解员队伍建设还是人民调解组织指导和管理，都有很大发展。当然，这一时期的人民调解组织体系是逐步建立的，而且人民调解组织形式随着人民调解立法发展和基层政权体制调整而改变。

1. 农村人民调解组织、城市居民人民调解组织网络体系建立

新中国成立初期至20世纪80年代中期，农村人民调解组织、城市居民人民调解组织网络体系随着人民调解法规和政策的改变而不断地调整，并且没有局限于人民调解立法和政策，形成了较为严密的组织网络体系。我们以这一时期天津市人民调解组织网络体系[①]为例，来具体看看农村人民调解组织、城市居民人民调解组织网络体系的建立过程。天津解放初期，天津市设调解仲裁委员会、调解股（科）、调解委员会三级调解组织。调解仲裁委员会是天津市调解民间纠纷的最高领导机构，除负责指导区人民调解工作外，还负责处理有关华侨纠纷及其他情节较严重的重大纠纷。调解股（科）设在区人民政府，是区人民政府的组成部分，行政上由区人民政府领导，业务上接受人民法院领导，工作上接受市调解仲裁委员会直接领导，并指导街调解委员会工作，具体调解劳资、合伙、房租、婚姻、继承及普通民事纠纷等。调解委员会设在街人民政府，是街人民政府的组成部分，行政上由街人民政府领导，业务上接受区调解股（科）领导，具体调解业务与调解股（科）的业务相同。

1953年，天津市取消了调解仲裁委员会，在街公所不设调解委员会而设调解干事，居委会设调解委员。这些调解干事、调解委员在区人民政府和区人民法院的领导下工作，任期一年。1954年，根

[①] 天津市地方志编纂委员会办公室、天津市司法局：《天津通志·司法行政志》，天津社会科学院出版社2008年版，第272—274页。

据《人民调解委员会暂行组织通则》的要求，市区的调解委员会设在街道办事处，农村的调解委员会设在乡，任期二年。50年代后期，调解委员会改为调处委员会，任期二年，并下设调处小组。城市调处委员会设在人民公社中分社、街道中的生产服务社（居民委员会），调处委员会下设调处小组。农村调处委员会设在人民公社管理区或生产队（原高级农业社），下设调处小组。60年代初，调处委员会改回调解委员会，与治保委员会分离，设在生产大队和居委会，个别地方设在公社。1982年人民调解委员会恢复后，设在居民委员会和村民委员会，其任期与村民委员会和居民委员会相同，均为二年，可以连选连任，并且逐渐形成了新的三级纵向的调解组织网络体系：一是在街、乡（镇）一级成立调解工作领导小组，一般由街、乡（镇）党委政府的分管领导担任组长，司法助理员、公安派出所所长、法庭庭长、妇联主任、民政助理员等有关部门负责人担任组员，其主要职责是，指导本街、乡（镇）的人民调解工作，不定期地研究民间纠纷动向，协调对民间纠纷的处理，采取措施加强基层调解组织建设。二是在村委会和居委会下设人民调解委员会，负责调解民间纠纷，宣传社会主义法制，接受街、乡（镇）政府司法助理员指导和管理，同时受基层人民法院或派出机构（人民法庭）业务指导。村委会和居委会的调解委员会对调解小组或调解员进行指导和管理。三是村委会和居委会的调解委员会根据村民、居民的居住情况，设立调解小组或调解员。调解小组或调解员的主要职责是：调解轻微的民事纠纷，对较大的纠纷采取积极的预防纠纷激化的措施，并及时向人民调解委员会报告，调解委员可以兼任调解小组长。

2. 企事业单位人民调解组织体系建立

据全国大部分省份的司法行政志看，与农村、城市居民人民调解组织网络体系建立相比，企事业单位人民调解组织网络体系建立相对较晚，并且根据企事业单位自身的规模大小、职工的多少等具体情况设立相应的人民调解组织体系，大多数企事业单位都设立了人民调解组织，并形成了人民调解组织体系。宁夏司法行政志是这样记载企事业单位人民调解委员会组建的情况的①：1960 年，宁夏全区厂矿企业人民调解工作开始起步，石嘴山市等地的厂矿企业相继组建人民调解委员会，人员大都由保卫、劳资、工、青、妇等部门的工作人员兼任，调委会主任由党政负责人兼任。1972 年，石嘴山市率先在全区恢复和发展厂矿企业人民调解工作，在各煤矿人民调解委员会下设调解办公室，并设主任 1 人和专职调解干部 2 人，成为煤矿一个独立职能部门，为全矿调解工作的专门机构。1980 年 8 月，石嘴山市各厂矿企业成立调解委员后，车间、工段、队又设立调解小组，并在班组设立调解员。大中型厂矿企业设立调解办公室和专、兼职调解干部，并设立调解委员会，基层单位较多的局及较大的厂矿企业单位，设立了调解工作领导小组。学校、医院、公司、商店等设立调解委员会或小组。1983 年 6 月，银川市人民政府批转市司法局《关于进一步建立健全人民调解组织的报告》后，银川市各县（区）职工人数多的企事业单位，厂部一级建立调解领导小组，由 5—7 人组成；车间一级建立调解委员会，由 5—7 人组成；班组一级建立调解小组，由 3—5 人组成。职工人数少的企事业单位建立调解委员会或调解小组。科级以下的城乡企事业单位根据职工人数建立调解委员会，由 5—11 人组成，或者建立调解小组，由 3—5 人组成。1985 年，自治区司法厅根据第二次全国人民调解工作会议精神，提出在 200 人以上的厂矿企业都要建立人民调解委员会的目标。银川新城区司法局对辖区内 200 人以上的部分企业调解委员会的现状进行了一次全面摸底调查，要求在 200 人以上的企业必须建立调解委员会组织，要求厂部设调解委员会，车间设调解小组，班组设调解员，较小的工厂只设调委会和调解员，在调解委员会下设调解办公室，配备专职干部负责日常工作。1987 年，全区各地的厂矿、企业单位普遍建立健全了调解组织。500 人以上的厂矿、企业单位一般都建立了三级调解组织，500 人以下的厂矿、企业单位设两级调解组织，并根据实际需要自行确定建立专门的调解办公

---

① 宁夏地方志编纂委员会：《宁夏通志》（司法公安卷），方志出版社 2008 年版，第 476—477 页。

室，配备专职调解干部。

20世纪80年代，为适应跨地区、跨行业和跨部门纠纷解决的需要，一些地方纷纷设立了调解组织或调解员的联合形式。例如，1984年，泰州市建立四种形式的联合调解组织：厂街联合调解组织；城乡联合调解组织；街村联合调解组织；分片联合调解组织。①

3. 司法助理员、基层人民法院对人民调解指导、管理

20世纪70年代末，一些地方开始在人民公社内部设立司法助理员，专门指导和管理人民调解工作。司法行政机关恢复后，基层人民调解工作由基层人民法院转为司法科（局）管理。司法科（局）普遍成立了人民调解股（科）。随后，全国许多人民公社（政社分离后为乡或镇）配备司法助理员。例如，河北丰宁满族自治县，1984年为全县45个乡（镇）均配备了兼职司法助理，1985年为7个乡配备了专职司法助理7人，1987年为13个乡镇配备了专职司法助理。② 司法助理员对人民调解工作指导和监督，不仅规范了人民调解工作，还加强了人民调解组织对基层政府和司法行政机关的依附性。农村、城市居民委员会和企事业单位的人民调解组织不仅与基层政府、司法助理员紧密联系，还接受基层人民法院组织指导。例如，河北省华县普选人民法庭成立后就与所辖区的有关人员取得联系，着手设立人民调解委员会，并注意在工作过程中选任人民调解员。除此之外，为提高人民调解员的工作水平，华县人民法院还通过召开会议、召集旁听案件审理等形式对人民调解员进行培训。③

综上所述，新中国成立初期至20世纪80年代中期，农村、城市居民委员会和企事业单位的人民调解组织基本上形成了三级网络体系。1949年至1954年，人民调解组织是政府的组成部分，有关政府人员也是人民调解委员会的成员。1954年以后，人民调解组织

---

① 江苏省地方志编纂委员会：《江苏省志·司法志》，江苏人民出版社1997年版，第94页。

② 丰宁满族自治县志编纂委员会：《丰宁满族自治县志》，中国和平出版社1994年版，第848页。

③ 高其才、左炬、黄宇宁：《政治司法——1949—1961年的华县人民法院》，法律出版社2009年版，第103—104页。

主要归属于生产大队、生产队、人民公社、村民委员会、居委会、企事业单位和街道办事处，并且接受司法助理员和基层人民法院指导和管理。

（二）人民调解被纳入社会管理体系

所谓社会管理是指政府和社会团体为促进社会系统协调运转，对社会系统的组成部分和社会生活领域及其发展过程所进行的组织、指挥、监督和调节。新中国成立初期至80年代中期，社会管理的基本内容包括：社会政策、社会预测、社会计划、社会工作、社会调整等。[①] 这一时期社会管理的基本特点是政府在社会管理中处于主导地位，而各种社会组织配合各级政府对社会进行管理。而人民调解组织是一种社会组织形式，并且新民主主义革命时期人民调解在改造社会、辅助根据地革命政权建设方面发挥了重要作用，于是共产党和国家政权组织在新中国成立初期至80年代中期继续发挥人民调解的社会政治功能，将人民调解纳入社会管理体系中。其主要表现为下述几个方面。

为确保农民的土地权益，1950—1952年新中国进行了一次全国范围内的土地改革运动。经过这次土改，广大农民获得了土地，提高了生产积极性，但是由于生产工具、劳动力等方面的差异，农民之间的收入出现了差异。为了实现共同富裕，彰显社会主义的优越性，国家倡导农民组成互助组，通过劳动力、生产工具和牲畜的共同使用来提高劳动生产率。后来互助组发展为初级社并进一步发展为高级社。然而，在合作社运动中出现一些是否入社的纠纷以及因分配和使用水、木材、农具而产生的纠纷等等。为配合合作社建设事业顺利进行，合作社设立了调解委员会，并在社员中组成调解小组。这些调解委员会的人民调解员深入生产第一线及时化解纠纷，并且趁农闲或在晚间向社员宣传国家政策、法规，提高社员的思想觉悟。

中国共产党领导的革命政权在土地革命时期、抗日战争和解放战争时期制定和实施婚姻条例、法规，大大改变了根据地民众的封

---

① 中国大百科全书总编辑委员会《社会学》编辑委员会、中国大百科全书出版社编辑部：《中国大百科全书》（社会学卷），中国大百科全书出版社1991年版，第301—302页。

建婚姻家庭思想观念，大幅度地提高了妇女的地位，使得新民主主义的婚姻家庭风尚深入人心，但是新中国成立后许多民众仍然生活在封建主义婚姻家庭制度的枷锁下。封建主义婚姻制度不仅使许多成年男女身受其害，还阻碍着新中国社会新风尚的确立。因此，中共中央妇女运动委员会和中共中央法律委员会在1948年冬就着手起草婚姻法。经过反复讨论后，1950年4月13日，中央人民政府委员会第七次会议正式通过了《中华人民共和国婚姻法》。该法颁布后，中央人民政府法制委员会、司法部、内务部和最高人民法院相继发布了一系列指示，并就《婚姻法》实施过程中的若干问题做了法律解答。1953年全国性的贯彻婚姻法运动月后，全国各级党政机关、各相关部门和基层组织学习和贯彻《婚姻法》。而人民调解组织作为基层组织的一个组成部分，在基层党支部和基层政府的领导下，积极宣传、贯彻《婚姻法》。

1957年下半年至1961年全国的大部分地区人民调解委员会与治保委员会相结合，成立调处委员会。各地的调处委员会不仅调处纠纷还组织和发动群众订立爱国守法公约。在农村，有以公社、大队为单位订立，有以行业为单位订立，也有的以户为单位订立。在城市，以居民委员会为单位订立。爱国公约包括党的领导、生产任务、组织纪律、爱国卫生、安全防范、家庭和睦、尊老爱幼、邻里团结以及政治文件学习要求等内容。爱国公约订立后，调处委员会经常运用检查评比和过"爱国日"等形式，教育群众自觉遵守。

人民调解不仅贯彻国家的政策、法律法规，还辅助政府搞好社会治安工作。"文革"结束后，下乡青年回城，社会上的待业青年增多。由于这些青年错过了学校教育阶段，他们中的许多人又没有工作可做等，社会上的违法犯罪现象增多。在此背景下，中央政府提出了社会治安综合治理的方针。社会治安综合治理是一个系统工程，是依靠党委、政府、社会组织通力合作，通过运用经济、政治、法律、文化、思想等多种手段达到社会治安秩序的稳定。为了更好地推行社会治安综合治理工作，国家把人民调解纳入社会治安综合治理体系中。1981年8月18日，司法部在北京召开第一次全国人民调解工作会议，确定新时期人民调解工作要积极参与社会治安综合治理的任务。1984年8月,司法部提出"调防结合,以防为主"的人民调解工作方针。1984年9月,司法部在《关于加强人民调解工作,积极推进社会治安综合治理的意见》中要求各地切实贯彻这一方针,并把防止民间纠纷激化作为人民调解工作的重点。1985年12月26日,司法部召开的第二次全国人民调解工作会议要求贯彻"调防结合,以防为主"方针,必须把预防民间纠纷激化作为重点,把大量纠纷解决在萌芽状态,把由于调解不及时或调解不适当而导致的民间纠纷激化减少到最低限度。

(三)人民调解组织与基层人民法院衔接紧密、形式多样

在人民司法路线充分贯彻的背景下,人民调解组织与基层人民法院衔接紧密、形式多样。

1. 基层人民法院在业务上指导人民调解

许多基层人民法院积极履行指导人民调解的职责。比如,华县人民法院主要采取三种形式对人民调解委员会的业务工作进行具体指导。这些具体指导形式为:召集人民调解委员会共同处理案件,经由审判检查、指导调委会工作;审查调解书;吸收人民调解员参加巡回法庭学习。[①]

2. 人民调解员参与法院调解和巡回审判成为基本衔接形式,而且较为盛行

这是因为新中国成立初期至20世纪80年代中期,延续马锡五审判方式,法院调解和巡回审判是民事审判的主要方式。"五十年代,我国法院调解结案的比例在整个结案的比例中是比较高的,例如,江苏丹阳县一九五六年和一九五九年两年内,调解结案的约占全部民事案件收案总数的百分之八十左右。"[②] 不仅法院调解率很高,巡回审判在各地基层人民法院也得到了认真的贯彻执行。例如,辽宁省,在"大跃进"期间各地法院普遍携卷下乡、下厂、下街道,巡回审判成为基本的审判方式,全省有70%左右的案件实行

---

① 高其才、左炬、黄宇宁:《政治司法——1949—1961年的华县人民法院》,法律出版社2009年版,第103—104页。

② 李荣棣、唐德华:《试论我国民事诉讼中的调解》,《法学研究》1981年第5期,第40页。

了就地审判和宣判。① "文化大革命"结束后,法院调解和巡回审判又受到重视。尽管1982年实施的《民事诉讼法》(试行)第6条取消了"调解为主"方针,确定为"着重调解"原则,但实践中仍然保持着调解优先的倾向。同时各地基层法院纷纷根据本地的实际情况以各种形式开展了巡回审判。1984年的全国民事审判工作会议指出,据统计,从1982年7月至1984年3月,法院调解解决和就地审判的案件都达到了80%以上。②

3. 人民调解员参与人民法院主持的集体调解

集体调解是新中国成立初期人民法院对于民事案件和轻微刑事案件进行分类,邀请干部、积极分子和群众一起调解解决纠纷的一种调解方式。各地法院主持的集体调解的具体步骤和规模大小不完全一致,但大体上相同。北京市外城、中城、北城三个区人民法院主持的集体调解案件是这样运作的③。(1)按照案件性质对案件进行分类,对每一类案件邀请有关单位代表、积极分子参加调解。比如,在处理房屋纠纷案件时,吸收街道积极分子参加。(2)审判员和有关的群众组织的代表、积极分子共同分析案情,找出处理案件的具体办法。(3)审判员召集当事人开会,说明处理案件的原则,对当事人的思想情况进行分析评判,并说明积极分子协助调解的意义。(4)按照案件的不同类型,将当事人分成小组,由积极分子进行集体调解。(5)对于不能自行协商和解的案件,必须适时转入小组评议。如果有的案件经过评议仍不能和解,法院又掌握了真实的案情,就可以采纳群众评议的意见,当场宣布判决。(6)对于在调解会上不能和解的案件,应动员积极分子在会后继续进行调解,定期做最后处理。看来,在法院主持的集体调解中,人民调解员是法院组织的集体调解成员之一,参与集体调解的全过程,发挥着重要作用。

---

① 刘篷:《彻底贯彻司法工作的群众路线 坚决为建设社会主义总路线服务》,载中华人民共和国最高人民法院司法部办公厅编《人民司法工作必须贯彻群众路线》(第一册),法律出版社1958年版,第31页。

② 晓光:《全国民事审判工作取得新成就》,《中国法制报》1984年6月29日。

③ 李文:《北京市三个区人民法院用集体调解办法清理了积案》,《人民日报》1952年7月18日第3版。

二 人民调解的解纷作用

新中国成立初期至 20 世纪 80 年代中期，人民调解在上述立法和实践形式基础上，除了于 1966—1972 年基本上停止外，不仅化解大量民间纠纷和轻微刑事案件，还在社会管理方面发挥了举足轻重的作用。不过，一些人民调解员却不能正确运用手中的权力，压制、侵害了一些纠纷当事人的权利。比如，一些人民调解员对于不孝的儿媳，将其游街示众，罚其放电影。

（一）人民调解解决大量民间纠纷和轻微刑事案件

人民调解作为一种纠纷解决方式，它的最基本功能就是解决纠纷。从我国大部分省份的司法行政志来看，新中国成立初期至 20 世纪 80 年代中期，人民调解解决了大量民间纠纷和轻微刑事案件。我们以湖南省人民调解为例来具体看看人民调解的解纷数量。湖南省司法行政志是这样记载人民调解解纷量的。[①] 湖南省临湘县的区、乡（镇）调解组织于 1950—1953 年共调解民间纠纷 10404 件，浏阳县的调解组织仅 1952 年上半年就调解婚姻纠纷 3256 件。1955 年，据 26 个县、市调解委员会统计，调解委员会共调解 57806 件。1956 年，茶陵县 164 个人民调解委员会共调解各类民间纠纷 2 万件，而该县同期收案数为 476 件。1959 年，全省治保调处委员会调处的各类纠纷达 60 余万件。1960 年，据郴州、常德、邵阳 3 地区统计，共调处各类纠纷 282871 件，相当于 3 个地区各级人民法院结案数的 21.4 倍。1973—1978 年，全省人民调解组织共调解各类民间纠纷 160 余万件，相当于全省各级法院同期处理的民事案件 8 万余件的 20 倍。1983 年，全省调解纠纷总数为 395298 件。1984 年，全省调解纠纷总数为 420962 件。1985 年，全省调解纠纷总数为 445533 件。1986 年，全省调解纠纷总数为 50409 件。1987 年，全省调解纠纷总数为 520156 件。1988 年，全省调解纠纷总数为 518522 件。1989 年，全省调解纠纷总数为 540702 件。1990 年，

[①] 湖南省地方志编纂委员会：《湖南省志·司法行政志》，湖南出版社 1997 年版，第 244—256 页。

全省调解纠纷总数为551611件。20世纪80年代全国人民调解的解纷量是巨大的,远远超过法院一审民事审判的受理案件数。如表2—1所示:

表2—1　全国人民调解的解纷情况(根据1981—1991年《中国统计年鉴》编制)

年份	人民调解解决民间纠纷(万件)	人民调解员年均调解民间纠纷(件)	民事审判第一审受理案件数(万件)	人民调解解纷数量与法院受理一审民事案件的比例
1980	612.0	1.1	56.7	10.795:1
1981	780.5	缺	60.7	12.858:1
1982	816.6	1.53	77.8	10.496:1
1983	697.8	1.26	75.6	9.230:1
1984	674.9	1.47	83.8	8.054:1
1985	633.3	1.37	84.0	7.539:1
1986	730.7	1.20	97.9	5.571:1
1987	696.6	1.12	121.3	4.413:1
1988	725.5	1.14	145.5	3.685:1
1989	734.1	1.24	181.5	2.924:1
1990	740.9	1.18	185.2	3.032:1

(二)人民调解在社会管理方面发挥了重要作用

新中国成立初期至20世纪80年代中期,人民调解除了解决大量纠纷外,还在社会管理方面发挥了重要作用。正如陆思礼所说:"中国的调解除了解决纠纷外还承担另外三种有时超越纠纷解决的可识别的功能。第一,它有助于传达和适用意识形态原则、价值观和共产党的规划;有助于动员中国人民更加信奉党的政策和目标。第二,它有助于压制而不是解决个人间的纠纷;而至少在某种程度上而言,'纠纷'被认为是不受欢迎的、扰乱建设强大的社会主义中国的社会冲突。第三，它是国家和党实施其他控制手段的补充。"①

1. 新中国成立初期人民调解在贯彻政策、宣传法制和道德教育方面发挥重要作用

人民调解认真贯彻经济政策，促进了生产发展。比如，在合作化运动中，针对一些生产条件比较好的不愿意加入合作社或已经加入而又想退社的农户，人民调解员就主动找到这些农户做他们的思想工作，帮助他们认识到合作化的优势，从而促进了合作社建设事业顺利开展。② 又如，人民调解员了解一个房东和住户纠纷后，发现由于住户没有按时交房租，房东缺钱不能交不动产税。于是他主动向住户讲明国家的税收政策，说服住户按时交房租，也是支援国家建设。最后住户清了租，房东也缴纳了所欠的税款。③

人民调解在宣传、贯彻1950年《中华人民共和国婚姻法》（简称《婚姻法》）方面发挥重要作用。在学习和贯彻《婚姻法》运动中，人民调解员学习完《婚姻法》后，就组织群众专门学习《婚姻法》，还在调解婚姻纠纷时针对性地宣传。经过人民调解员积极宣传，《婚姻法》得到了较好的贯彻，新的婚姻风尚得以树立。例如，大洼村经过人民调解委员会宣传《婚姻法》后逐渐出现了新的气象：有14对自由结婚的；包办买卖婚姻看不到了；打骂虐待妇女的事没有了；民主和睦团结生产的夫妇和家庭多起来了；妇女的劳动热情也提高了。1952年内，该村有84名妇女参加了互助组，全村90%以上有劳动力的妇女参加了田间劳动。男子的劳动热情也很高。结果该村在1952年成为全县的丰产模范村。④

1958年至1962年，各地的调处组织在调处纠纷的同时还配合有关部门发动群众订立和学习社会主义爱国公约。爱国公约活动开

---

① 强世功：《调解、法制与现代性：中国调解制度研究》，中国法制出版社2001年版，第179—180页。
② 黄远：《调解委员会是人民的"和事佬"》，《南方日报》1957年2月27日；《人民调解委员无处不在积极为农业互助合作服务》，《光明日报》1955年3月29日。
③ 《一团丝线千头结　调解会把它解开了　市调解委员会办案起了重要作用》，《广州日报》1957年7月18日。
④ 《辽西锦县大洼村的调解工作做得很好》，《人民日报》1953年5月16日第3版。

展,对于提高群众的社会主义觉悟,增强群众的社会主义法制观念和树立社会主义新风尚,约束和改造那些大法不犯、小错不断的人,预防和减少犯罪,维护社会秩序,调动群众生产积极性,起到了很大作用。例如,据兰西县调查,该县奋斗公社开展制定实施爱国公约前两个月,发生民间纠纷111件;爱国公约实施后,两个月仅14件,下降87%。①

2. "文革"后至80年代中期人民调解有力地促进了社会治安综合治理

"文革"后至80年代中期人民调解实行"调防结合,以防为主"的方针,积极配合"严打"斗争,对失足青少年进行帮教等等有力地促进了社会治安综合治理。河北省人民调解就在社会治安综合治理方面发挥了重要作用。② 1980年,河北省司法局制定"调防结合,以防为主"的人民调解工作原则,指导各级调解组织积极参与社会治安综合治理,配合相关部门开展了"家庭和睦好、邻里团结好、遵纪守法好、教育子女好、热爱集体劳动好"的"五好家庭"评比和创建"文明村"、"民兵之家",制定乡规民约、厂规民约等项活动,向广大群众进行法制教育和社会主义道德风尚教育。这些教育活动的开展,有效地避免了大量民间纠纷的发生。河北省人民调解工作还狠抓了防止民间纠纷激化工作。据统计,自1983年至1987年上半年,全省防止矛盾激化19352件,避免非正常死亡13118人。1983年、1984年人民调解在河北省开展"严打"斗争中发挥了重要作用。1983年,发动群众揭发犯罪线索33400多条,抓获扭送犯罪分子1164名。1984年,广大调解人员协助公安机关抓获犯罪分子6184名,扭送罪犯1838名,检举犯罪线索52082条。1984年各级调解组织还配合有关部门对有劣迹的青少年开展了重点帮教活动。据不完全统计,1984年河北省人民调解组织共帮教有劣迹的青少年29700多人,其中有明显转变的17700人,

---

① 黑龙江地方志编纂委员会:《黑龙江省志·司法行政志》,黑龙江人民出版社1998年版,第333页。

② 河北省地方志编纂委员会:《河北省志·司法行政志》,河北人民出版社2012年版,第218—219页。

有的成了生产能手、先进工作者，有的加入了共青团。

第三节　人民调解何以兴盛：组织权威高涨

　　新中国成立初期至 20 世纪 80 年代中期，人民调解进一步发展。从这一时期人民调解的运作效果来看，人民调解解决纠纷的数量大大超过了法院一审民事判决的案件数量；人民调解在社会管理方面发挥重要作用。那么这一时期人民调解为什么能够取得这么好的效果呢？学界一般认为是由于这一时期我国传统调解文化的影响，当时法制不健全，国家非常重视人民调解，整个社会处于熟人社会结构状态等等。笔者认为，学界的看法不无道理，但是从我国当时人民调解的权威类型角度来看，这一时期人民调解之所以发挥很大的作用，关键在于人民调解的组织权威高涨。新中国成立初期至 20 世纪 80 年代中期，人民调解组织权威高涨主要表现为：（1）人民调解组织、人民调解员拥有共产党和国家政权组织赋予的广泛权力。当一位城市居民区普通人民调解员调解纠纷不能成功时，他可以借助相关组织的权威，即向警察、居委会或街道办事处报告，请他们派代表来解决纠纷。在农村人民公社时期，大队、生产队调解干部几乎控制了一切公共资源。他们不仅掌握着社员的物质分配权，还掌握着社员的求学、就业、参军、户籍、婚姻登记、外出等方面的管理权。在国营工厂，部门主任和干部调解员控制着降级降职、减工资、调任或在职工档案中记过以及有关生活方面的公共权力。而大队、生产队调解干部，国营工厂部门主任和干部调解员的权力又是共产党和基层政府赋予的。同时，人民法院特别是基层人民法院也给予人民调解较大的权力支持。（2）大多数人民调解员在民众中拥有较高的政治威望。大多数人民调解员既是阶级成分好的贫农或中农又是共产党员，人民调解员的政治身份在当时政治气氛较浓的社会环境中为其赢得了较高的政治地位。另外，大多数人民调解员往往信奉为人民服务的道德理想，乐于奉献、廉洁奉公。总之，上述两个方面表明人民调解组织权威高涨。人民调解组织权威高涨有力地保障和推动着人民调解的繁荣发展。那么人民调解组织权威高涨生成的背景和条件是什么呢？笔者认为，国家政权组织享有高度权威，人民调解组织紧密依附于各级人民政府，人民司法全面确立与实施以及多数人民调解员具有较高政治地位和思想道德素质是人民调解组织权威高涨的主要生成背景和条件。

一　国家政权组织享有高度权威

鸦片战争后，中国沦为半殖民地半封建社会。无数仁人志士为拯救中华民族而殚精竭虑地推进中国近代化进程，但是由于种种社会条件的限制，中国的近代化严重受挫，中国社会陷入了深刻的整合危机之中。在这种情况下，以马克思列宁主义为指导思想的中国共产党成立。中国共产党将自己定位为代表中国最广大人民利益的政党，并以推翻帝国主义和封建主义作为最高奋斗目标。大革命失败后，中国共产党走农村包围城市的道路，发动和组织民众推翻反革命势力，创建革命根据地政权，进行一系列政权建设。这不仅巩固了革命根据地政权，为赢得革命胜利奠定了坚实基础，还使得民众广泛认同和支持中国共产党。对于中国共产党在革命战争中取得的权威，毛泽东非常自信地说道："中国共产党在革命斗争中的伟大的历史成就，使得今天处在民族敌人侵入的紧急关头的中国有了救亡图存的条件，这个条件就是有了一个为大多数人民所信任的、被人民在长时间内考验过因此选中了的政党领导者。现在共产党说的话，比其他任何政党说的话，多易于为人民所接受。"[①] 而新中国成立，更是进一步增强了中国共产党的权威，中国共产党领导的国家政权组织也获得了民众的衷心拥护。

新中国成立后，中国共产党总结革命战争年代的经验教训，组建共产党组织体系和引导民众进行国家政权建设。新中国成立初期土地改革在全国范围内开展，广大农民获得了土地所有权，成了国家和社会的主人。土地改革后，为了避免贫富分化，共产党和国家

---

① 中共中央文献编辑委员会编：《毛泽东选集》（第2卷），人民出版社1991年版，第542—543页。

政权组织引领广大农民走合作化道路，农业生产力有了很大提高，农民的生活有了明显改善。人民公社时期农业继续发展，特别是农田水利基本设施建设明显改观。不过，人民公社后期，人民公社体制制约了农业发展，农民的生活受到影响。于是，20世纪80年代初期，家庭联产承包责任制在农村逐步推行。总之，新中国成立初期至20世纪80年代中期，农业、农村经济以及农民的生活水平虽然有短暂的波折，但是总体上看，农业、农村经济有了很大发展，农民的生活水平提高。同时第一个五年计划提前胜利完成，1952—1978年的中国经济，按可比价格计算的社会总产值，工农业总产值和国民收入的年均增长率，分别达到7.9%、8.2%、6.0%。[①] 总之，共产党和国家政权组织领导全中国人民取得的经济绩效赢得了全中国人民的认同和支持。而社会主义意识形态在全社会确立进一步提升了共产党和国家政权组织的权威。

"任何政治体系的领袖都要维护和弘扬一种政治意识形态，以便说明和论证国家统治的合法性。而政治权力一旦披上合法的外衣，就会转化为政治权威。这种政治权威比赤裸裸的强制更可靠和持久，而且还能使统治者用最少的政治资源进行控制。"[②] 新中国成立后，中国共产党将马克思列宁主义、毛泽东思想上升为国家的指导思想。中国共产党通过各级党组织组织民众学习"社会发展史—唯物史观"，马克思列宁主义、毛泽东思想，社会主义道德的理想和信念；让民众认识到马克思主义哲学是马克思列宁主义、毛泽东思想的理论基础，正是在马克思列宁主义、毛泽东思想指导下，中国革命才取得了胜利，坚持马克思列宁主义、毛泽东思想，中国必将取得更大的胜利；让民众认识到集体主义是社会主义道德的原则，为人民服务是社会主义道德的核心和灵魂；要求民众将马克思主义哲学，马克思列宁主义、毛泽东思想和共产主义道德理念、准则作为自己的行动指南。中国共产党还通过多种形式肃清封建的、

[①] 林毅夫、蔡昉、李周：《中国的奇迹：发展战略与经济改革》，上海人民出版社1994年版，第57页。

[②] ［美］罗伯特·达尔：《现代政治分析》，王沪宁、陈峰译，上海译文出版社1987年版，第77—82页。

买办的、法西斯主义思想以及批驳各种非马克思主义观点等等。总之，共产党和政府通过一系列社会主义意识形态建设，社会主义意识形态成为国家的主流意识形态，同时作为社会主义意识形态重要组成部分的社会主义道德成为国家的主流道德，共产党和国家政权组织的权威也随之提升。社会主义意识形态虽然在"文化大革命"期间遭受挫折，但是"文化大革命"后，国家开展拨乱反正工作、实践是检验真理的唯一标准的大讨论以及以经济建设为中心的社会主义建设，社会主义意识形态很快恢复到国家的主流意识形态，共产党组织和国家政权组织的权威也很快恢复到"文化大革命"以前的水平。

总之，新中国成立初期至20世纪80年代中期，共产党和国家政权组织拥有高度权威。而从前文分析可知，人民调解组织、人民调解员高度依附于共产党和国家政权组织，人民调解员依据国家政策、法规和社会主义道德进行调解纠纷。在共产党和国家政权组织权威背景下，纠纷当事人往往由于认同共产党和国家政权组织，从而认同人民调解组织、人民调解员的调解。因而，共产党和国家政权组织的高度权威就为人民调解组织权威高涨奠定了深厚的政治基础。

二 人民调解组织紧密依附于各级人民政府

新民主主义革命时期，革命根据地和解放区形成了"权力的组织网络"。"权力的组织网络"的形成为中国共产党战胜国民党，实现中华民族的统一和主权独立发挥了十分重要的作用。新中国成立后，新解放区的民众在社会结构和心理文化上仍处于分散化状态。这种分散化的社会不利于国家现代化实现。而实现现代化是新中国的重要历史任务，可是光靠国家政权将很难实现现代化的历史使命，并且新中国缺乏实现现代化的权力的制度网络与市场网络等常规性手段，传统中国的权力文化网络又被摧毁。因此，共产党利用革命根据地和解放区"权力的组织网络"经验重新组织社会就成为新中国实现现代化的必由之路。1949年9月30日，毛泽东提出："全国同胞们，我们应当进一步组织起来。我们应当将全中国绝大多数人组织在政治、军事、经济、文化及其他各种组织里，克服旧中国散漫无组织的状态。"① 新中国成立后，国家逐步建立和实行社会主义计划经济体制。在构建和完善社会主义计划经济体制背景下，农村先进行土地改革，接着开展生产合作化运动，后来又走向人民公社，而城市则形成了"单位社会"。这样就打破了旧中国国家—士绅—农民的结构，国家权力直接渗透到基层民众，高度组织化的社会得以形成。而人民调解组织通过高度组织化的社会紧密地依附于各级人民政府。

（一）新中国成立初期乡村社会人民调解组织依附于基层政府

新中国成立后至人民公社成立前，乡村社会初步组织化，而人民调解组织基于组织化的乡村社会紧密依附于基层政府。

1. 乡（镇）调解委员会是新中国成立初期乡（镇）人民委员会的一部分

新中国成立初期区乡制在乡村社会确立，国家权力进一步下沉到基层社会。区乡制是由解放战争时期解放区的区村制演变而来。据内务部 1952 年 9 月统计，当时除西藏、台湾地区外，共有乡级单位 284626 个（其中东北行政村 27848 个、华北行政村 83732 个），平均每乡（行政村）1770 人。② 随着农业生产合作社规模扩大，区乡制进行了调整。到 1955 年底全国 22 万多个乡合并为 11 万多个，乡所辖范围随之扩大一倍。乡扩大的同时，"区"逐步被撤销，乡制确立。这些乡（镇）政权组织由三部分组成：最高权力机关是乡（镇）人民代表会议；总体事务执行机关是由正副乡（镇）长、委员组成的乡（镇）人民委员会；具体事务执行机构分别是民政委员会、治安委员会、武装委员会、生产合作委员会、财粮委员会、文教委员会、调解委员会等等。可见，新中国成立初期的乡（镇）调解委员会紧密依附于乡（镇）人民委员会。

2. 部分人民调解组织组建在农民协会、生产合作社等具有政权性质的社会组织里

新中国成立初期，中国新民主主义青年团和中华全国民主妇女

---

① 毛泽东：《中国人民大团结万岁》，载《建国以来毛泽东文稿》（第一册），中央文献出版社 1987 年版，第 11 页。
② 沈延生：《中国乡治的回顾与展望》，《战略与管理》2003 年第 1 期，第 52 页。

联合会等群众组织在农村得到了很大的发展，其中影响较大的社会组织是农民协会和生产合作社。共产党在革命战争年代领导的农会既是农民阶级的群众组织又在基层政权成立前代行其一切职权。新中国成立之初，农会仍具有双重性质。新中国成立初期的农会组建了乡（行政村）→区→县→专区→省（行署区）→大行政区的组织体系，在城市还设置了市郊农民协会。当时的乡（行政村）农会组织已比较完备。乡（行政村）农会组织系统由农民代表大会、农民协会委员会和农民协会委员会下属办公部门组成。乡农民代表大会的代表由全乡农民直接选举；农民协会委员会由农民代表大会选举产生；农民协会委员会互推主席一人、副主席一人至数人。《农民协会组织通则》规定："凡雇农、贫农、中农、农村手工业工人及农村中贫苦的革命知识分子，自愿入会者经农会委员会批准后，即可成为农会会员；土改完成后，富农者要求入会者，经乡农民大会或乡农民代表大会通过后，亦可成为农会会员。"这样，农民协会将全国大多数农民组织起来。新中国成立初期的土地改革完成后，共产党组织和国家政权组织将分散的个体农民组织到互助组、生产合作社。为保护农民的土地权益，兑现共产党实现"耕者有其田"的承诺，1950年8月20日中央人民政府公布了《中华人民共和国土地改革法》。随后，全国农村进行了声势浩大的土地改革运动，农民成为土地的所有者。土地改革不仅使农民在经济上翻身做了主人，还彻底摧毁了旧乡村权威，使农民的政治地位得以提高。然而，土地改革后不久，农村出现了贫富分化现象。而这与中国共产党的共同富裕目标是不相符合的。于是党和政府倡导农民走合作化道路。农村的合作化从临时互助组到常年互助组，又从初级农业合作社到高级合作社。到1956年底和1957年初，参加农业生产合作社农户数达11783万户，入社农户占总农户的96.3%。[①] 上述所有新型农村社会组织组建都是在中国共产党领导下进行的，而且有些在一定时期具有基层政权性质。而为了更好地解决纠纷，农民协

[①] 国民经济统计报告资料选编：《我国的国民经济建设和人民生活》，统计出版社1958年版，第184页。

会、生产合作社等新型社会组织都成立了调解组织。因此，附着于这些新型社会组织中的人民调解组织自然也从属于基层党组织和政权组织。

总之，新中国成立初期至人民公社成立，共产党组织、国家基层政府以及各种新型社会组织在农村社会普遍建立，农民与国家基层政府紧密联系在一起，人民调解组织基于组织化的乡村社会也依附于基层政府。

（二）农村人民公社时期人民调解组织紧密依附于人民公社

1956年农村社会主义改造完成，1958年农村人民公社成立，国家权力对农村社会渗入和控制达到了前所未有的规模和深度。人民公社有两大特点：一是"一大二公"，二是"政社合一"。对此，1962年9月中共中央发布的《农村人民公社工作条例修正草案》明确规定，公社是我国社会主义社会在农村的基层单位，它既是经济组织，又是政权组织，既承担生产建设，又负责管理财政、粮食、贸易、民政、文教卫生、治安、民兵和调解民事纠纷以及其他基层行政事务。① 人民公社几乎控制了一切生产资料和生活资料，农民主要靠参加集体劳动挣工分，按工分和人头从生产队分得口粮维持生活，离开了人民公社农民则几乎无法生存。社员不仅经济上依附于公社，在政治上也依附于公社。公社设立党委组织，生产大队建立党支部，生产队建立党小组。党组织体系建立使国家对农民进行思想改造、政治控制成为可能。这样，共产党通过自身组织以及妇联、共青团等外围组织把农民组织起来，以开展批判大会、办夜校和组织政治学习等方式对农民进行社会主义意识形态教育，从而使农民认同共产党组织和新中国政权组织。人民公社还把握着社员改变命运的机会。"在大集体的格局下，社员所要经历的每一件大事都无法绕开集体，入学、参军、成家、外出等都必须获得集体的同意（即干部的同意），集体则通过向社员出具的各种证明来表征它对他们的控制权。对于获得难得的社会流动机会的个别人来

---

① 《农村人民公社工作条例修正草案》（1962年9月27日），载中国人民解放军政治学院党史教研室编《中共党史参考资料》（第二十四册），人民出版社1979年版，第137—151页。

说，机会是否能够转化为现实，很大程度上取决于集体领导人的态度。"① "政社合一"的人民公社实行"三级所有，队为基础"管理体制。公社管理委员会是生产大队和生产队的上级。公社管理委员会代表国家对生产大队和生产队进行全面管理。生产大队管理委员会在公社管理委员会领导下，管理本大队范围内各个生产队的生产和行政工作。生产队是人民公社的基本核算单位，管理着本队的土地所有权，支配着本队所有的劳动力，享有一定的组织生产、经营管理和收益分配的自主权，但是生产队必须执行公社管理委员会和生产大队的计划和安排。可见，人民公社对社员大包大揽，社员对人民公社高度依附。

为了更好地管理、稳定社会秩序，生产队、生产大队和人民公社管理委员会都设立相应的调解委员会，而且生产队、生产大队的调解委员会接受人民公社调解委员会的指导与管理。因此，人民公社时期的人民调解委员会紧密依附于人民公社，享有广泛的权力资源。

（三）城市居委会、企事业单位人民调解组织依附于各级人民政府

在城市，共产党和各级人民政府通过重建基层政权、单位体制、新型社会组织替代旧社会遗留下来的社会组织将城市市民组织起来。当时大多数城市市民依附和归属于各个企事业单位组织，散落在企事业单位组织之外的城市无业人员和丧失劳动能力的城市市民则归属于城市居民委员会。而人民调解组织通过城市居民委员会和"单位社会"依附于各级人民政府。

1. 城市居委会人民调解组织依附于城市街道办事处

新中国成立之初，城市社会重建城市基层政权，设立了市、区、街三级人民政府组织体系，把国民党政府时期的保改为街，甲改为闾，街闾成为城市基层政权组织。城市三级政权组织发挥了重要作用，但存在一些问题。于是各大城市先后在1949年底或1950年初取消了街闾两级组织，实行"街派合并"。在城市街道和居民

---

① 吴毅：《村治变迁中的权威与秩序》，中国社会科学出版社2002年版，第126页。

中间，长期以来没有统一健全的组织。1952年，一些城市在街公所之下试点建立了居民委员会。而人民调解委员会在一些城市基层政府设立。1954年3月政务院颁布《人民调解委员会暂行组织通则》。此后，各城市在基层政府下设立了人民调解委员会。1954年12月全国人民代表大会常务委员会通过的《城市街道办事处组织条例》要求在10万人口以上的市辖区和不设区的市建立街道办事处。同时，1954年12月第一届全国人大常委会第四次会议通过了《城市居民委员会组织条例》。此后各城市相继成立了居民委员会。这时，人民调解委员会在制度文本上不再直接从属于城市基层政府，而是转变为城市居民委员会一个工作部门。虽然该《条例》确立居民委员会为"群众自治性居民组织"，但是实践中居民委员会除了自治功能外，还具有行政上的功能。它协助街道办事处完成其各项任务，帮助街道办事处动员和发动群众。正如费朗兹·舒尔曼所说的："居民委员会的基本任务之一，是密切注视在它们管理范围内的人，定期向当地公安机关报告，形式上多少有点像众所周知的保甲制度。"[1] 1958年人民公社化运动以后，城市街道办事处被街道人民公社取代，城市居民委员会也被街道公社分社所取代。1980年，全国人大常委会重新公布《城市街道办事处组织条例》，城市街道办事处开始恢复1966年以前的职能。与此相适应，城市居民委员会也逐渐恢复。正是由于城市居民委员会在实践中依附于城市街道办事处，人民调解委员会作为城市居民委员会的下属机构，仍然依附于城市街道办事处，享有其赋予的权力。

2. 企事业单位人民调解组织依附于各级人民政府

城市社会主义改造完成后，城市进入了"单位社会"时期。当时整个城市社会实行单一的公有制，所有的单位要么是国营的，要么是集体的。每一个单位人高度依附于单位。这主要表现在以下几个方面：（1）单位人在经济上依附于单位。城市居民所需要的一切生活资料，比如工资、住房、医疗、保险等等，几乎只能从单位直

---

[1] Franz H. Schurmann, *Ideology and Organization in Communist China*, Berkeley and Los Angeles: University of California Press, 1966, p. 376.

接或间接获得。"没有单位,一个城里人就无法生存,他不仅没有稳固的经济来源,也没有保障他合法权益的组织,完全被排斥在社会之外。他的内心会产生一种极度的不安全感,渴望在社会上找到一个托付终身的场所——单位。"① (2) 单位人在政治上依附于单位。中国共产党和政府的组织体系深入单位内部。单位的党组织通过发动政治运动和组织政治学习等方式对单位人进行社会主义意识形态灌输。每个单位人只有通过对党"表现"出忠诚来争取获得升迁的机会。(3) 单位领导控制着单位人的流动机会。单位对干部、职工的录用、提拔,必须由上级单位或行政主管部门批准或备案;每一个单位人调职、离职和升迁也离不开主管部门或相关部门的批准。总之,社会主义计划经济时期每一个单位就是一个小社会。而国家具体通过确立计划经济体制从经济上控制了单位,通过实施劳动人事制度控制了单位的用人权,通过推行"低工资、高就业"的就业制度把大量城市市民聚合到单位中。

正是在城市市民→单位→共产党和国家政权组织的社会结构背景下,设立在企事业单位中的人民调解组织也同样依附于共产党和国家政权组织,全面掌握着单位资源。

综上所述,新中国成立初期至20世纪80年代中期,乡村社会处于高度组织化的状态,城市形成了"单位社会"。而不管是乡村政权组织、生产合作社、人民公社下的人民调解组织,还是城市居委会下的人民调解组织,单位组织里的人民调解组织,都通过高度组织化的社会,都与相关组织领导层紧密相关,都依附于各级人民政府。同时,纠纷当事人高度依赖于所属组织、国家而生存和发展,并且接受共产党的思想政治教育,往往认同人民调解组织、人民调解员的权力。因此,人民调解组织通过高度组织化的社会依附于各级人民政府就为人民调解组织权威高涨提供了十分有利的组织背景。

三 人民司法全面确立和实施

新中国成立初期至20世纪80年代中期,除了"文化大革命"

---

① 周翼虎、杨晓民:《中国单位制度》,中国经济出版社1999年版,第2页。

这一特殊时期外，人民法院拥有高度权威。正如当时的一位老法官所说："当时法官的权威还是很高的。老百姓看到戴'大盖帽'的法官，感觉跟公安一样。他们觉得'公、检、法'权力大得很。法官到村里去，真的是'娘舅'的地位，村上德高望重的老人都敬畏三分。"① 人民法院高度权威的获得除了拥有合法暴力外，还与人民司法全面确立和实施有着十分密切的关系。

形成于抗日战争时期的群众路线是中国共产党领导的革命取得胜利的一大法宝。与党的群众路线相一致的"大众司法"曾经在革命政权建设中发挥了重要作用。新中国成立后党和国家的各项工作继续遵循群众路线。作为执行群众路线的人民法院在继承"大众司法"的基础上，经过1952—1953年司法改革运动，全面确立了人民司法的理念和运作方式。毛泽东1958年指出："解决民事案件还是马青天（马锡五）那一套好，调查研究，调解为主，就地解决。" 1963年第一次全国民事审判工作会议提出民事审判工作的十二字方针，即"调查研究，调解为主，就地解决"。1964年民事审判工作方针增加"依靠群众"后变为十六字方针。1982年《民事诉讼法（试行）》又肯定了十六字方针。实践中法院调解、巡回审判普遍开展。

具有权威性的人民司法全面确立和实施增强了人民调解权威。许多民事纠纷往往先由人民调解委员会调解，调解不成后，纠纷才被诉到人民法院。人民法院受理民事纠纷后往往向当地人民调解委员会询问纠纷解决情况，会邀请当初调解纠纷的人民调解员参与法院调解、审理，有时就由人民调解员给出调解方案或做出裁判。比如，1959年一起房租纠纷调解②。该房租纠纷先经街道办事处调解无效后，被起诉到人民法院，而人民法院开庭时，主持调解则是一位调解委员会主任，这位调解委员会主任听取了双方的陈述，问了双方一些问题，最后提出了解决方案。又如，1964年的一起离婚纠

---

① 吴英姿：《法官角色与司法行为》，中国大百科全书出版社2008年版，第317—318页。
② 强世功：《调解、法制与现代性：中国调解制度研究》，中国法制出版社2001年版，第174—175页。

纷调解①。首先由街道调解委员会开了三次会尽力促使双方和好。调解无效后，该纠纷被起诉到人民法院，人民法院通知当初调解该纠纷的调解委员会主任出庭作证，听取了这位调解主任的通奸证据不足的意见。然后，法官尽力促使双方当事人和好。第一次开庭后，丈夫工作单位的党委书记给据称是妻子情人所在单位的党委书记写了一封信，告诉他这件事并请他调查此人的记录和行为。丈夫的党委书记也写信给妻子工厂的党委书记，请他"教育"她。之后，妻子的同事开了几次会，但是妻子铁定了心。

人民法院的上述做法使得民众认为人民调解员与人民法院有关系，也是国家干部。这无疑给予人民调解员权力支持，从而无形中增添了人民调解员的权力资源。

四 多数人民调解员具有较高的政治地位和思想道德素质

新中国成立初期至20世纪80年代中期，多数人民调解员除了享有共产党和国家政权组织赋予的权力外，还一般具有较高的政治地位和政治思想道德素质。人民调解员的政治思想道德素质较好地满足了民众的纠纷解决需求。当时整个国家实行社会主义计划经济体制，民间纠纷总体数量不大，土地、债务纠纷少，婚姻纠纷是主体，而且多数婚姻纠纷牵涉的利益纷争数额小，有许多婚姻纠纷纯粹是情感纠纷。这些民间纠纷的顺利解决，需要人民调解员的奉献精神和公正廉洁品质。而这时期人民调解员的较高政治地位和政治思想道德素质就保证了人民调解员十分乐意、多次苦口婆心地做纠纷当事人的思想工作。因此，人民调解员的这种政治地位和政治思想道德素质使人民调解员获得了较高的政治威望，而人民调解员的较高政治威望的存在促进了人民调解政权组织权威高涨。

（一）人民调解员往往是基层社会政治舞台上的权力主体

为了贯彻1950年6月30日中央人民政府公布的《中华人民共和

---

① 强世功：《调解、法制与现代性：中国调解制度研究》，中国法制出版社2001年版，第185—186页。

国土地改革法》，政务院于 1950 年 8 月 20 日公布了《关于划分农村阶级成分的决定》，中共中央于 1951 年 3 月 7 日下发了《关于划分农村阶级成分的补充规定》（草案）。于是在新中国成立初期的土地改革运动中，全国农村进行了新的阶级成分划分，将农村阶级阶层划分为地主、富农、贫农、工人、中农、资本家、知识分子、自由职业者、宗教职业者、小手工业者、小商小贩、开明绅士、小土地出租者、债利生活者、畜牧业者、渔民、革命军人、原国民党政府的各级负责官吏、游民。1954—1956 年，中国共产党和中央人民政府参照划分农村阶级的标准将城市市民也划分为若干阶级阶层。城市的阶级阶层为革命干部、革命军人、工人、职员、自由职业者、高级职员、城市贫民、店员、资产阶级、商业者兼地主、小业主、小手工业者、摊贩等等。农村阶级阶层划分结合土地改革政策实施，地主阶级沦为农村社会的底层阶级，他们的土地被没收，财产被分割，同时还成为批斗、控诉的对象。正如周晓虹教授所说，"在财产的剥夺和再分配过程中尚留了一部分给地主，但在政治权力的剥夺和再分配中，在原先的下层阶级贫、雇农成为农村的新的主权阶级的同时，原先乡村社会的权力所有者士绅或地主阶级则变得一无所有。其实，地主阶级在土改中失去的还不仅是财产和权力，他们失去的还有按 M. 韦伯的观点同样代表一个阶级社会地位高低的声望。以往，地主士绅凭借着权力和财富以及相对优越的文化资源在乡间养尊处优，但在土改中他们的权威失落、土地被分、声望扫地，他们成了批判的对象、控诉的对象，以及管制和镇压的对象"[①]。不仅地主阶级下降为权力客体，地主、富农阶级的子女也很难挤进乡村社会的政治舞台。就是在人民公社时期，有关政策仍然规定："地主、富农的子女，一律不能担任本地的基层领导干部，一般也不宜负责会计员、计分员、保管员等重要职务。但是，一些经过较长时间的考察、表现好的地主、富农家庭出身的青年学生、还乡职工、复员军人，可以根据需要，分配他们做一些适当的工作

[①] 周晓虹：《传统与变迁——江浙农民的社会心理及其近代以来的变迁》，生活·读书·新知三联书店 1998 年版，第 158 页。

（包括社会工作），并且在工作中教育和改造他们。"① 与此同时，农村阶级成分好的贫农、中农登上了农村社会的政治舞台。例如，25个省的农业生产合作社领导层构成中，成分越高，在领导层中所占的比例也越高，依次为贫农、新下中农、老下中农、新上中农、老上中农；而且贫下中农所占比例最高，在四种领导职务即支委、社管委、生产队长、社会计中分别占到84.7%、84.7%、84.4%、78.1%。② 城市中的干部阶层在城市阶级阶层中处于最高政治社会地位，他们掌握着国家权力，享受着国家的等级工资和相配套的福利、待遇。而人民调解员常常是生产合作社的领导层、公社干部、生产大队干部、生产队干部、居民委员会干部、企事业单位干部。因此，人民调解员常常是阶级成分好的人，政治地位较高。

（二）大多数人民调解员树立"全心全意为人民服务"的道德理想

新中国成立初期人民调解员往往是贫农、中农、干部、工人，又往往是共产党员。中国革命的胜利使得贫农、中农和工人翻身做了主人。另外，新中国成立以来较长时期退伍军人是人民调解员的重要来源，而这些退伍军人曾在部队中接受严格的纪律教育和共产主义教育。因此，新中国成立初期至20世纪80年代中期人民调解员非常认同中国共产党和国家政权组织，信奉中国共产党倡导的"全心全意为人民服务"的道德理想。"全心全意为人民服务"的道德理想非常重视国家利益、集体利益，提倡个人的奉献精神。在"全心全意为人民服务"的共产主义道德感召下，人民调解员往往将"全心全意为人民服务"作为自己的人生追求和奋斗目标，将调解工作视为一项为国家做贡献的光荣工作。他们往往不讲报酬，主动上门调解纠纷，不辞劳苦地多次、耐心地做纠纷当事人的思想工作，并且动员当事人积极投入到社会主义建设事业当中去。调解员

---

① 《中共中央关于农村社会主义教育运动中一些具体政策的规定（草案）》，见中华人民共和国国家农业委员会办公厅《农业集体化重要文件汇编》（1958—1981）下册，中共中央党校出版社1982年版，第711页。

② 中共中央农村工作部办公室资料组编：《农业合作社第一年二十五个省（区、市）农业生产合作社典型调查》，农村出版社1959年版，第7—13页。

"全心全意为人民服务"的道德理想与其对调解工作的热情相融合，塑造了马德森（Madsen）所说的"个体化的苦行者"。这些"个体化的苦行者""对人生的根本意义和目的的追求能够通过对世界和历史的伟大的、抽象构思出来的梦想的信奉得以实现。人们发现，对这个梦想的信奉不仅能提供生命的终极意义，也可能导致个体的社会位移，在这样的政治体制的支持下，这个梦想就会非常强烈地被坚持"①。对于信奉"全心全意为人民服务"的人民调解员来说，对寻求终极意义的信奉促使他们对人民调解工作全身心投入。而人民调解员的忘我工作，"全心全意为人民服务"的道德理想追求往往使得人民调解员获得纠纷当事人的信赖和认可。

（三）大多数人民调解员具有廉洁的品质

新中国成立初期，共产党和国家政权组织在选拔、任用干部时往往十分注重人的政治思想道德素质。实际工作中虽然大多数人民调解员是基层干部，手中掌控着许多物质资源，但他们往往不搞贪污腐败。这一方面是由于"为人民服务"的道德理想教育使人民调解员思想上不愿意贪污腐败，另一方面是由于一套比较有效的监督机制的约束使得人民调解员在行为上不敢贪污腐败。人民公社时期，生产队的财务账目要定期张榜公布，社员可以进行民主监督。清理账目时，不管是干部还是社员，欠账的都必须还清。另外，村里的贫协代表贫下中农可以对大队干部进行监督，贫协平时可以向上级汇报大队书记的情况，当"运动"来临时，贫协就把犯了错误的书记"揪出来"。"四清"运动时，共产党组织和国家政权组织对干部的监督更为严格。"四清"运动后，农村干部一般更为廉洁。例如，董磊明在湖北尚武村的调查得知："'四清'时，查出大队长和会计等三人合谋贪污了1500元，结果胆小的会计服毒自杀，另外两人退款，在群众大会上作检查，并被免职。从那以后，干部'贪污搞鬼的金额都不大'，查出贪污的，一般撤职，并在年终分红时要把钱还上。挪用公款的，及时补上后一般可以继续留任，但是

---

① 转引自强世功《调解、法制与现代性：中国调解制度研究》，中国法制出版社2001年版，第327页。

遇到'风声紧'或者人脉关系不好的情况,也可能会下台。"① 可见,思想道德教育和监督机制的运用确保了人民调解员的廉洁品质,而人民调解员的廉洁品质为其赢得了威望。

小　结

国家汲取抗日战争、解放战争时期以及新中国成立初期人民调解的经验,在继承和发展"大众司法"的背景下制定《人民调解委员会暂行组织通则》。"文化大革命"期间,社会主义民主、法制遭到严重破坏,《人民调解委员会暂行组织通则》也失去效力。十一届三中全会后,社会主义民主、法制逐步恢复与发展。在此情况下,司法部重新公布了《人民调解委员会暂行组织通则》,并制定、公布了《司法助理员工作暂行规定》,1982 年《宪法》、《民事诉讼法》(试行)也肯定了人民调解制度。总之,新中国成立初期至 20 世纪 80 年代中期,人民调解组织化、制度化全面确立、迅速恢复和发展。

与人民调解立法大发展相对应,人民调解实践也展现出繁荣景象。从人民调解实践样态来看,人民调解组织体系较为严密;人民调解被纳入社会管理体系中;人民调解组织与基层人民法院衔接紧密、形式多样。从人民调解实践效果来看,人民调解化解大量民间纠纷和轻微刑事案件,并且在社会管理方面发挥了重要作用。

人民调解的繁荣昌盛与人民调解组织权威高涨是紧密相连的。人民调解组织权威高涨为人民调解繁荣昌盛提供了动力和保障,而国家政权组织的高度权威、人民调解组织紧密依附于各级人民政府,人民司法全面确立和实施以及多数人民调解员具有较高的政治地位和思想道德素质则共同促成了人民调解组织权威高涨。

人民调解组织权威高涨给予人民调解兴盛有力保障的同时也给

---

① [美]黄宗智:《中国乡村研究》(第 5 辑),福建教育出版社 2007 年版,第 192 页。

人民调解员滥用权力提供了机会。合作社、生产队、生产大队、公社管理委员会、企事业单位以及城市居委会中的一些人民调解员利用掌握的广泛权力资源在调解纠纷时片面追求秩序，压制、侵害当事人权利，使得人民调解的平等、自愿原则、合法原则和不得剥夺当事人诉权原则不能充分实现。

第三章

人民调解的衰落

20世纪80年代中期，人民调解达到鼎盛时期。此时的人民调解被西方国家誉为"东方一枝花"。然而，随着我国社会结构转型，20世纪80年代中期至2002年，人民调解日益衰落，逐渐沦为"明日黄花"。尽管国家出台有关人民调解法律、法规回应民众对人民调解的新要求，但是实践中的人民调解还是走向了衰落。那么人民调解衰落表现在哪些方面？人民调解衰落的成因是什么呢？

第一节　人民调解组织化、制度化和初步法制化遇到困境

新中国成立初期至20世纪80年代中期，人民调解组织体系较为严密，人民调解制度化也有一定发展。20世纪80年代中期以后，社会主义商品经济、市场经济发展和社会主义民主、法制建设进一步健全对人民调解组织化、制度化和法制化提出了新要求。十一届三中全会后，社会主义计划经济体制逐步瓦解，同时社会主义商品经济、市场经济逐步发展。在农村，推行家庭联产承包责任制带动了农村经济搞活开放，各类专业户、经济联合体、乡镇企业大量涌现，横向经济往来日益频繁。在城市，国营企业、集体企业实行经营机制转换，个体经济、"三资"企业不断涌现。而商品经济、市场经济要求个体拥有产权，个人自主决定生产、经营，遵循价值规律，平等、自由交换，公开竞争等等。而政治是经济的集中表现，法律是经济关系的反映。反过来，社会主义计划经济体制改革顺利

进行也要求政治体制、法律制度给予有力保障。因此，随着我国社会主义商品经济、市场经济确立和实施，我国的社会主义民主、法制建设在"文革"后恢复的基础上进一步完善。具体来说，尤其是以村民自治为核心的农村基层民主建设、以社区居民自治为核心的城市基层民主建设和以职工代表大会为核心的企事业单位基层民主建设进一步发展，1997年9月12日，江泽民在党的十五大报告中把"依法治国"正式确立为党领导人民治理国家的基本方略，社会主义立法不断完备和执法、司法工作全面发展，经过三个五年普法教育活动，公民法律素质在一定程度上提高。

为适应社会主义民主、法制建设的需要，人民调解立法进一步组织化、制度化，同时要求人民调解员具备一定的法律水平并依法调解。国务院于1989年6月17日发布《人民调解委员会组织条例》。该《条例》是在1954年政务院颁布的《人民调解委员会暂行组织通则》的基础上修改而成的。该《条例》与1954年的《人民调解委员会暂行组织通则》相比，更加系统、完整、明确，比较突出的变化主要为：（1）强调法律在调解依据中的地位。1954年《通则》第6条第1款规定"遵照人民政府的政策、法令"。而1989年《条例》第6条第1款规定"依据法律、法规、规章和政策调解，法律、法规、规章和政策没有明确规定的，调解员必须依靠'社会公德'进行调解。"（2）强调人民调解员的法律、政策水平。1989年《条例》与1954年《通则》相比不再要求人民调解员政治面貌清楚，但要求人民调解员具备一定的法律知识和政策水平。（3）人民调解员的行为标准进一步细化。1989年《条例》更加详细地要求调解员不得徇私舞弊；对当事人压制、打击报复；侮辱、处罚当事人、泄露当事人的隐私；请客送礼。（4）1989年《条例》规定的人民调解不再适用于轻微刑事案件。（5）增加了人民调解文书和档案制作的规定。1989年《条例》要求人民调解员调解时要进行登记和书面记录。同时，有关法律法规也对人民调解加以规范。1987年《村民委员会组织法》和1990年《居民委员会组织法》将人民调解纳入进去。1987年5月30日司法部发布的《关于乡镇法律服务所的暂行规定》明确规定乡镇法律服务所的职责之一是协助司法助理员调解疑难民间纠纷，指导、管理本地区人民调解工作及其他司法行政工作。不过，随着乡镇法律服务所的改革，乡镇法律服务所不再有义务指导人民调解工作。1990年司法部发布实施的《民间纠纷处理办法》明确了司法助理员与人民调解委员会的关系以及授予司法助理员纠纷裁决权。1991年7月，司法部发布的《人民调解委员会及调解员奖励办法》从物质和荣誉上奖励先进人民调解委员会及人民调解员。1996年6月24日，司法部印发的《关于加强基层司法所建设的意见》明确规定的基层司法所的八项主要职能之一是指导、管理人民调解工作并参与重大疑难民间纠纷调解工作。2004年3月2日，司法部印发《关于创建规范化司法所工作的意见》，规定司法所的主要职能之一是：指导、管理人民调解工作，参与调解疑难、复杂民间纠纷。

然而，由于当时基层社会整个法制环境程度不高等因素，人民调解组织化、制度化和初步法制化难以落实。

一　人民调解组织体系相对松散

新中国成立初期至20世纪80年代中期，人民调解组织体系较为严密，而20世纪80年代中期至2002年，人民调解组织体系则处于相对松散状态。

（一）农村人民调解组织体系弱化

在各地司法行政机关推动下，到20世纪80年代中期全国大多数农村都建立了乡（镇）、村、组三级调解网，城镇也建立了相应的调解网络，到1985年11月初全国98%以上的村镇建立了调解组织。① 不过，这一情况逐渐发生了变化。20世纪80年代中期以后，特别是20世纪90年代，随着家庭联产承包责任制广泛推行，农村经济的搞活、开放和发展，干部和农民追求经济利益的意识明显增强。这一时期农村干部不像人民公社时期大队干部一样脱产专门组织、管理农村社会，享受工分补贴，而是不脱离生产，要照管好自己家的责任田。特别是一些经济落后的农村，为了节约村级财政的

---

① 李冰：《小统计》，《人民日报》1985年11月4日第4版。

开支，撤掉村小组长，也撤掉村组调解组织，由村干部几个人兼任人民调解员，分片承包村里的人民调解工作。这样"村干部兼职过多，精力分散，往往疏于纠纷预防、纠纷调解工作，引起纠纷升级、激化。少数人民调解组织名存实亡。有的调解主任抛开本职工作'下海'捞钱；有的调解组织内部成员不团结、软弱涣散、缺乏整体战斗力；还有的调解人员对调解纠纷不热心、不负责，拖沓推诿，使纠纷当事人'告状'无门。部分调解人员素质不高。个别调解人员调解纠纷不讲职业道德，偏袒一方，存在不公正、不廉洁的问题；有相当数量的调解人员文化水平低、法律知识缺乏，难以胜任调解工作"①。

不过，乡镇法律服务所、司法所成立初期，一些村调委会弱化的状况有一定改观。乡镇法律服务所、司法所帮助整顿村调委会，培训人民调解员；村里简单的纠纷由村调委会调解，村里复杂、疑难的纠纷由乡镇法律服务所、司法所协助、指导村调委会调解或者乡镇法律服务所、司法所直接调解。然而，随着乡镇法律服务所协助人民调解日益减少，司法所从指导、协助人民调解向直接调解发展，一些村调委会又陷入不力状态。特别是乡镇司法调解中心②成立后，一些村调委会进一步被边缘化。一些村干部怕得罪人、怕报复，一味地做老好人，往往不主动调解纠纷，而且对于要求调解的纠纷当事人，也往往不耐心调解就将当事人介绍到司法所或乡镇司法调解中心。

(二) 部分企事业单位人民调解组织涣散

随着计划经济向市场经济过渡，政府倡导"小政府，大社会"

---

① 吴振汉、邓耀华、陈昆仑：《谈谈农村人民调解组织的巩固与完善》，《法制日报》1996年1月23日第8版。
② 1999年，山东陵县率先成立乡镇司法调解中心。乡镇司法调解中心是在乡镇党委政府领导下，以司法所为主体，根据纠纷本身特点，邀请乡镇派出所、人民法庭、党委办、政府办、信访、土地、财政、民政、计划生育、团委、妇联等相关部门的负责人参加的，以集中调解本地区重大矛盾纠纷的常设综合性办事机构。乡镇司法调解中心由乡镇党委政府主要领导或分管领导担任主任，司法所长担任常务副主任。乡镇司法调解中心既不是行政机关，也不是司法机关，而是一个党政各部门联手处理民间纠纷的"俱乐部"。

的社会管理模式，单位体制逐渐解体，一些企事业单位的人民调解组织出现了弱化趋势：有些企事业单位撤销了调解工作机构，有些企事业单位把调解工作合并到工会或保卫部门中等等。虽然有些企业认识到调解组织涣散不利于职工团结和企业经济效益提高，在企业改革中充实调解机构，但是随着社会主义市场经济深入发展，仍然有不少企业的人民调解组织处于瘫痪或半瘫痪的状态。例如，常司在1993年对100个调委会的调查发现："在一些企事业单位，人民调解组织没位置，工作时间没保证，尤其是'三资'企业，调解组织组建和正常工作开展困难重重。有家'三资'企业虽然建立了调解组织，但明文规定调解人员不得占用工作时间调解纠纷，否则按事假处理，致使一起本可预防的职工家庭纠纷因无人及时疏导而激化为自杀事件。"① 又如，"有些企业领导片面强调企业经济效益，思想上轻视人民调解工作，不乐意调解人员平时在调解工作方面花费太多的时间和精力，遇到企业出现矛盾纠纷时，才将问题给调解人员；有的企业领导在调整重组企业机构时，给调解组织配备素质较低的人员以凑数；有的企业领导认为目前企业的群众性组织实在太多，有团、工、青、妇等以及劳动争议委员会，这些组织与调解组织在职能上交叉重叠，调解组织独立存在不符合'一职多能化'的企业机构设置要求。另外，公司企业调解人员除了负责调解工作外，同时兼任着工会、武装、纪检、安全保卫等好多份工作，在这数项工作中，调解工作实际被安排在不起眼的倒数位置"②。

（三）城市居委会人民调解组织弱化

20世纪80年代末至2002年，全国许多城市居民委员会组织建设不力，而居委会人民调解组织是居民委员会的一个具体工作部门，正是因为居委会组织弱化，居委会人民调解组织也随之弱化。居委会组织建设不力主要表现为：居委会成员来源单一；大多数居委会成员年纪大、文化偏低。新中国成立初期至20世纪80年代早期，居委会成员的来源主要有三种渠道：无业人员、企事业单位的

---

① 常司：《对100个调委会的调查》，《人民调解》1995年第2期，第7页。
② 蔡家荣、林有志、毛联合：《公司企业转制时期人民调解工作的思考》，《中国司法》2001年第4期，第48—49页。

兼职人员、离退休职工。而20世纪80年代中后期，原来担任居委会干部的年老无业人员要么在家养老，要么继续留任居委会，那些原担任居委会干部的年轻无业人员受经济利益驱动，纷纷"转行"或"上调"，不再从事居委会工作。原先在居委会兼职的企事业单位工作人员纷纷回到原单位，不再在居委会兼职。这样，离退休职工就成为居委会干部队伍的主要来源。然而，充任居委会干部的离退休职工往往年龄大、文化程度不高。因为"有文化、有技术的离退休职工一般到有关的工厂拿补差。而年龄较轻，身体较好，文化水平较高，并有领导工作经验的离退休干部和教师一般被招聘到街道办事处工作。"① 针对居委会组织建设存在的问题，一些地方进行了改革，例如，1996年3月，上海在城市社会管理中率先打破条块分割，实行重心下移，把居委会正式归入"四级网络"（市—区—街道—居委会）体系。② 又如，1997年，一大批企事业中层干部和高校毕业生通过人事局招考成了居委会工作人员。③ 经过这些改革，这些地方的居委会干部能力普遍提升。与之相对应，这些居民调委会也随之完善和发展。不过，全国许多没有改革的城市居委会下属的居民调委会仍处于弱化状态。

（四）乡镇法律服务所、司法所对人民调解指导、协助由强到弱

20世纪80年代中期，全国许多地方成立乡镇法律服务所。乡镇法律服务所成立初期，积极协助司法助理员指导、参与人民调解。例如，到1989年底，河北省乡镇法律服务所已发展到3015个，占乡镇总数的84.4%，形成了一支拥有7817人的乡镇法律服务队伍。从1986年至1989年间，河北省乡镇法律服务机构共调解民间纠纷14万多件。④ 然而，1992年后，乡镇法律服务所按照国家要求自收自支、自负盈亏。这时，一些乡镇法律服务所不愿意参

---

① 刘祖云：《中国都市居民委员会的发展趋势及其对策——中国都市社会基层居民组织的结构与功能研究之三》，《社会主义研究》1988年第3期，第35页。
② 施骏：《论居委会重组》，《学海》2001年第4期，第102页。
③ 陈斌：《三千企事业干部就职街道居委》，《解放日报》1997年4月17日。
④ 河北省地方志编纂委员会：《河北省志·司法行政志》，河北人民出版社2012年版，第226页。

与人民调解工作，把主要精力放在创收多的其他业务上。20世纪90年代后期，乡镇法律服务所代理诉讼业务逐渐增多，同时调解纠纷数量却逐渐减少。如表3—1所示：

表3—1　　中国基层法律服务所调解、诉讼比较（根据1998—2002年《中国司法行政年鉴》编制）

年份	1997	1998	1999	2000	2001
代理诉讼（万件）	—	59.45	67	71.27	75.65
调解纠纷（万件）	123.50	110.10	106	105.23	97.29

备注：—表示统计资料欠缺。

乡镇法律服务所发展的同时，许多地方也创建乡镇（街道）司法所。到1996年底，全国已建立司法所21332个，占全国乡镇（街道）总数的40%；山东、广东、河南、湖南等四省建所率均在90%以上，河北省达到86%。1996年，全国各地司法所共指导基层人民调解组织调解民间纠纷近600万件，防止纠纷激化11万件，其中由司法所和司法助理员协助调解的纠纷达55万多件。全国司法所去年直接受理和调处民间纠纷82万多件，其代表基层人民政府处理18万多件。[①] 然而，随着社会主义法制快速发展，司法所的劣势明显体现出来。司法改革、法律职业化建设使得法院的地位明显提升，法官业务水平明显增强。与此同时，社会上片面法治观流行。诉讼被视为实行权利的唯一正确途径，把"打官司"看作是法律意识高的标志，而调解却被看作"和稀泥"、放弃权利的表现。司法所人员的法律专业水平虽然比创办初期有了很大提高，但是与法官相比则处于低水平状态，而且许多司法所为了生存，很少以自己的名义调解纠纷，往往利用"一套人马，两块牌子"的模糊性，借用法律服务所的名义进行调解收费。这样，司法所调解的社会土壤遭到侵蚀，免费调解纠纷的优势基本上也不复存在。于是，20世纪90年代后期，司法所调解纠纷的数量处于下降趋势。例如，

---

① 邢边：《司法所创建10年发展迅速》，《法制日报》1997年5月5日第3版。

2000—2003年全国基层司法所调解纠纷数量总体上处于下降趋势。如表3—2所示：

表3—2 中国基层司法所调解纠纷情况（根据2001—2004年《中国行政司法年鉴》编制）

年份	2000	2001	2002	2003
直接受理调处民间纠纷数（万件）	118	116.9	115.0195	111
协助调委会调解纠纷数（万件）	70	68.2	84.5989	70.9

综上所述，20世纪80年代中期至2002年人民调解组织与新中国成立初期至20世纪80年代中期人民调解组织相比，保留了村（居）委员会人民调解组织、企事业单位人民调解组织，新出现了协助、指导人民调解的乡镇法律服务所、司法所、乡镇司法调解中心，但是一些村民小组人民调解组织、居民小组人民调解组织以及企业的班、组人民调解组织被撤销；企事业单位人民调解组织、一些村（居）人民调解组织也出现涣散现象；乡镇法律服务中心、司法所成立初期虽然使一些村调委会加强，但是20世纪90年代后期，由于乡镇法律服务中心、司法所对人民调解指导不力，一些村调委会又陷入瘫痪或半瘫痪状态；20世纪90年代末出现的乡镇司法调解中心则一定程度上加剧了村调委会边缘化。

二 人民调解与民事司法衔接日益减少

形成于抗日战争时期陕甘宁边区并于新中国成立后正式确立的人民司法遵循群众路线，其主要表现是：深入群众、调查研究，巡回审理、就地办案，陪审，诉讼调解等。人民司法的群众路线理念和做法，特别是巡回审理、就地办案以及诉讼调解为人民调解参与民事司法提供了很好的平台和机制。基于此，抗日战争、解放战争时期，人民调解就与民事司法衔接广泛。新中国成立后至20世纪80年代中期，人民调解与民事司法衔接更为紧密。然而，20世纪80年代中期至2002年，随着人民司法群众路线弱化，人民调解与民事司法衔接日益减少。

20世纪80年代中期至2002年，在司法现代化建设开展的情况下，人民司法的群众路线出现弱化的局面。其主要表现为：（1）深入群众、调查研究由普遍变成例外。1991年《民事诉讼法》以及相关司法解释都规定"谁主张，谁举证，人民法院只在当事人及其诉讼代理人因客观原因不能自行收集的证据或者其认为审理案件需要的证据时才予以收集"。实践中许多法院不再积极主动地去调查收集案件证据。例如，福建省南平地区两级人民法院在1993—1995年5月期间审理的所有民事案件中，当事人及其诉讼代理人主动向人民法院提供证据72496份，带证人出庭作证的有1337人，而法院依职权调查收集的证据只有1050份。①（2）"巡回审理"被边缘化，坐堂问案成主流。与1982年《民事诉讼法》（试行）相比，1991年《民事诉讼法》把"巡回审理，就地办案"从一般原则改为一般制度，从原来的"总则"编转移到"第一审程序"编，将原来的"人民法院审理民事案件，应当根据需要和可能，派出法庭巡回审理，就地办案"规定改为"人民法院审理民事案件，根据需要进行巡回审理，就地办案"。实践中坐堂问案成了法院办案的常态，"巡回审理，就地办案"只在一些特殊案件和边远地区的基层司法中偶有实践，那种人民法庭"田坝、民院设'公堂'披星戴月办案归的审判方式"②逐渐消失。（3）人民陪审员制度"名存实亡"。1991年的《民事诉讼法》没有硬性规定陪审制。实践中，各地实行陪审的具体情况不同，但一般很少实行，特别是随着司法改革深入推进，人民陪审出现"名存实亡"的状态。③（4）诉讼调解在民事司法中的地位下降。随着法制建设逐步完善，民事司法改革推行，审判越来越受到重视，而诉讼调解却越来越成为批判的对象。

---

① 福建省地方志编纂委员会：《福建省志·审判志》，中国社会科学出版社1999年版，第120页。

② 郭超：《山区女法官的风采》，《人民日报》1994年7月5日第10版。三台县法院志编纂领导小组：《三台县法院志》（1999），国家图书馆国情资料室藏，第141页。

③ 参见矫春晓《论人民陪审制度》、李学宽《陪审制若干问题研究》和韩象干、孙颖颖《改革完善我国陪审制管见》，载1999年诉讼法年会论文。

例如，有学者认为"重调解、轻判决，是带有浓厚封建色彩的贱讼观念的一种特殊表现，它与现代法治的要求是格格不入的"①。在此背景下，1991的《民事诉讼法》将 1982 年《民事诉讼法》（试行）规定的"人民法院审理民事案件，应当着重进行调解"改为"人民法院审理民事案件，应当根据自愿和合法的原则进行调解"。自此，全国法院大民事一审诉讼调解率由 1986 年的 74.8%下降到 2003 年的 29.9%。②

正是在人民司法群众路线弱化的局面下，人民调解与民事司法衔接日益减少。这主要表现为：许多基层人民法院基本上不再对人民调解进行业务指导，一些基层人民法院即使偶尔邀请人民调解员旁听案件审理，效果也不明显。同时，多数人民调解员也忘记了基层人民法院的业务指导义务，基本上不主动到人民法院咨询法律问题；抗日战争、解放战争时期适用广泛的法院指定调解也没有被继承下来；"自改革开放以降尤其是以确立现代诉讼体系为宗旨的司法体制改革浪潮席卷而至时，法院邀请调解制度基本上是纯粹意义上的'书本上的法'"③。

三　人民调解的法制化难以推进

尽管人们的法律意识、权利意识在一定程度上提高，人们对人民调解员依法调解水平的需求增强，相关人民调解法律法规也规定人民调解员要具备一定的法律、法规水平并且要依法调解，但是，实践中由于多数人民调解员的法律水平不高，依法调解往往流于形式，甚至出现违法调解现象。例如，1992 年第 4 期的《人民调解》就记载了一个没有任何法律依据的人民调解案例④。于、陆两家是

---

① 曾昭度、赵钢：《对着重调解原则的若干思考》，《法学评论》1988 年第 5 期，第 29 页。
② 最高人民法院研究室编：《全国人民法院司法统计历史资料汇编：1949—1998》，人民法院出版社 2000 年版。
③ 曾令健：《法院调解社会化研究》，博士学位论文，西南政法大学，2012 年，第 84 页。
④ 《人民调解》1992 年第 4 期，第 22 页，转引自夏勇主编《走向权利的时代——中国公民权利发展研究》，中国政法大学出版社 2000 年修订版，第 268—269 页。

邻居。陆家的女儿经常到于家看电视,与于家的儿子于小三发生了性关系。但于小三事后不愿和陆家的女儿结婚,要和别的女孩结婚。陆家老少对此非常愤怒,找了一伙人拿着铁锹、爪钩来找于小三算账。并在家门前堆起了柴草,骂着要于小三出来,不然就点火烧屋。调解主任老祁闻讯赶来劝解。老祁先拉着陆老头说:"你老先消消气,要打要罚都由我来处理。"祁主任安顿了陆家的人,转身进了于家屋里,先批评了于小三一顿,又和于老头商量了调处方案。随后,老祁和老于来到院子里,老于对着陆家的人说:"陆家老少爷们儿,我儿子作孽,该死,今天我把他交给你们处理!"这时,祁主任一下子把于小三拉到了老于跟前,老于左右开弓打了于小三两个耳光。老祁又拉住老于对小三喝道:"还不去给陆家爷们儿认错赔礼!"于小三跪倒就给陆家人磕了几个响头,说:"我该死,随陆家爷们儿处置!"老祁对陆家人说:"我看就算了吧,打也打过了,跪也跪过了,杀人不过头点地。"陆家人见此情景都不再上前。这时,老于捧着钱到老陆跟前,说:"大兄弟,你们宽宏大量,这200元钱就给闺女补补身子吧!"祁主任这一打二跪三给钱的方案,使陆家的人消了气。事后,祁主任说:"人要脸,树要皮,你当众给了他面子,他的气不就消了。"这一案例中调解主任只考虑达到平息纠纷的目的,并没有注意到按照相关法律规定,陆家人找于小三算账没有任何法律依据,让于家人赔偿陆家人200元钱更是没有任何法律依据。该案中老祁调解主任的人民调解行为虽然解决了纠纷,但却不利于正确培养纠纷当事人的法律意识。

  一般人民调解员的法律水平不高,同时一些乡镇司法所所长指导、协助人民调解调解纠纷时也经常不能正确地运用法律。例如,一位乡镇司法所所长调解的施某索衣案[1]就是如此。五星村四组施某与其妻结婚已10年(双方都是再婚),两个所生儿子已经读小学。2002年农历十二月某天,夫妻因建厨房意见不合吵架后,施妻将只穿了毛线衣的施某赶出家门。施某在外面稻草堆里睡了4个晚

---

[1] 傅郁林:《农村基层法律服务研究》,中国政法大学出版社2006年版,第117—118页。

上后天气大幅降温，施某破门入家，但衣物已被施妻藏匿。于是施某找到解荣（司法所所长）要求离婚，解荣说："离婚诉讼要钱，你们能不能协议离婚？"解荣与镇妇联主席张姿找到施妻，但施妻表示："衣服是不得给的，婚是要离的，财产他是想都别想要的。"解荣说："离不离婚是你们双方的权利问题，我们不干涉。今天来我们是来调解这个家庭纠纷的，首要的就是你必须无条件地把衣服拿出来给他穿。如果冻成病了，属于家庭暴力，要告你，要坐牢的。你看你老公嘴都冻紫了。"之后，施妻拿出所藏衣物给施某。临走时，解荣对村治调主任说："如果他们关系真正不能改善的话，可以找我们来协议或诉讼。给他办了算了，这男的确实也过得窝囊。"后来施妻似有改善，未离婚。该案件中一方当事人要回了被另一方当事人藏匿的衣物，并且双方最后没有办理离婚手续，因此，这算是一起调解成功的案例。不过，案件中的司法所所长解荣以"家庭暴力"和"坐牢"威胁施妻，这明显过分夸大施妻的违法行为。虽然施妻可能出于惧怕法律后果出现，选择遵守了法律，将衣物给其老公，但是施妻得到的法律知识却是不完整的。另外，该案件也没有给予村治调主任正确的法律指导。人民调解依据法律、法规规定难以落实的现实使得人民调解法制化步履维艰。

第二节 人民调解的实际作用出现下降

20世纪80年代中期至2002年，为使人民调解更好地适应社会主义民主、法制建设的需要，国家对人民调解进行立法调整，由于各种社会条件的制约，人民调解的实践形式与其立法规定发生了较大程度的分离，实践中人民调解组织出现弱化现象、人民调解与民事司法互动减少以及依据法律、法规进行人民调解的规定往往流于形式。人民调解的解纷能力、社会治理功能也随之下降。

一 人民调解的解纷能力降低

20世纪80年代中期至2002年，虽然人民调解解纷的绝对数量大于人民法院一审民事案件受理数，但是人民调解解纷数量、人民调解员平均调解民间纠纷数以及人民调解解纷数量与法院受理一审民事案件的比例总体上趋于下降趋势。如表3—3所示：

表3—3 1986—2002年全国人民调解解纷量情况（依据《中国法律年鉴》1987—2003年各卷人民调解工作统计数据）

年份	人民调解员人数（万名）	人民调解解决纠纷数量（万件）	人民调解员人均调解民间纠纷数（件）	人民法院一审民事案件受理数（万件）	人民调解解纷数量与法院受理一审民事案件的比例
1986	608.73	730.7	1.20	131.16	5.571∶1
1987	620.58	696.61	1.12	157.84	4.4134∶1
1988	637.04	725.52	1.14	196.87	3.6853∶1
1989	593.71	734.1	1.24	251.1	2.9235∶1
1990	625.62	740.92	1.18	244.41	3.0315∶1
1991	991.41	712.55	0.72	244.82	2.9105∶1
1992	1017.92	617.32	0.61	260.1	2.3734∶1
1993	976.65	622.3	0.64	298.37	2.0857∶1
1994	999.76	612.37	0.61	343.75	1.7814∶1
1995	1025.87	602.85	0.59	399.73	1.5081∶1
1996	1035.4	580.2	0.56	461.38	1.2575∶1
1997	1027.4	554.3	0.54	476.09	1.1643∶1
1998	917.5	526.7	0.57	483.02	1.0904∶1
1999	880.3	518.86	0.59	505.48	1.0265∶1
2000	844.5	503.1	0.60	471.01	1.0681∶1
2001	779.3	486.1	0.62	461.50	1.0533∶1
2002	716.16	314.10	0.44	442.01	0.7106∶1

二 人民调解的维稳作用减弱

新中国成立初期至20世纪80年代中期，人民调解无论在宣传、贯彻国家的政策、法规方面，还是预防纠纷、防止纠纷激化、教育失足青少年以及安置帮教方面都占有举足轻重的地位、发挥了重要作用。然而，随着农村人民公社解体，国家权力上收到乡镇一级，人民调解在社会治安综合治理中的地位和作用减弱，司法所替代人民调解组织，在社会治安综合治理中的地位和作用凸显。例如，1998年上半年，全国司法所和司法助理员制止群众性上访2.5万件，制止群众性械斗1.9万件。各地司法所组织基层帮教组织和安置企业对16.7万名刑释解教人员开展了帮教和过渡性安置。司法所和法律服务所每年宣讲法律都在50万场次以上，受教育面年均3亿人次。[①]

虽然官方媒体仍然从正面宣传人民调解在社会治安综合治理中的作用，但是我们从官方主流媒体报道农村违法犯罪现象增多的事实可以侧面看出全国人民调解在社会治安综合治理中的地位和作用下降了。20世纪80年代中期至2002年，农村违法犯罪现象增多，其主要表现为：（1）农村的违法婚姻现象增多。改革开放前农村婚姻秩序良好，改革开放以来尤其是20世纪80年代中期以来，农村婚姻秩序出现了一定程度的混乱。据祁东县民政局统计，1987—1989年祁东县农村不登记结婚的各类违法婚姻有1414对，占结婚登记对数26366对的5.3%。[②]（2）侮辱犯罪案件上升。计划经济向市场经济过渡时期，一些人道德自律意识不强，法律意识也不高。"在一些乡村因民间纠纷引起的公然以暴力侮辱他人人格的犯罪案件屡有发生，在法院受理的刑事自诉案件中的比例逐年上升。"[③]（3）赡养纠纷增多。尊老爱幼是中华民族的传统美德，然而，社会主义商品经济发展时期一些人个人经济利益至上，把赡养老人视为包袱。如河南省社旗县法院几年中就审理了200余起赡养纠纷案，1999年1月至10月受理78件，比去年同期增长17%，赡养纠纷在农村尤为突出。[④]（4）违法调处纠纷现象增多。据某法院

---

① 王宇：《司法所：扎根基层显法力》，《法制日报》1998年12月9日第2版。
② 刘竞雄、何晓晓：《农村违法婚姻严重 亟待开展综合治理》，《法制日报》1990年12月19日第4版。
③ 王宝岩、陈建平：《农村侮辱案件的特点、原因和对策》，《法制日报》1992年3月9日。
④ 侯作俭、闫新会：《农村赡养纠纷增多不容忽视》，《法制日报》1999年12月25日。

法官调查发现，农村许多民间纠纷既没有按法律程序依法诉讼解决，也没有找基层治调组织调处，而是采用违法"私了"、"武力"解决、"黑道"插足、"族规"违法处理、"迷信"断案等违法方式处理纠纷。① 尽管农村违法犯罪现象增多的事实是由多种原因引起的，但是与村调委会调解不力不无关系。因此，农村违法犯罪现象增多的事实从反面说明了人民调解在社会治安综合治理中的地位和作用下降。

第三节 人民调解何以衰落：组织权威弱化、法理型权威尚弱

20世纪80年代中期至2002年，尽管人民调解进一步组织化、制度化并且向法制化方向迈进，但是人民调解仍然出现衰落景象。对于人民调解何以衰落的问题，学者们给出了不同解释。例如，范愉教授认为人民调解衰落是"由于纠纷的多发和复杂性，村居委会调解由于缺乏权力的依托和对国家法律规制的准确把握，自身的能力已经不适于处理这些纠纷；诚信、道德等社会失范，使得基层的调解失去优势，这也是诉讼激增的直接原因；社会凝聚力下降，共同体成员的自治能力较低，内部调整作用差"②。朱新林认为诉讼对纠纷分流、社会结构转型和人民调解制度自身不足是人民调解衰落的重要原因。③ 这些解释无疑都较为深刻地揭示了人民调解衰落的成因。不过，从人民调解权威类型角度来看，人民调解衰落与人民调解组织权威弱化、法理型权威尚弱有十分密切的关系。总体来看，正是在人民调解组织权威弱化和法理型权威尚弱的现实情况下，许多纠纷当事人不愿意选择人民调解，一些当事人即使选择人

---

① 胡志大、徐德清：《调处纠纷的误区——当前农村处理纠纷存在一些违法现象》，《法制日报》1995年3月21日第7版。
② 范愉：《社会转型中的人民调解制度——以上海市长宁区人民调解组织改革的经验为视点》，《中国司法》2004年第10期，第56页。
③ 朱新林：《人民调解：衰落与复兴——基于1986—2009年人民调解解纷数量的分析》，《河南财经政法大学学报》2012年第4期，第177页。

民调解也往往最后没有接受人民调解结果。这样，人民调解就随之衰落了。

一 人民调解的组织权威弱化

20世纪80年代中期至2002年，人民调解组织权威弱化。其主要表现为：（1）人民调解员的权力变小。在农村，人民调解员不再像人民公社时期那样拥有全面控制社员的一切公共权力，手中仅剩下村庄公共事务权力以及与乡（镇）行政事务密切相关的权力。在城市，随着国营、集体企事业单位体制改革，国营、集体企事业单位的人民调解员拥有的政府及主管行政部门赋予的权力越来越小。居民委员会人民调解员的权力由于国家权力上收到街道一级政府也逐渐变小。由于司法理念转变、案件积压，人民法院对人民调解的支持力度也减小。（2）人民调解员的政治威望降低。社会主义计划经济时期大多数人民调解员具有较高的政治威望，而20世纪80年代中期至2002年，随着我国从人治走向法治以及人们价值观变化，人民调解员的政治威望降低。人民调解组织权威弱化则是因为人民调解组织权威高涨的支撑条件发生了变化，即乡镇政府、村委会权威弱化；人民调解组织对各级人民政府的依附性减弱；人民司法式微、司法现代化建设以及部分人民调解员的政治地位和思想道德素质降低。

（一）乡镇政府、村委会权威弱化

改革开放使得中国经济快速增长，1985年中国国民生产总值8989亿元，国家财政收入2004.8亿元，职工平均工资1148元。1996年中国国民生产总值67560亿元，国家财政收入7408亿元，职工平均工资6210元。[①] 中国经济取得的成就，人民群众物质生活水平提高，使得人民群众从内心拥护共产党和国家政权组织。而共产党和国家政权组织对共产主义意识形态坚持又从意识形态上巩固了民众对共产党和国家政权组织认同。然而，县、市政府因房屋拆

---

① 国家统计局编：《中国统计年鉴（1997）》，中国统计出版社1997年版，第24—30页。

迁等因素权威有所下降，但不明显，而乡镇政府、村委会权威弱化较为明显，因为20世纪80年代中后期至90年代，乡镇政府、村委会与农民矛盾较为尖锐。

人民公社实行"三级所有，队为基础"的体制，采用集体经济形式。整个人民公社时期，国家实行重工业优先发展的经济发展战略，为支援工业发展，国家从农村抽取大量资源，农民的生活水平不高。不过，由于实行集体经济形式和经常性的社会主义教育运动等因素的存在，农民负担处于隐蔽状态，农民与生产队、生产大队和人民公社的矛盾总体上处于缓和的状态。而随着家庭联产承包责任制实施、社会主义商品经济、市场经济的发展以及人民公社解体和乡镇政府取代人民公社、村委会取代生产大队，乡镇政府、村委会与农民矛盾越发尖锐。该矛盾主要是因农民税费负担重而引发。依据当时的法律法规，农民要承担的负担包括农业税等税收、村提留和乡统筹、农村义务工和劳动积累工、行政事业性收费，政府性基金，集资、摊派和罚款以及工农业产品价格"剪刀差"。这些负担因农民收入、财政体制、乡镇行政体制以及税费征收规范程度不同，不同时期农民实际负担的程度不同。1983—1987年，农民负担相对较轻。这一时期家庭联产承包责任制在农村普遍推行，中国农业超常规发展，农民收入普遍增长，农民负担增幅小于收入增幅。因此，尽管该时期农民负担处于增长的趋势，但农民收入高，对负担问题感受不强烈。1988—1992年，农民负担高位运行。尽管农业生产增长速度保持在5%左右，但是农作物种植结构单一，受社会主义商品经济、市场经济的影响，粮价不高，农民家庭出现增产不增收现象。此时又受"分灶吃饭"的财政包干制以及税费征收监管制度不健全的影响，乡镇政府财政收入主要来源于农民收入并且出现了乱集资、乱收费、乱摊派现象，结果农民负担居高不下。1992—1998年，农民负担起伏不定。1994年、1996年国家大幅度提高农产品收购价格，乡镇企业也迅速发展，农民人均纯收入增加，然而1997年以后，受多种因素的影响，农民收入出现持续下跌的趋势。同时受分税制改革不彻底、乡镇行政机构膨胀以及乡镇预算外资金的不规范等因素影响，农民负担时而减轻时而增加。20

世纪80年代中后期至90年代，一些乡镇政府为了确保财政收入，不惜动用暴力向农民征收税费，有些乡镇还巧立名目攫取农民收入。在乡镇政府向农民强制征收税费时，村干部受协助乡镇政府开展工作的任务的约束往往与乡镇政府站在同一立场，有些村干部还趁机渔利。这一时期农民负担重不但影响了农民生活、农业生产和国民经济的协调发展，还导致了乡村干群关系紧张，比如，据调查显示，全国有20%的乡村出现了程度不同的干群关系紧张现象。[①]这些干群关系紧张主要表现为农民上访和群体性事件。这些因农民负担重引发的上访和群体性事件严重损害了党和政府的权威，影响了农村和整个社会稳定。20世纪80年代末，农村流行一首民谣："中央是恩人，省里是亲人，县里是好人，乡里是恶人，村里是仇人。"到20世纪90年代末，这首民谣变成了"中央满天晴，省里起乌云，县里下大雨，基层淹死人"[②]。

综上所述，20世纪80年代中期至2002年，由于农民税费负担沉重，农民对乡镇政府、村委会的认可和信赖降低，乡镇政府、村委会权威弱化。而正如前文分析，乡村人民调解组织依附于乡镇政府、村委会，乡村人民调解组织数量在整个人民调解组织体系中处于绝对多数地位。在这样的情况下，人民调解组织权威也随之弱化，从而人民调解在纠纷解决机制体系和社会治安综合治理体系中的地位和作用减弱。

（二）人民调解组织对各级人民政府的依附性减弱

人民调解组织权威弱化除了受乡镇政府、村委会权威弱化影响外，还在于人民调解组织对政府的依附性减弱。社会主义计划经济时期，社会整体上处于高度组织化的状态，20世纪80年代初期，社会的组织化程度已有所松动，20世纪80年代中期以后至2002年，高度组织化的社会逐步分化、重组。在此背景下，人民调解组织与政府的关系松散。

[①] 黄苇町：《苏共亡党十年祭》，江西高校出版社2002年版，第99页。
[②] 于建嵘：《农民有组织抗争及其政治风险》，《战略与管理》2003年第3期，第14页。

1. 村民委员会自治普遍推行使得村调委会对乡镇政府的依附性减弱

人民公社"达到了国家组织力量对中国基层社会的完全控制，政府以一种前所未有的方式渗透进入社会的各个角落"①。人民调解组织紧密地依附于人民公社。人民公社的管理体制为"工占农利"提供了制度保障，有力地支援了国家优先发展重工业的经济发展战略，促进了国家工业化初步完成。与此同时，农业生产条件得到了显著改善，农业经济的各项指标均有较大幅度增长。尽管人民公社时期的农业经济"绝对产量上升了，政府的税收和征购也上升了，而农业劳动生产率和农民收入是停滞的"②。数以亿计的农村剩余劳动力被束缚在土地上，缺乏激发劳动者积极性的激励机制。人民公社的这些问题在人民公社后期愈加明显地体现出来。于是，家庭联产承包责任制悄然兴起。

1978年11月24日，安徽凤阳县小岗村的18户农民代表私下订约实行包产到户的行为拉开了家庭联产承包责任制的序幕。之后不久安徽全省都实行包产到户。与此同时，贵州、四川、甘肃、内蒙古、河南等省区的一些贫困生产队也搞起了包产到户。对于地方上的包产到户和包干到户，中共中央由默许过渡到旗帜鲜明地进行支持。1979年9月中共十一届全会通过的《中共中央关于加快农业发展若干问题的决定》首次允许包产到户在小范围内进行。1980年的《关于进一步加强和完善农业生产责任制的几个问题》的决议使包产到户进一步获得了合法性。自此包产到户在全国范围内迅速发展起来，到1984年底时，全国已有569多万生产队实行了联产承包责任制，其中实行大包干的队达到563.6万多个，占全国生产队总数的99%，全国只剩下2000多个生产队未实行联产承包责任制。③包

---

① [美]费正清、罗德里克·麦克法夸尔：《剑桥中华人民共和国史（1949—1965）》，上海人民出版社1990年版，第72页。
② [美]黄宗智：《长江三角洲小农家庭与乡村发展》，中华书局1992年版，第248页。
③ 国家统计局编：《中国统计年鉴（1985）》，中国统计出版社1985年版，第237页。

产到户极大地调动了农民的生产积极性，农民家庭平均每人纯收入保持了连年持续的增长。

生产经营方式变革必将推动上层建筑改革。随着家庭联产承包责任制推行，"三级所有，队为基础"的人民公社管理体制随之被瓦解。家庭联产承包责任制让农民获得了经营自主权，经济上获得了一定的独立地位，不再像过去那样即一切物质资源都由人民公社掌握，一切生产、经营都听命于人民公社的管理；农民可以自己安排劳动时间，从而农民有了更多时间从事其他经营活动。农民在经济上独立就要求政治上的主体地位。而生产大队、生产队对农民生产、经营活动放松管理的同时，也对农村社会治安、公共事务、公益事业等公共事务疏于管理。农村的公益事业处于瘫痪状态，社会治安混乱。于是，村民自发组建村民委员会逐渐取代生产大队。1980年底，广西河池地区的宜山、罗城两县农民组建村民委员会。随后，全国其他一些地方也出现了类似村民委员会的组织。到1982年底，全国不少地方的农村都成立了村民委员会。村民组建村民委员会一开始是为了协助政府维持社会治安，后来逐步发展为对农村基层社会、政治、经济、文化生活中的诸多事务进行自我管理、自我服务，其群众性自治组织的性质越发明显。1982年《宪法》将村民委员会明确定性为基层群众性自治组织。为了回应社会发展的需要，落实《宪法》的规定，1983年10月12日中共中央和国务院联合发布了《关于实行政社分开建立乡政府的通知》，要求"政社分开、建立乡政府的工作要与选举乡人民代表大会代表的工作结合进行，大体上在1984年底以前完成"[①]。1985年6月农村人民公社政社分开、建立乡政府的工作全部结束，至此，长达27年的农村人民公社解体，乡村管理新体制在制度层面上逐步确立。1988年的《村民委员会组织法》（试行）和1998年的《村民委员会组织法》进一步推动了乡村管理新体制发展。这一乡村管理新体制与人民公社管理体制相比，其主要特点为：乡镇政府作为国家最基层政

---

① 《中国农业年鉴》编辑部编：《中国农村法规（1983）》，农业出版社1985年版，第41页。

权组织取代了人民公社管理委员会，乡镇政府不再像人民公社管理委员会那样对农村实行全面直接管理，而是领导本乡镇的经济、文化和各种社会建设，做好本乡镇的公安、民政、司法、文教卫生、计划生育等工作；村民委员会作为群众性自治组织取代了生产大队，村民委员会在法律层面上不是乡镇政府的下属机关，乡镇政府与村民委员会在法律上不是领导与被领导的关系，而是指导与协助的关系；农村基层党组织在法律层面上不再对农村实行一元化的行政领导，其职责转变为宣传和执行党的路线、方针、政策，对党员进行教育和管理等。由此可见，乡村管理新体制下农村社会与国家政权组织在制度层面上发生了很大程度的分离。村调委会作为村民委员会的一个职能部门，在法律文本上也和村民委员会一样被定性为群众性自治组织，不是乡镇政府的下属机关，但接受乡镇法律服务所、司法所和基层人民法院指导与协助。

不过，实践中由于国家的农村发展战略、压力型的行政体制、乡镇权力和利益的自我膨胀等多方面的原因，村民自治并没有很好地实行。程同顺认为，实践中村民委员会与乡镇政府的关系分为三种类型：(1) 村民委员会有较高的自主性，同时能较好地协助乡镇政府完成国家任务，乡镇政府能对村民委员会提供适当的指导，即健康型的乡村关系；(2) 乡镇政府对村民委员会以"命令"代替"指导"，村民委员会缺乏自主性，其主要任务是完成乡镇政府布置的任务，即行政化的乡村关系；(3) 村民委员会有过高的自主性，或者乡镇政府的指导不到位，或者村民委员会拒绝接受乡镇政府的指导，同时村民委员会也不能很好地协助乡镇政府完成国家任务，即放任型的乡村关系。① 在此基础上，尹冬华、左婕研究发现行政化的乡村关系是最多最普遍的一类，其主要表现为两种形式：乡镇政府对村民委员会的过度干预和村民委员会的附属行政化。② 具体来说，行政化的乡村关系中乡镇政府对村民委员会的人事权、决策

---

① 程同顺：《村民自治中的乡村关系及其出路》，《调研世界》2001 年第 7 期，第 30 页。

② 尹冬华、左婕：《村民自治背景下乡村关系失范的宏观体制根源》，《宁波党校学报》2004 年第 4 期，第 16 页。

权、财政权等权利进行行政干预,这种情况下村民委员会就异化为乡镇政府的一个下属办事机构或一级"准政权组织"。行政化的乡村关系的大量存在也说明实践中许多村民委员会仍然依附于乡镇政府,并借助于乡镇政府的权力开展工作。总之,实践中,村民委员会的自治是有限的,尽管一些村民委员会主要行使自身的自治权,其行政职责仅限于协助乡镇政府完成公共事务,但是许多村民委员会仍然依托于乡镇政府享有较大的行政权力。与此相适应,一些村调委会不再享有行政权力或者掌握的权力减小,多数村调委会也仍然通过依托村委会享有乡镇政府赋予的行政权力。

2. "单位社会"解体使得企事业单位、居委会调委会对政府的依附性减弱

社会主义计划经济时期中国的单位是全能型的社会组织,是共产党和国家政权组织的延伸。大部分非农业人口生活在各种大大小小的行政、事业或企业单位中。可见,社会主义计划经济时期国家通过单位组织将大部分城市市民组织起来。不过,随着城市社会主义商品经济、市场经济快速发展,中国单位制逐渐解体。

社会主义计划经济体制下的国营企业尽管创造了极大的物质财富,但存在种种弊端,例如,"政企职责不分,条块分割,国家对企业统得过多过死,忽视商品生产、价值规律和市场的作用,分配中平均主义严重。这就造成了企业缺乏应有的自主性,企业吃国家'大锅饭'、职工吃企业'大锅饭'的局面,严重压抑了企业和广大职工群众的积极性、主动性、创造性,使本来应该生机盎然的社会主义经济在很大程度上失去了活力"[①]。因此,在农村家庭联产承包责任制取得初步成功的同时,城市也逐步走上改革之路。20 世纪 70 年代末 80 年代初,在一些国营企业进行改革试点,其改革的基本思路是"放权让利",实行责任制。国营企业初步改革取得了一定成效,但是国家财政增收并不明显。1984 年国务院制定的《关于进一步扩大国营工业企业自主权的暂行规定》、国务院批转的《关于在国营企业推行利改税第二步改革的报告》和《国营企业第二步

---

① 《中共中央关于经济体制改革的决定》,人民出版社 1984 年版,第 8 页。

利改税试行办法》把国营企业改革推向高潮。在国营企业改革的同时，各种集体和个体等非国有经济也迅速发展起来。1983年3月5日，中共中央和国务院在联合发布的一个文件中指明，党的十一届三中全会以来，各地逐步进行了生产和生活服务的经济结构调整，城乡商业、服务业，特别是集体和个体的商业、服务业恢复和发展很快。据初步统计，近三年来新增加集体零售商业、服务业网点37万多个，个体商业175万多户，安置了450多万个待业青年，有二十几个中小城市，待业问题已基本上得到了解决。① 在国内经济改革取得较大成绩的同时，对外开放也逐步展开并取得成效。20世纪70年代末80年代初，中国出现一些"三资企业"和试办"经济特区"。1984年5月4日，中共中央、国务院批转了《沿海部分省市座谈会纪要》，决定开放14个沿海港口城市，当年年底就有外界人士宣称中国已进入了真正的商品经济时代。之后，随着中共中央、国务院明确发展社会主义商品经济，确立社会主义市场经济体制，中国的改革开放深入发展。1994年以后，国营企业改革的新目标是建立产权明晰、权责分明、政企分开、管理科学的现代企业制度。

  城市经济体制改革逐步展开对中国计划经济体制下形成的单位制的影响日渐加深。20世纪80年代初由于改革没有触动计划经济体制的大框架，单位制的功能没有大的变化，20世纪80年代中期以后，特别是1992年以后，社会主义计划经济体制明显被削弱，社会主义市场经济因素明显增强，单位制日益被瓦解。其具体表现是：

  （1）非公有制经济组织日渐壮大，国有单位数量日渐减少。社会主义计划经济时期公有制经济一统天下，随着经济体制改革推进，以公有制为主体多种所有制经济并存的局面逐渐形成。股份合作单位、联营单位、公司、"三资企业"、私营企业、个体经济纷纷涌现，并且取得了明显经济效益。多种所有制经济为人们提供了广阔的就业、择业机会。同时，国有单位逐步废除职工的"终身雇用

---

  ① 《中共中央、国务院关于发展城乡零售商业、服务业的指示》，载中共中央文献研究室编《新时期经济体制改革重要文献选编》，中央文献出版社1998年版，第186—195页。

制"、实行"劳动合同制"。这样到国有单位去工作不再是人们的必然选择，而且单位人的比重也在不断缩小，社会上出现了越来越多的游离于单位体制外的人。据相关统计，城镇新就业的人员自20世纪80年代以来在各种非公有制单位和从事个体劳动的人数在逐年增加，而且这种趋势已变得不可逆转。① 社会上的"无组织无单位"的人、"有组织无单位"的人以及"有单位不在岗"的人的生活、生存与发展不依赖于国有单位。这样，单位制一统非农业人口的局面发生了极大改变，国家通过单位对社会成员的控制能力和范围大大缩小。（2）原国有单位自身的角色功能发生明显变化。计划经济体制下单位是一个功能多元化的社会组织即单位就是对单位成员进行大包大揽的衣食父母。单位不仅为单位成员发放工资，还通过分配住房、提供公费医疗、兴办托儿所、幼儿园、食堂、澡堂以及为职工子女就业需要的服务公司或集体企业等等为单位成员提供各种社会保障和福利，甚至还对单位成员在单位外行为的权力（利）、社会政治地位提供保障。不过，随着经济体制改革推进以及配套社会保障制度发展，原国有单位的角色功能发生了明显变化。这种变化主要表现为两个方面：其一是单位利益独立化。政企分开使企业逐步脱离政府全面监护和干预，企业自主决策、自主经营、自负盈亏则使其成为相对独立的利益主体。政府对企业不予投资、利税包干以及让企业自行解决由改革带来的矛盾等一系列措施，使企业的独立利益进一步增强。在企业单位利益日益独立化的同时，事业单位的定岗定编、财政包干也逐渐改变了事业单位对政府的过分依赖，其开始谋求自我改善的能力，从而事业单位的利益也相对独立化。这些单位的利益独立化使其不再高度依赖于国家政权组织。其二是单位办社会现象逐渐淡化。在企业改革初步进行的基础上，国家逐步建立和完善失业、养老和医疗等社会保障制度。这大大减轻了单位办社会的负担，同时也削弱了单位人对单位的依赖。而20世纪80年代末至90年代末，住房改革全面推进，使单位办社

---

① 国家统计局编：《中国统计年鉴（1987）》，中国统计出版社1987年版，第128页；《中国统计年鉴（1991）》，中国统计出版社1991年版，第116页；《中国统计年鉴（1995）》，中国统计出版社1995年版，第106页。

会的现象进一步减少,从而国有单位进一步"非单位化"。

在单位制日益瓦解的背景下,附着于企事业单位的人民调解组织也对共产党和国家政权组织的依附性减弱,享有的权力资源也日益减少。

在单位制日益解体的同时,社区建设逐渐发展起来。社会主义计划经济体制时期单位组织把大多数城市市民纳入进去,履行城市社会管理的大部分职能,是城市社会结构的主体和骨架。街道和居民委员会只是把不属于工厂、企业、机关、学校的无组织的居民组织起来,在城市社会管理中处于边缘地位。随着经济体制改革、政治体制改革不断深化,单位组织的许多社会职能转向社会,越来越多的农村剩余劳动力流入城市,城市老龄人口不断增长以及人们的社会需求由单一的生存需求向娱乐、保健服务、心理咨询等多元化需求发展。这些变化使得街道、居委会工作面临巨大压力。为了更好地进行城市社会管理建设,1991年7月,时任民政部部长崔乃夫在中国社会工作者协会的成立大会上,明确提出研究和参与社区建设应是协会今后的重大任务之一。从1993年起,镇江、浙江、天津等城市开展社区建设试验活动。1999年3月,民政部在南京召开社区建设实验区工作座谈会,确定北京市西城区、南京市鼓楼区、上海市长宁区等11个城区为"社区建设实验区",自此社区建设实验区活动正式拉开帷幕。2000年11月,中共中央办公厅、国务院办公厅关于转发《民政部关于在全国推进城市社区建设的意见》的通知。这标志着社区建设已从"实验区"开始走向全国城市。在国家政策推动下,许多城市积极探索社区建设模式,全国主要形成了三种社区模式:政府主导模式、社区自治模式、混合模式。总的来看,20世纪90年代的社区建设推动了我国社会建设事业发展,大大改善了我国城市社会的基层管理,但是这一时期的社区建设还没有很好地理顺社区自治组织与区政府、街道办事处的关系,居民参与社区建设的积极性不高,许多居民委员会的行政化色彩仍然很浓。在此背景下,从属于社区居委会的人民调解组织,一些权力变小,多数仍然享有一定的行政权力。

总之,社会主义经济体制改革、政治体制改革使得基层组织日益分化、重组。原先支撑人民调解的社会组织背景逐渐失去，改革中出现的村民委员会、许多改革中或改革后的企事业单位以及重组后的居民委员会、社区居委会对政府的依附性减弱。在这样的背景下，村民调委会、企事业单位人民调解委员会和从属于居民委员会、社区居委会的人民调解委员会掌握的权力资源也逐渐减少。

（三）人民司法式微与司法现代化建设

20世纪80年代中期以前，人民司法有效运作，人民司法的典型代表——马锡五审判方式周期长、成本高和法官权力大的弊端不明显。80年代中期以后，随着社会主义商品经济、市场经济的确立、发展，社会主义法制建设逐步健全以及公民权利意识提高，大量民事、经济纠纷不断涌向人民法院。此时，马锡五审判方式的弊端日益凸显：一方面审判周期长使得人民法院案件大量积压，诉讼效率下降；另一方面法官权力大和当时诉讼中的物质诱惑，严重的司法腐败现象频发。为了改变民事司法的困境，全国逐步开展民事司法改革。那么如何进行民事司法改革呢？当时整个中国掀起了法制现代化建设的高潮。英美法系的立法和司法制度、理念被大量介绍到中国。一些学者将马锡五审判方式视为落后的强职权主义诉讼模式，并历陈其局限性，主张今后中国民事诉讼模式应走向当事人主义诉讼模式。受西方法治国家司法和学者鼓吹的影响，中国民事司法改革从强调当事人举证责任—审判方式改革—审判制度改革—诉讼制度改革—司法制度改革，注重法律真实、程序正义以及法律职业化建设。这样，以程序正义为核心，法官专业化、职业化为特点的现代司法逐步确立。这一司法改革促进了司法公正，提高了司法效率。与此同时，法院调解遭到质疑，其适用率下降；法官依职权调查取证大大减少；巡回审判边缘化；人民陪审制度沦为"陪而不审"。

总之，人民司法式微、司法现代化建设逐步展开。这一方面使得法官与人民调解员相比显示出自身的法律优势，另一方面使得法官判案时较少听取、参考、采纳人民调解员的意见。尽管有关人民调解法规要求人民调解员依法调解，有关法律法规要求法律服务所、司法所指导、协助人民调解，司法所也开展了一些培训工作，但是多数人民调解员仍然法律知识有限、缺乏依法调解的能力，甚至，一些人民调解员还违法调解。而当时法官的专业知识、技能普遍提高，民众法律意识、权利意识已经在一定程度上提高，结果使得一些民众不愿意选择人民调解解决纠纷，而是直接走向法院；法官判案时较少主动听取人民调解员的意见。当一些民众对人民调解结果不满意时，把纠纷起诉到人民法院后，人民调解结果往往会被法院裁判所推翻。在此背景下，人民法院对人民调解支持力度逐渐减弱，人民调解员与人民法院关系淡化，从而人民调解员在民众中的社会政治地位不断下降，人民调解的组织权威也逐渐弱化。

（四）部分人民调解员的政治地位和思想道德素质下降

十一届三中全会上，中共中央果断地将全国工作的重心从以阶级斗争为纲转移到以经济建设为中心。会后，实行了多年的阶级成分划分政策被取消。阶级成分好不再是人们的政治荣誉。政治挂帅的社会逐渐走向法治的社会。这使得人民调解员的政治先赋地位不复存在。与此同时，一部分人民调解员的政治思想道德素质不高。这些人民调解员的政治威望随之下降，从而导致人民调解的组织权威弱化。

1. 一些人民调解员为人民服务的精神大为减弱

社会主义计划经济时期大多数人民调解员对党和政府无比地忠诚，把全心全意为人民服务作为工作目标，对人民调解工作兢兢业业。社会主义市场经济体制确立和发展过程中，"调解不再具有政治意义，变成了不能为调解员提高其社会和政治地位提供机会的无前途的工作。由于不再被视为获得政治、物质成功的方法，调解被认为是吃力不讨好的工作，只能吸引那些没有其他选择的人"[①]。在此氛围下，一些人民调解员的奉献精神大为减弱，甚至对人民调解工作敷衍塞责，把主要精力转移到能带来经济效益的工作上。一些致富能手、各种"混混"村干部人民调解员更是对人民调解工作缺乏热情和耐心。20世纪80年代中期至90年代，致富能手、各种

---

① 强世功：《调解、法制与现代性：中国调解制度研究》，中国法制出版社2001年版，第328页。

"混混"取代农村退伍军人,成为村干部的主要来源。农村退伍军人曾经是村干部的主要来源。然而,从20世纪80年代中期中国开始出现了"民工潮"。进城打工的民工收入普遍提高,也增长了各种见识。而待在农村特别是中西部农村做村干部收入不高,社会地位也不如以前。因此,许多农村退伍军人将进城打工和经商作为首选,选择当农村干部和人民调解员的农村退伍军人越来越少。同时,随着社会主义商品经济、市场经济的发展,人们的社会评价标准发生了重大变化,致富能力、办事能力成为评价村干部的重要标准。于是致富能手成为村干部的主要来源,各种"混混"也进入村干部队伍。这些致富能手凭借其创造财富的本领,"混混"凭借其强力处理各种人际关系的能力在乡村中均有一定的威信,但是他们往往缺乏为人民服务的道德理想追求,认为做人民调解工作不能给自己带来经济回报,在实际工作中把人民调解工作放在村务工作中次要的地位,往往不主动调解纠纷,甚至对找上门的纠纷当事人采取能推则推或者能躲则躲的策略。

2. 一些村干部人民调解员腐败

改革开放时期基层人民调解员队伍中多了一些腐败分子。村干部人民调解员与居委会人民调解员、企业里的人民调解员相比,腐败的人数相对较多、腐败的程度相对严重。计划经济时期大多数大队干部把为人民服务作为自己的工作宗旨,不图报酬,社会责任感强,在工作中廉洁自律。而人民公社解体后,农村实行"乡政村治"。一些村干部放松了思想政治理论学习,法律意识淡薄,一心想着牟取个人利益,在工作中贪污腐化。这些村干部的腐败行为主要表现为以下两种情况:(1)滥用权力。村民自治实行以来,村干部的权力与人民公社时期相比大大减少,但是仍然拥有一些村庄公共权力和乡镇政府赋予的代理行政权。村干部拥有的村庄公共权力主要有土地发包权、宅基地批用权、集体资产管理权等。一些村干部利用手中掌握这些公共权力来捞取个人好处。例如,"有些村干部在报帐时多开发票或干脆用白条结算,贪污公款。有人把这种财务管理混乱的现象归结为五种帐:口袋帐——收入不入帐,装在干部口袋中随便花;节节帐——换一次班子和会计弄一摊帐,互不衔接；摊摊帐——帐目不是集中在会计手中，而是由村干部私立帐目；挪借帐——个别村干部随意挪借公款；吃喝帐——以各种名义大吃大喝，不惜花报公款"①。"某县清理村级财务发现并查处违纪违规资金1260万元，涉及村组干部3208人。"② 又如，一些村干部利用代行乡镇政府行政权力的机会，向农民多征收税费，多收取计划生育超生费，多征收乡统筹费等等。而这些多出的金额就落入个人的腰包。(2) 贿选。人民公社解体后，村里组建村民委员会，村干部由村民选举产生。一些村干部为了能连任当选不惜成本进行贿赂。这些村干部常常通过贿赂乡镇干部和贿赂选民两种方式以达到当选目的。由于一些乡镇政府插手村民选举，村干部候选人往往由乡镇领导最后确定。那些想连任的村干部就通过送礼、动用各种关系取得乡镇领导同意。而对于选民，那些想连任的村干部也会给予好处以便换取选票。

总之，部分人民调解员政治地位和思想道德素质下降的形象严重破坏了他们在纠纷当事人和民众中本应有的社会政治地位。许多纠纷当事人不相信缺乏热情、一心牟取私利的村干部人民调解员能为自己主持公道，这些人民调解员的政治威望随之降低。

二　人民调解的法理型权威尚弱

20世纪80年代中期至2002年，在人民调解组织权威弱化的同时，国家有意识地树立人民调解法理型权威，但是实践中人民调解法理型权威尚弱，其主要表现为：与理想状态的法理型权威的内在要求相距较远。比如，不以法律为底线的人民调解实践活动大量存在；大多数人民调解员是兼职人员，而且没有专门知识，法律知识水平也不高。那么为什么人民调解法理型权威尚弱呢？笔者认为，人民调解法理型权威尚弱主要在于三点因素：法律权威不高；人民调解的程序正当化不足；多数人民调解员无法适应调解法制化的

---

① 杨爱民：《加强农村集体财务的民主管理》，《社会主义研究》1997年第5期，第58页。

② 张晓莉、夏凤珍：《发展基层民主与减轻农民负担》，《行政与法》1999年第3期，第51页。

要求。

(一) 法律权威不高

人民调解法理型权威内在地要求人民调解应在"法律的阴影"下进行。而要实现这一要求需要法律权威支撑。法律权威包含两方面的内容："其一,一切社会主体,包括国家机关、企事业单位、政党、社会团体和公民,都必须把法律奉为遵循的最高行为准则,严格依法守法,在法律规定和许可的范围内活动,不得违背或规避法律,更不能凌驾于法律之上,否则将受到法律制裁。其二,在一切社会规范当中,法律规范是占主导性的权威规范,具有最高的地位和效力,各种社会团体和组织,如政党、宗教组织、学术团体、民间机构等,为其自身活动所制定的内部规则、章程及作出的各项规定都不得与宪法和法律相抵触,如有违反或抵触一律无效并应加以纠正。"[①] 虽然法律可以借助于国家的强制力量保障其实施,但却不能使法律获得全民认同和接受。权力不等于权威,权力要上升为权威,必须取得全民自愿服从。同理,法律权威确立必须以法律信仰为前提和基础。只有全民内心认同法律,法律权威才会真正树立起来。具体来说,具体行使权力的官员只有从内心情感上自觉接受法律,才会拒绝外来各种因素干扰,在宪法和法律范围内客观公正地行使权力;普通民众只有信仰法律,才会正确地行使权利、履行义务,合法地维护自己的权益。总之,法律信仰是确立法律权威的精神动力。

尽管从20世纪80年代中期至2002年我国社会主义民主、法制建设发展很快,公民的法律素质也在一定程度上提高,但是社会主义法治还远没有实现,现实生活中全民的法律信仰不高,甚至出现了信仰危机现象。这一方面表现为"有法不依,执法不严,违法不究"的现象严重。某些地方政府文件超越宪法和法律的规定。一些执法部门不严格执行法律,甚至充当非法组织的保护伞。例如,中央三令五申"打假打非",但难以有效贯彻,一些地方的"打假

[①] 颜三忠:《论法律权威》,《江西师范大学学报》(哲学社会科学版) 1999年第3期,第55页。

办"甚至成了制黑窝点的"保护树"、"消息树"。① 特别是有些法院、检察院出现了严重的司法腐败现象，有些司法人员进行权钱交易，有些司法人员办人情案、关系案等等。这些司法腐败行为使法律自身所追求的公平、正义、自由与秩序等价值严重损害，致使一些当事人不信法而信访。另一方面表现为公民尤其是农民的现代法律意识水平仍然不高。虽然国家有计划地开展普法活动、法律援助活动，司法机关"送法下乡"等等，公民的法律素质在一定程度上提高，但是由于"法律移植"较重的国家法与民间法存在较大冲突与背离，"义务本位"的传统法律文化和传统中国崇尚权力的政治文化的影响，农村执法、司法腐败现象以及孕育现代法治精神和民主政治的社会主义市场经济不发达等因素，农民的法律意识落后于现代法治所要求的公民法律意识状态，比如，一些农民信奉权大于法，权力至上思想严重。一些农民认为法律就是赋予人们义务，是惩罚违法犯罪分子的工具，看不到法律还有赋予和保障人们权利的一面。有些农民传统伦理道德、家族观念很深，遇到法律问题时，不是通过法律来解决问题，而是依据家法族规来处理问题。然而，一些家族法规是违背相关法律法规的。

在整个社会法治远没实现，普遍缺乏法律信仰，法律权威不高的情况下，许多人民调解员也缺乏现代法律意识，不能熟练地运用相关法律知识调解涉法纠纷；一些人民调解员即使运用法律调解纠纷，一些当事人却很难认可。因此，法律权威不高的现实情况大大制约了人民调解法理型权威的程度。

（二）人民调解的程序正当化不足

人民调解程序正当化是树立人民调解法理型权威的必要条件。如果人民调解缺乏相应的程序保障，人民调解的法理型权威则很难树立。尽管1989年《人民调解委员会组织条例》规定人民调解员要有一定法律、政策水平的成年公民担任，规定依法调解，规定基层人民法院、基层人民政府、司法助理员指导人民调解；相关法律法规规定乡镇法律服务所、司法所指导、协助人民调解，但是这些

---

① 黄国华：《诏安打假护假窝案内幕》，《法制日报》2001年4月6日。

规定侧重于从实体法角度提高人民调解的权威性，提高人民调解员的法律水平主要靠相关组织指导和协助来实现，这些规定在当时整个国家法制化水平不高的情况下是很难实现的；而且"依法调解"的规定本身过于强调法律在人民调解解纷依据的重要性，轻视了善良风俗习惯在人民调解中应用，扼杀了人民调解的灵活性，不符合树立人民调解法理型权威所要求的人民调解在"法律的阴影"下进行。除此之外，社会主义计划经济向社会主义市场经济过渡时期，树立人民调解法理型权威需要解决的人民调解程序正当化的问题没有解决：

1. 人民调解程序不完善

虽然调解的本质是合意，但是缺乏一定程序保障的调解往往会出现"合意贫困化"。特别是人民调解长期以来不注重程序保障，偏重追求结果的公正。人民调解员常常主动提出争议解决方案，从而使调解的合意沦为"同意"或"好意"。有时因为当事人双方力量的不均衡而使合意沦为"恣意"。人民调解的"合意贫困化"在其有政权组织权威时问题不大。因为人民调解的政权组织权威已经遮蔽了"合意贫困化"，纠纷当事人出于人民调解政权组织权威而接受人民调解。然而，这一时期人民调解政权组织权威弱化，人民调解的"合意贫困化"就凸显为制约人民调解发展的瓶颈。因此，为防止人民调解的"合意贫困化"，树立人民调解法理型权威，必须给予人民调解一定的程序保障。然而，我国 1989 年《人民调解委员会组织条例》只是规定了人民调解的平等、自愿、合法和保障诉权原则，只是对人民调解委员会委员的纪律做了简单要求，并没有对人民调解法理型权威内在要求的纠纷当事人主体性、自愿性、参与性、交涉性和人民调解员的中立性给予必要的程序规范，结果使得人民调解程序正当化严重不足。

2. 没有确立调解保密原则

公开审判是司法文明的内在要求和标志，而调解的正当性在于当事人自治性，纠纷当事人自治性内在要求调解过程保密。从当事人心理来说，调解保密原则有利于当事人坦诚地协商解决纠纷。正如前文所述，调解保密原则包含三个方面：调解过程保密；纠纷当事人保密；调解人负有保密义务。然而，1989年《人民调解委员会条例》受历史的影响仍然十分重视人民调解的社会治安综合治理作用，只是要求人民调解委员会委员调解时不得泄露当事人的隐私。这一规定仅仅是贯彻民事实体法的要求，并且保密原则的缺失也不符合当时的社会背景。20世纪80年代中期至2002年，民众的法律主体意识已经逐步提高，许多纠纷当事人要求人民调解法律法规能够给予一个自主协商的空间。因此，保密原则的缺失是该时期人民调解法理型权威尚弱的一个重要因素。

3. 人民调解协议欠缺法律保障

实践中人民调解协议是否履行完全依赖于当事人是否道德诚信。而随着社会主义市场经济的确立和发展，人们之间的道德诚信下降，社会需要契约诚信。实践中人民调解协议效力没有法律保障的问题已带来一些弊端①。其主要表现为："（1）时常被民事违法行为人用以推诿责任，使被侵害人不能保护自己的权益，常有义务方千方百计寻找借口拖延履行义务。（2）削弱调解人员的劳动成效，挫伤了调解人员的工作积极性。调解一起纠纷并不是容易的，常常要耗费大量心血。这样形成的调解协议书任何一方反悔，调解人员的心血就白白耗费了。（3）动摇了当事人对调解组织的信任，引发一些误解。当调解协议书得不到履行，权利方未能兑现权利时，他们常常责问调解人员：'明摆着违法你们都不敢管，还叫群众怎么靠你们！''调解书可以反悔还要调解干什么，不如私了！'"笔者认为，人民调解协议效力没有明确的法律保障最大的弊端是不利于人民调解法理型权威树立。因为法理型权威的人民调解内在地要求人民调解制度能够给予当事人明确的法律预期，自愿达成的合法人民调解协议能够在法律保障下得以实现。

总之，人民调解程序不完善、保密原则的缺失以及人民调解协议没有法律保障的局面使得人民调解法理型权威尚弱。

（三）多数人民调解员无法适应调解法制化的要求

人民调解法理型权威树立除了要在全社会树立法律权威，实现

---

① 邱于标：《对人民调解协议书效力的思考》，《人民调解》1998年第2期。

人民调解程序保障外，还要人民调解员具备因专业素质获得的威望。社会主义市场经济、法制的发展，许多纠纷的有效解决首先需要人民调解员拥有相应的法律素养。具体来说，社会主义计划经济体制向社会主义市场经济体制过渡时期，民间纠纷出现了一些新变化。改革开放前，民间纠纷总体数量不大，人民调解员调解的民间纠纷大多是邻里纠纷、婚姻家庭纠纷、小额债务、一般侵权等传统民事纠纷，而且往往纠纷标的额小，有许多民间纠纷甚至不涉及利益纷争，只是由于人们之间的情感危机或者为了"争一口气"而引发。改革开放以来，随着社会主义商品经济、市场经济确立和发展以及社会主义民主、法制建设的不断提高，越来越多的人追求经济利益、注重个人权利实现。这促使民间纠纷发生新变化。传统民事纠纷不仅数量增多，复杂性增加，还向涉法、利益型民事纷争发展。例如，离婚纠纷由于人们生活水平的提高、婚姻观念改变以及道德约束力下降不仅越来越多，多数还牵涉金额较大的财产分割以及子女抚养。又如，由于人们的利益观念增强、孝敬老人的道德品质下滑以及老人权威衰弱，农村赡养纠纷增多并且难以解决。在传统民事纠纷发生变化的同时，出现了新型民事纠纷。比如，农村承包合同纠纷、民商经济合同纠纷大量出现。而民间纠纷的这些新变化对人民调解员提出了新要求，其内在地要求人民调解员合法调解纠纷。

然而，20世纪80年代中期至2002年，人民调解员的法律水平较低。虽然1989年《人民调解委员会组织条例》要求人民调解员具有一定法律水平，1989年《人民调解委员会组织条例》和人民调解相关法律法规也简单规定基层人民法院、司法助理员、乡镇法律服务所、司法所指导、协助人民调解，但是实践中多数人民调解员的法律水平不高。例如，前文提到的老祁调解主任和司法所长解荣就没能遵守人民调解合法原则。从总体上看，20世纪80年代中期至2002年，人民调解员主要由两部分构成：一部分人民调解员是改革开放前就从事人民调解的人民调解员，一部分是改革开放后涌现出的人民调解员。这些人民调解员原本法律水平不高，而且司法行政机关举办的业务培训效果也不好，多数司法助理员自身法律水平不高,以及多数基层人民法院由于案件多、司法专业化建设,较少指导人民调解业务。因此,多数人民调解员不能较好地运用法律调解纠纷。

总之,经济体制转型引发的民间纠纷新变化内在地要求人民调解员具备相应的法律素质,而多数人民调解员却不具备这一要求。这样,多数人民调解员无法适应调解法制化的要求,使人民调解的合法性受到了挑战,从而也使得人民调解法理型权威尚弱。

小　结

为跟上社会主义民主、法制建设进一步发展的步伐,国家出台《人民调解委员会组织条例》,国家出台的有关法律法规也对人民调解进行了相应规范。人民调解进一步组织化、制度化,并出现法制化趋势。不过,实践中人民调解却出现了衰落景象。这主要表现为:人民调解组织体系相对松散;人民调解与民事司法衔接日益减少;依据法律法规进行人民调解的规定往往流于形式;人民调解的解纷能力、社会治理作用逐渐减弱。

人民调解出现衰落景象与人民调解组织权威弱化、法理型权威尚弱是分不开的。20世纪80年代中期至2002年,正是在人民调解组织权威弱化和法理型权威尚弱的情况下,人民调解出现衰落景象。而人民调解组织权威弱化是由乡镇政府、村委会权威弱化,人民调解组织对各级人民政府的依附性减弱,人民司法式微、司法现代化建设以及人民调解员政治地位和思想道德素质降低所造成的。人民调解法理型权威尚弱主要在于:法律权威不高;人民调解的程序正当化不足;多数人民调解员无法适应调解法制化的要求。

20世纪80年代中期至2002年,由于社会主义市场经济、民主、法制的发展,国家治理方式从人治走向法治的社会大背景以及基层政权的上收,人民调解组织权威弱化和法理型权威尚弱是必然的。不过,人民调解的衰落是相对的。因为基层民主不甚发达,人民调解组织、人民调解员仍然依附于基层政权,法律服务所、司法所对人民调解支持。这些都支撑着人民调解权威，在一定程度上遏制了人民调解的衰落程度。不过，正是因为人民调解组织权威的存在、法理型权威尚弱的现实，一些人民调解员仍然仅注重纠纷解决、维护秩序，忽略纠纷当事人的权利，不能够充分保障当事人自治性。

第四章

人民调解的"复兴"

人民调解曾经在历史上发挥了重要作用。然而,20 世纪 80 年代中期至 2002 年,人民调解的解纷作用和社会治安综合治理作用下降。2002 年以来人民调解逐渐走向"复兴"之路,那么人民调解是如何走向"复兴"的?人民调解走向"复兴"的背后逻辑是什么呢?笔者首先从人民调解的文本和实践入手描述人民调解的"复兴"样态,然后从权威类型转变角度探究人民调解"复兴"的成因。

第一节 人民调解的新突破

在依法治国水平不断提高的背景下,为了更好地适应构建和谐社会的需要和缓解法院双重压力的需要,2002 年以来中央高层进一步对人民调解进行组织化、制度化、法制化、专业化建设。

一 人民调解新突破的现实依据

(一)构建和谐社会的政治背景

改革开放以来,经济飞速发展,人民生活水平提高,社会发展状况改善,文化呈现繁荣景象,同时由于社会关系和社会利益格局调整等因素,社会上出现了一些不和谐现象。"这主要表现为社会秩序和社会稳定指数出现了负增长。据统计,1979—2003 年的 25 年间,社会秩序指数年均递减 2.0%,其中,每万人口刑事案件立案率从 1978 年的 5.5 件上升为 2003 年的 34.1 件，按逆指标计算，年均递减 7.0%，贪污贿赂渎职发案率和治安案件发案率，年均递减 3.2% 和 5.2%；25 年间社会稳定指数增减相抵后年均递减 1.1%，影响社会稳定的因素主要表现为社会不公平、机会不均等加剧，各种收入差距扩大，诸如贫富收入差距扩大、城乡差距扩大、地区收入差距扩大、行业收入差距扩大等。社会稳定与社会秩序密切相关，社会不稳定因素增加，意味着刑事案件、治安案件发案率的上升。25 年来，此两项指数均呈现负增长，影响了经济社会综合指数的增长。"[1] 这些影响社会秩序的各种因素存在，使中国社会进入了"风险社会"时代。面对此种局面，中国共产党和中国政府吸取中国传统文化的和谐思想和世界各国治理社会的和谐理念，及时、逐步地提出了构建和谐社会的政治理想和目标。

2002 年 11 月党的十六大报告指出全面建设小康社会的六个目标是：经济更加发展、民主更加健全、科教更加进步、文化更加繁荣、社会更加和谐、人民生活更加殷实。从中可以看出，"建设社会主义和谐社会"是全面建设小康社会的六个目标之一。2004 年 9 月，党的十六届四中全会把"构建社会主义和谐社会"作为提高执政党五种能力之一。2005 年 2 月 19 日，胡锦涛在中央党校省部级主要领导干部提高构建社会主义和谐社会能力专题研讨班上讲话，把"构建社会主义和谐社会"作为"四大建设"即物质文明建设、政治文明建设、精神文明建设和和谐社会建设之一。2006 年 10 月 11 日中国共产党第十六届中央委员会第六次全体会议通过了《中共中央关于构建社会主义和谐社会若干重大问题的决定》。该决定明确界定"和谐社会是民主法治、公平正义、诚信友爱、充满活力、安定有序、人与自然和谐相处的社会"。从官方对和谐社会的定义中可以看出，要实现和谐社会，必须使人与国家的关系、人与社会的关系、人与自然的关系达到和谐状态。

然而，矛盾无处不在、无时不有。我国社会转型引发的矛盾增多、复杂、难办。例如，征地补偿纠纷、拆迁安置纠纷、下岗安置

---

[1] 朱庆芳：《数字里的中国社会和谐》，《社会科学报》2005 年 6 月 23 日。

纠纷等纠纷牵涉很多利益，一旦相关部门处理不好这些纠纷，这些纠纷就容易转化为上访、群体性事件。因此，构建和谐社会需要不断地化解矛盾。而调解在纠纷化解、稳定社会秩序方面具有自身优势。调解是一种灵活、柔性、圆满地解决纠纷的方式。调解人往往运用道德、风俗习惯、法律等依据，引导当事人不仅要面对当前的纠纷，还要考虑到双方未来的关系，促成当事人达成合意。因此，调解在解决纠纷的过程中，往往不激化矛盾，而且有利于重建新的和谐人际关系。正是看到调解在构建和谐社会中的重要意义，2002年以来中央高层大力倡导包括人民调解在内的各种调解类型规范与适用。

（二）缓解我国法院双重压力的需要

20世纪80年代中期至2002年，人民调解日渐衰落的同时，大量的纠纷涌向人民法院。面对汹涌而来的案件，许多法院感到办案压力的沉重。为减轻法院工作负担，提高工作效率，全国法院于1988年开启审判方式改革。审判方式改革的核心是强化当事人举证责任、逐步弱化法院职权。后来审判方式改革逐渐发展到审判制度改革、审判管理改革、推动法官职业化乃至司法体制改革。通过这一系列的司法改革措施，法院的工作效率明显提高，现代化的司法理念逐步被人们所接受。但是，伴随经济快速发展带来的纠纷连续不断地发生，非诉讼纠纷解决机制又不发达，一些法院的办案压力仍然没有大的改观，特别是大中城市和东部发达地区法院已经出现"诉讼爆炸"、"案多人少"现象。与此同时，声势浩大的司法改革还带来一些负面影响，例如，一些法官司法为民的精神减弱，机械办案，一些当事人不能理解新的办案方式等等，又加上司法过程中出现了地方保护主义、执行难、司法腐败等现象，人民法院办案效果并不令人满意，司法公信力不高。这主要表现为[①]：暴力抗法事件时有发生；出现了报复法官现象，而被报复的法官大部分没有什么过错；信信访不信法现象突出，终审后申诉信访居高不下，严重

---

① 郑春基、张锦森、焦国强：《上海法院开展"三访"专项治理》，《人民法院报》2001年8月27日第4版。

危害社会的安定，使得终审不终，其中进京上访、越级上访、群体上访尤其令各级法院大伤脑筋。

人民法院面对日益增多的案件数量和司法公信力不高的双重困境，在法院内部进行案件繁简分流改革的同时，开始寻求诉讼外纠纷解决机制支持。一些法院参与、一些法院甚至主导"大调解"机制，一些法院积极开展诉前调解、协助调解、委托调解、人民调解协议司法审核制等实践活动，力争从源头上减少进入法院的案件数量，同时提高司法公信力。而党和政府提出的构建和谐社会的政治理想又进一步促使人民法院加入复兴人民调解的队伍中。

（三）对法治、诉讼和调解的理解加深

近现代经典的法治理论认为，法治社会的基本标志是："首先，强调规则的统治，即以法律规范（权利义务）作为社会调整的唯一权威性和正统的标准和尺度，这个规范体系应是明确的、普遍的、公开的、稳定的和逻辑一致的；其次，以严格依法办事的法院作为独立行使司法权的中立机关，根据既定的规则解决纠纷；再次，法律体系和诉讼程序的设计都以严格的形式理性为最高标准，其运作过程严格遵循程序公正的准则；最后，确立正式的、公共性的法律体系在社会中的至上权威，依法全面调整或控制各种社会关系，实行社会的'法化'。"① 在奉行近现代经典法治理论的西方法治国家中诉讼几乎处于垄断地位，调解等非诉讼纠纷解决方式往往被社会舆论视为非正当的甚至是非正义的自力救济方式。受西方近现代经典的法治理论的影响，我国20世纪80、90年代的法制现代化建设非常重视人们权利意识、诉讼意识培育以及以程序正义为中心的审判正规化建设，诉讼率被视为人们权利意识增长的标志，而调解则被视为阻碍人们权利意识增长的障碍，不利于实现法治。我国学者徐国栋教授就认为："调解的本质特征即在于当事人部分地放弃自己的合法权利，这种调解方式违背了权利是受国家强制力保护的利益的本质，调解的结果虽然使争议解决，但付出的代价却是牺牲当事人的合法权利，这违背了法制的一般要求。为了全面贯彻公民和

---

① 范愉：《非诉讼纠纷解决机制研究》，中国人民大学出版社2000年版，第328页。

法人合法的民事权益不受侵犯原则,我国应大力破除一些陈腐的文化观念,增强公民的权利意识以及权利的诉讼保护意识,提倡诉讼,不折不扣地保护每一项民事权利,减少调解的比例。"①

不过,面对调解尤其是人民调解的功能日渐萎缩,同时诉讼案件却日益增多的现实,人们开始对法治、诉讼和调解进行理性反思。一些学者认为人民调解应当逐渐退出历史舞台,一些学者则认为应当改革中国的纠纷解决机制,发挥调解的价值。朱景文教授就认为:"随着现代化,在正式的法律制度与非正式的其他社会控制之间,并不存在一个(法律制度)变得越来越重要,而另一个(其他社会控制)则退居次要地位的趋势,而是它们各有自己的调整范围和领域,有适合于自己调整的社会关系,而许多社会关系的调整往往需要多种方法的相互配合才能奏效。因此中国在实现现代化的过程中,不应该只片面追求法制的正规化,而应该寻找一条适合中国国情的,把正式的法律制度与非正式的其他社会控制相结合的道路。"② 与此同时,西方法治国家新的法治理念开始逐渐传入我国。

20世纪中期,西方法治国家诉讼的弊端日益暴露,其主要表现为:大量的诉讼案件使法院负担过重;诉讼费用高昂、诉讼迟延使当事人负担过高的诉讼成本;诉讼程序的复杂性难以使一些缺乏法律知识的当事人亲自参加;严格的当事人主义和对抗性程序使一些新型纠纷如消费纠纷、劳动纠纷等难以妥善解决;"一刀两断式"的判决结果往往不符合常情和当事人的长远利益。为了解决上述问题,西方法治国家如美国、英国、德国开始倡导ADR机制。20世纪80年代以后,当代世界进入了一个ADR的高速发展期。美国、英国、日本、澳大利亚以及西欧和北欧等国家和地区都形成具有特色的ADR模式并取得了明显效果。ADR机制一方面从"质"的角度缓和和改善了诉讼的弊端,另一方面从"量"的角度减少法院的案件量。西方法治国家的ADR运动促进了近现代法治理论的自我

---

① 徐国栋:《民法基本原理解释——成文法局限性之克服》,中国政法大学出版社1996年版,第123—124页。
② 朱景文、[美]斯图尔特·马考利:《关于比较法社会学的对话》,《比较法研究》1998年第1期,第64—65页。

更新。新的法治理念出现：法治与自治并存；司法奉行有所为有所不为的消极原则；以诉讼为核心的多元化纠纷解决机制逐渐形成。

在西方法治新理念的影响下，人们逐渐改变对法治、诉讼和调解的原有认识，认识到诉讼自身也存在难以克服的弊端，法治并不排斥调解，但是我国人民调解存在与法治不兼容的地方，需要进行现代转型。

二　人民调解新突破的基本内容

在上述背景下，中央高层高度重视人民调解改革与发展。据笔者不完全统计，2002年至2012年，中央高层发布的全国性人民调解法律法规政策共有25个，其中影响较大的有2002年最高人民法院出台的《最高人民法院关于审理涉及人民调解协议的民事案件的若干规定》，2002年司法部出台的《人民调解工作若干规定》，2002年中共中央办公厅、国务院办公厅发布的《中共中央办公厅、国务院办公厅关于转发〈最高人民法院、司法部关于进一步加强新时期人民调解工作的意见〉的通知》，2010年全国人大常委会通过的《人民调解法》，2011年司法部发布的《司法部关于加强行业性专业性人民调解委员会建设的意见》，2011年最高人民法院审判委员会通过的《最高人民法院关于人民调解协议司法确认程序的若干规定》。这些人民调解法律法规政策在继承1989年《人民调解委员会组织条例》等相关人民调解法规的基础上发生了很大的发展变化。

（一）人民调解法定组织形式多样化

1989年《人民调解委员会组织条例》规定了三种人民调解组织形式：下设于村民委员会的人民调解委员会；下设于居民委员会的人民调解委员会；企业、事业单位根据需要设立的人民调解委员会。而2002年以来的人民调解立法在肯定上述人民调解组织形式的基础上增添了新的组织形式。（1）人民调解小组。2002年《人民调解工作若干规定》第12条规定："村民委员会、居民委员会和企业事业单位的人民调解委员会根据需要，可以自然村、小区（楼院）、车间等为单位，设立调解小组，聘任调解员。"（2）乡镇

（街道）人民调解委员会。2002年《人民调解工作若干规定》规定乡镇（街道）人民调解委员会委员由三类人员组成：本乡镇（街道）辖区内设立的村民委员会、居民委员会、企业事业单位的人民调解委员会主任；本乡镇（街道）的司法助理员；在本乡镇（街道）辖区内居住的懂法律、有专长、热心人民调解工作的社会志愿人员。该法还要求乡镇（街道）人民调解委员会委员应当具备高中以上文化程度。2010年《人民调解法》明确了乡镇（街道）人民调解委员会的合法地位，但没有规定其人员组成。（3）区域性、行业性、专业性的人民调解委员会。2002年《人民调解工作若干规定》赋予区域性、行业性人民调解委员会的合法地位，但没有规定其人员组成。2010年《司法部、卫生部、保监会关于加强医疗纠纷人民调解工作的意见》指出："医疗纠纷人民调解委员会设立不搞一刀切，原则上在县（市、区）设立；医疗纠纷人民调解委员会人员组成，要注重吸纳具有较强专业知识和较高调解技能、热心调解事业的离退休医学专家、法官、检察官、警官，以及律师、公证员、法律工作者和人民调解员。原则上每个医疗纠纷人民调解委员会至少配备3名以上专职人民调解员；涉及保险工作的，应有相关专业经验和能力的保险人员；要积极发挥人大代表、政协委员、社会工作者等各方面的作用，逐步建立起专兼职相结合的医疗纠纷人民调解员队伍。"2010年《公安部、司法部、中国保险监督管理委员会关于推行人民调解委员会调解道路交通事故民事损害赔偿工作的通知》允许设立道路交通事故人民调解工作室或者专门的道路交通事故人民调解委员会，其人员由司法行政部门主要从律师、法律工作者或者退休交警、法官、司法行政工作人员中公开招聘。2010年《人民调解法》没有就区域性、行业性、专业性的人民调解委员会做出明确规定，但是其允许社会团体或其他组织可以设立人民调解委员会的规定为区域性、行业性、专业性的人民调解委员会发展预留了空间。2011年《司法部关于加强行业性专业性人民调解委员会建设的意见》总结以往关于行业性专业性人民调解的规定和实践经验，明确社会团体或者其他组织可以设立行业性、专业性人民调解委员会，并且要求加强专业化、社会化人民调解员队伍建设。

2016年司法部、中央综治办、最高人民法院、民政部印发的《关于推进行业性、专业性人民调解工作的指导意见》要求每个行业性、专业性人民调解委员会一般应配备3名以上专职人民调解员，人民调解工作室应当配备1名以上专职人民调解员。

（二）人民调解员素质要求明显提高

在人民调解法定组织形式多样化的同时，人民调解员素质要求明显提高。为了提高人民调解员的素质，相关人民调解法律法规从两个方面做出要求：（1）提高人民调解员的当选资格和明确人民调解员被罢免或解聘的情形。正如前文所述，乡镇（街道）人民调解员应当具备高中以上文化程度，行业性、专业性人民调解委员会要由相关专业人员、法律人员等人员组成。2010年《人民调解法》第15条规定："人民调解员在调解工作中有下列行为之一的，由其所在的人民调解委员会给予批评教育、责令改正，情节严重的，由推选或者聘任单位予以罢免或者解聘：偏袒一方当事人的；侮辱当事人的；索取、收受财物或者牟取其他不正当利益的；泄露当事人的个人隐私、商业秘密的。"2016年司法部、中央综治办、最高人民法院、民政部印发的《关于推进行业性、专业性人民调解工作的指导意见》要求行业性、专业性人民调解组织选聘具有相关行业、专业背景和法学、心理学、社会工作等专业知识的人员担任专职人民调解员，聘请教学科研单位专家学者、行政事业单位专业技术人员作为兼职人民调解员参与调解。（2）加强基层人民法院和司法行政机关对人民调解指导。2002年《人民调解工作若干规定》要求各级司法行政机关通过培训人民调解员以及业务指导和监督方式来加强对人民调解工作指导。2002年《中共中央办公厅、国务院办公厅关于转发〈最高人民法院、司法部关于进一步加强新时期人民调解工作的意见〉的通知》要求各级人民法院特别是基层人民法院及其派出的人民法庭切实加强和改进对人民调解工作指导。要求基层人民法院及其派出的人民法庭可以通过举办培训班，组织人民调解员旁听审判，安排人民调解员参与庭审前的辅助性工作，聘任有经验的人民调解员担任人民陪审员等方式加强对人民调解委员会指导。该通知还要求乡镇（街道）司法所和司法助理员认真履行职能，指导人民调解委员会的日常工作。2003年《司法部关于加强人民调解员培训工作的意见》要求各级司法行政机关充分认识加强人民调解员培训工作的意见，明确人民调解员培训工作的指导思想和工作目标，按要求建立人民调解员培训制度，围绕人民调解员培训内容开展切合实际的培训形式，以达到人民调解员调解能力提高。2010年《人民调解法》增强了司法行政部门对人民调解工作指导，其具体体现为：明确国务院司法行政部门负责指导全国的人民调解工作，县级以上地方人民政府司法行政部门负责指导本行政区域的人民调解工作。

（三）人民调解与其他调解类型加强衔接

正如前文所述，20世纪80年代中期至2002年人民调解与法院调解衔接日渐减少。不过，随着社会形势发展变化，2004年以来中央高层力推人民调解与法院调解衔接，并且还推动人民调解与行政调解、司法调解（法院调解）衔接。

2004年《最高人民法院关于人民法院民事调解工作若干问题的规定》第3条规定："人民法院可以邀请与当事人有特定关系或者与案件有一定联系的企业事业单位、社会团体或者其他组织和具有专门知识、特定社会经验、与当事人有特定关系并有利于促成调解的个人协助调解工作。经各方当事人同意，人民法院可以委托前款规定的单位或者个人对案件进行调解，达成调解协议后，人民法院应当依法予以确认。"该条文明确了法院调解社会化的两种形式：协助调解；委托调解，并明确达成协议的委托调解协议由法院确认。虽然该条规定的协助调解、委托调解不是专门规范人民调解与法院调解衔接，但是该条规定为人民调解与法院调解衔接实践提供了规范保障。2004年以来的法院委托调解迅猛发展，并且人民调解委员会常常是重要的受托组织之一。鉴于此，2009年《最高人民法院关于建立健全诉讼与非诉讼相衔接的矛盾纠纷解决机制的若干意见》（以下简称《若干意见》）明确把人民调解组织作为法院委托调解的受托组织之一，并且较为系统地规范了委托调解。（1）明确了委托调解的类型。《若干意见》把委托调解分为三种类型：立案前委托调解、立案后委托调解、审前委托调解。（2）明确了委托调解依据。《若干意见》第17条规定:"有关组织调解案件时,在不违反法律、行政法规强制性规定的前提下,可以参考行业惯例、村规民约和当地善良风俗等行为规范,引导当事人达成调解协议。"(3)强化了委托调解保密原则。《若干意见》第19条规定:"调解过程不公开,但双方当事人要求或者同意公开调解的除外。从事调解的机关、组织、调解员,以及负责调解事务管理的法院工作人员,不得披露调解过程的有关情况,不得在就相关案件进行的诉讼中作证,当事人不得在审判程序中将调解过程中制作的笔录、当事人为达成调解协议而作出的让步或者承诺、调解员或者当事人发表的任何意见或者建议等作为证据提出。"当然,为了平衡利益保护,《若干意见》第19条第2款还指出了委托调解保密的例外情形:"(一)双方当事人均同意的;(二)法律有明确规定的;(三)为保护国家利益、社会公共利益、案外人合法权益,人民法院认为确有必要的。"(4)规范了委托调解人员产生与管理。《若干意见》第26条规定:"有条件的地方人民法院可以按照一定标准建立调解组织名册和调解员名册,以便于引导当事人选择合适的调解组织或调解员调解纠纷。人民法院可以根据具体情况及时调整调解组织名册和调解员名册。"《若干意见》第27条规定:"调解员应当遵守调解员职业道德准则。人民法院在办理相关案件过程中发现调解员与参与调解的案件有利害关系,可能影响其保持中立、公平调解的,或者调解员有其他违反职业道德准则的行为的,应当告知调解员回避、更换调解员、终止调解或者采取其他适当措施。除非当事人另有约定,人民法院不允许调解员在参与调解后又在就同一纠纷或者相关纠纷进行的诉讼程序中作为一方当事人的代理人。"(5)明确了委托调解的后果。《若干意见》将委托调解的后果分为四种情形:达成调解协议的,可以申请撤诉;达成调解协议的,可以申请司法确认;达成调解协议的,可以申请法院制作调解协议书;达不成调解协议的,及时立案或及时转入审判程序。

中央高层对于人民调解、行政调解和司法调解(法院调解)衔接的规范主要有:2005年中共中央办公厅转发《中央政法委员会、中央社会治安综合治理委员会关于深入开展平安建设的意见》要求各地"进一步健全矛盾纠纷排查调处工作机制、工作制度和工作网络……强化社会联动调处,将人民调解、行政调解和司法调解有机结合起来,把各类矛盾纠纷解决在当地、解决在基层、解决在萌芽状态"。2006年10月11日中国共产党第十六届中央委员会第六次全体会议通过的《中共中央关于构建社会主义和谐社会若干重大问题的决定》指明:"健全社会舆情汇集和分析机制,完善矛盾纠纷排查调处工作制度,建立党和政府主导的维护群众权益机制,实现人民调解、行政调解、司法调解有机结合,更多采用调解方法,综合运用法律、政策、经济、行政等手段和教育、协商、疏导等办法,把矛盾化解在基层、解决在萌芽状态。"2010年《关于切实做好矛盾纠纷大排查大调解工作的意见》要求进一步完善人民调解、行政调解、司法调解联调联动的衔接机制。2016年《关于推进行业性、专业性人民调解工作的指导意见》要求健全完善人民调解与行政调解、司法调解联动工作机制。

(四)人民调解程序保障增强

2002年以来的人民调解法律法规对人民调解的程序保障进一步增强。这一点主要体现在2002年《人民调解工作若干规定》和2010年《人民调解法》当中。关于人民调解程序的规定,2002年《人民调解工作若干规定》与1989年《人民调解委员会组织条例》相比完善了许多,其具体表现为:(1)人民调解的启动规定更加细化。该规定将人民调解委员会调解的民间纠纷解释为:"发生在公民与公民之间、公民与法人和其他社会组织之间涉及民事权利义务争议的各种纠纷。"该规定明确了不同人民调解委员会调解纠纷的管辖范围。一般的民间纠纷,由纠纷当事人所在地(所在单位)或者纠纷发生地的人民调解委员会受理调解;当村民委员会、居民委员会或者企业事业单位的人民调解委员会调解不了的疑难、复杂民间纠纷和跨地区、跨单位的民间纠纷,由乡镇(街道)人民调解委员会受理调解,或者相关的人民调解委员会共同调解。对于不符合人民调解调解的纠纷,人民调解委员会应当告知当事人向有关部门申请处理或者向人民法院起诉。人民调解委员会虽然可以主动启动调解,但是当当事人表示异议时,人民调解委员会便丧失调解资格。(2) 人民调解过程的程序性规范增强。①增加了当事人可以提出回避申请的规定。②要求人民调解委员会进行适当的案件事实调查。③规定人民调解一般在专门设置的调解场所进行，根据需要也可以在便利当事人的其他场所进行。④明确了人民调解的公开与否的问题。人民调解委员会调解纠纷，可以公开进行，但是涉及当事人的隐私、商业秘密或者当事人表示反对的除外。⑤对人民调解委员会调解纠纷的期限做了限制，要求人民调解委员会一般在一个月内审结。

2010年《人民调解法》对人民调解的程序保障基本上吸收了2002年的《人民调解工作若干规定》，但是放弃了当事人的回避申请权利和人民调解委员会调解期限规定。不过，2010年《人民调解法》以第四章调解程序一章专门规定了人民调解程序，对调解程序的规定不仅措辞上更加科学、严谨，还把当事人在人民调解活动中的权利义务纳入进来。该法第23条规定："当事人在人民调解活动中享有下列权利：（一）选择或接受人民调解员；（二）接受调解、拒绝调解或者终止调解；（三）要求调解公开进行或者不公开进行；（四）自主表达意愿、自愿达成调解协议。"该法第24条规定："当事人在人民调解活动中履行下列义务：（一）如实陈述纠纷事实；（二）遵守调解现场秩序，尊重人民调解员；（三）尊重对方当事人行使权利。"

（五）人民调解协议效力法律保障提升

20世纪80、90年代人民调解协议效力法律保障不足是制约人民调解作用发挥的重要因素。2002年以来的人民调解法律法规大大提升了人民调解协议效力的法律保障力度。(1) 具有民事权利义务内容的人民调解协议具有"合同效力"。2002年《最高人民法院关于审理涉及人民调解协议的民事案件的若干规定》第1条规定："经人民调解委员会调解达成的、有民事权利义务内容，并由双方当事人签字或盖章的调解协议，具有民事合同性质。当事人应当按照约定履行自己的义务，不得擅自变更或者解除调解协议。"2010年《人民调解法》第31条规定："经人民调解委员会调解达成的调解协议，具有法律约束力，当事人应当按照约定履行。"(2) 经过公证的人民调解协议具有强制执行效力。2002年《最高人民法院关于审理涉及人民调解协议的民事案件的若干规定》第10条规定："具有债权内容的调解协议，公证机关依法赋予强制执行效力的，债权人可以向被执行人住所地或者被执行人的财产所在地人民法院申请执行。"（3）当事人对已经生效的人民调解协议可以申请支付令。2004年2月最高人民法院和司法部联合下发的《关于进一步加强人民调解工作，切实维护社会稳定的意见》规定："当事人持已经生效的人民调解协议向人民法院申请支付令的，只要符合民事诉讼法的相关规定，人民法院就应当予以支持。"（4）当事人可以就达成的人民调解协议申请司法确认。2010年《人民调解法》第33条规定："经人民调解委员会调解达成调解协议后，双方当事人认为有必要的，可以自调解协议生效之日起三十日内共同向人民法院申请司法确认，人民法院应当及时对调解协议进行审查，依法确认调解协议的效力。人民法院依法确认调解协议有效，一方当事人拒绝履行或者未全部履行的，对方当事人可以向人民法院申请强制执行。人民法院依法确认调解协议无效的，当事人可以通过人民调解方式变更原调解协议或者达成新的调解协议，也可以向人民法院提起诉讼。"2011年《最高人民法院关于人民调解协议司法确认程序的若干规定》专门细化了人民调解协议司法确认程序的申请、审核以及程序结果等相关程序规定。2012年《民事诉讼法》肯定了司法确认程序，并把司法确认程序的适用范围由人民调解协议扩大到法律法规确定的调解组织达成的调解协议。

（六）人民调解物质保障加强

20世纪80、90年代人民调解物质保障不足是制约人民调解发展的重要因素。2002年以来的人民调解法律法规加大了对人民调解的物质保障。2007年《财政部、司法部关于进一步加强人民调解工作经费保障的意见》明确人民调解工作经费的开支范围包括司法行政机关指导人民调解工作经费、人民调解委员会工作补助经费、人民调解员补贴经费；并明确了人民调解工作经费的保障办法和管理，要求司法行政机关指导人民调解工作经费列入同级财政预算，地方财政根据情况，适当安排人民调解委员会补助经费和人民调解员补贴经费，原先的基层组织和企事业单位对设立的人民调解委员会和人民调解员继续提供物质支持。2010年《人民调解法》在坚持村（居）委员会、企事业单位对人民调解给予物质支持的同时，加大了政府对人民调解的物质保障。该法第6条规定："国家鼓励和支持人民调解工作。县级以上地方人民政府对人民调解工作所需经费应当给予必要的支持和保障，对有突出贡献的人民调解委员会和人民调解员按照国家规定给予表彰奖励。"该法第12条规定："村民委员会、居民委员会和企业事业单位应当为人民调解委员会开展工作提供办公条件和必要的工作经费。"该法第16条规定："人民调解员从事调解工作，应当给予适当的误工补贴；因从事调解工作致伤致残，生活发生困难的，当地人民政府应当提供必要的医疗、生活救助；在人民调解工作岗位上牺牲的人民调解员，其配偶、子女按照国家规定享受抚恤和优待。"

第二节　人民调解在实践中欣欣向荣

2002年以来人民调解新法律、法规、政策既吸收了人民调解的创新经验，又为人民调解的实践提供了法律、法规、政策保障。不过，"书本上的法"与"实践中的法"永远存在着距离。2002年以来的人民调解实践形式并未局限于人民调解新法律、法规、政策，甚至在某些方面出现了严重的偏离。不过，人民调解在纠纷解决机制和社会治安综合治理中的地位和作用得以提升。

一　人民调解的工作创新
（一）人民调解组织体系呈现出"网络化、层级化、水平化"发展

20世纪80年代中期至2002年，由于社会结构变迁等因素，人民调解的组织网络体系呈现松散的状态。这严重影响了人民调解的实践及其效果。2002年以来，在中央高层大力倡导下，许多地方加强人民调解的组织建设，人民调解组织网络体系逐渐加强。"据统

计，2012年，全国人民调解委员会总数为817121个，其中，村（居）调委会681069个、乡镇（街道）调委会43256个、企事业单位调委会64217个、社会团体和其他组织调委会28579个，分别占总数的83.9%、5.3%、7.9%、3.5%。"[1]同时，人民调解组织体系呈现出新的特点："网络化、层级化"，"水平化"。

1. 人民调解组织体系"网络化、层级化"发展

从2000年至2007年，在各级司法行政机关倡导和推动下，以村（居）调委会为基点向下延伸向上扩展，在全国范围内基本上形成了"乡镇（街道）人民调解委员会—村（居）调委会—人民调解小组"三级人民调解组织网络体系。有些地方甚至出现了五级人民调解组织网络体系。例如，山东邹城太平镇在三级纠纷调解组织结构的基础上向下延伸，直至农户，形成了以镇司法调解中心为龙头，以管区司法调解站为纽带、以村调解委员会为基础，以经营组的调解小组和"十户三员"为依托的五级纠纷调解网络。[2]又如S县的五级人民调解组织网络体系有其自身特点。它是由村小组织（居民楼内成员）人民调解员—村（居）调委会—乡镇（街道）人民调解委员会—片区司法所调解委员会—县级人民调解委员会组成。[3]山东邹城太平镇司法调解中心与前文提到的山东土桥镇司法调解中心一样都是镇级政权组织的权力俱乐部。同样，S县的乡镇（街道）人民调解委员会的人员组成既有司法助理员，又有妇联组织的成员、政府行政部门的公务员、人民法庭的法官、派出所的民警。不仅这些地方的乡镇（街道）人民调解委员会组成是如此，实践中许多地方的乡镇（街道）司法调解中心或乡镇（街道）人民调解委员会都没有局限于2002年《人民调解工作若干规定》所规定的乡镇（街道）人民调解委员会的人员来源。S县的片区调解委员会是由片区司法所所长和司法助理员组成，S县级人民调解委员会由县分管领导和公、检、法、司在内的一些权力部门的主要领导组

---

[1] 诸葛平等编：《中国法律年鉴（2013）》，中国法律年鉴社，2013年，第226页。
[2] 范愉：《纠纷解决的理论与实践》，清华大学出版社2007年版，第521页。
[3] 左卫民等：《中国基层纠纷解决研究——以S县为个案》，人民出版社2010年版，第438—439页。

成。而这两种组织形式都没有人民调解法律、法规依据。

另外，人民调解组织网络体系还呈现出"层级化"特点。这一特点表现为两个方面：其一是许多地方的人民调解一般实行逐级调解原则。纠纷首先由村民小组或居民楼的调解小组解决，调解不能成功的，上报村（居）调委会，由它进行调解；不能达成人民调解协议的纠纷由乡镇（街道）人民调解委员会调解。如果其调解失败，则由"社会矛盾纠纷调解中心"进行调解。其二是上一级人民调解委员会，特别是县级人民调解委员会、乡镇（街道）人民调解委员会凭借掌握着人民调解委员会的经费和人民调解员的补贴以及考评和工作制度控制着下一级人民调解委员会，而下一级人民调解委员会为了争取资源而服从上一级人民调解委员会。

2. 人民调解组织体系"水平化"发展

人民调解组织体系在"网络化、层级化"发展的同时，还朝"水平化"方向发展。2002年以来，传统的人民调解组织即村小组调解组织或居民楼调解组织、村（居）调委会、企事业单位人民调解委员会不断恢复与发展，同时还涌现出了许多与传统人民调解组织平行发展的新型人民调解组织形式。其主要表现为：（1）各地司法行政机关与其他政府职能部门、社会组织根据纠纷的类型、特点及其化解需要合作建立的区域性、行业性、专业性人民调解组织。该类调解组织主要有交通事故民事赔偿纠纷调解委员会、医疗纠纷人民调解委员会、物业纠纷人民调解委员会、消费纠纷人民调解委员会、劳动争议纠纷人民调解委员会等等。截止到2007年，全国已建立区域性、行业性调委会1万多个。[1] 2007年之后，行业性、专业性人民调解委员会迅猛发展。不过，各地的行业性、专业性人民调解组织发展不平衡。就医疗纠纷人民调解发展来看，截止到2009年，有16个省区市的56个地市启动了医疗纠纷人民调解制度建设。北京、上海、天津、江苏、山西、漳州、宁波等地方在探索用人民调解机制解决医疗纠纷方面取得了良好的效果。[2]（2）人民

---

[1] 2007年7月司法部副部长郝赤勇同志在全国人民调解工作会议上的讲话。

[2] 佚名：《各地政府为解决医疗纠纷纷纷试水调解机制》，2013年10月24日，人民网（http://news.qq.com/a/20091214/000111.htm）。

调解工作室（站）在有关单位和组织建立。许多基层人民法院和派出法庭成立人民调解工作室，有些地方的人民调解工作室设在派出所、交警大队和人民医院等单位。尽管不同地方的人民调解工作室（站）都突出人民调解员的专业化、专职化，但是不同地方的人民调解工作室（站）的具体组建和管理有差别。比如，法院附设人民调解工作室人员组成存在三种类型：有些法院附设人民调解工作室由社会调解人士以及人大代表、政协委员、司法局、妇联、工会、消协等部门人员组成；有些法院附设人民调解工作室由退休法官和社会调解人士组成；有些法院附设人民调解工作室由退休法官、大学本科生以及村（居）民委员会人民调解员组成。附设于基层人民法院的人民调解工作室的管理有三种情况：基层人民法院单独管理；司法局单独管理；基层人民法院和司法局共同管理。[①]（3）以个人名字命名的人民调解工作室。这类人民调解工作室较早出现在经济发达地方，比如上海的"人民调解李琴工作室"、"杨伯寿人民调解工作室"等等，后来全国其他地方也陆续出现了以个人名字命名的人民调解工作室。这类人民调解工作室运作都是以政府购买服务的形式来获得资金保障的，突出调解员的专业化和职业化，其调解效果一般优于村（居）调委会。以个人名字命名的人民调解工作室是新时期人民调解"社会化、专业化"革新的产物。不过，该类人民调解工作室仍然与基层政府、司法科、区司法局、基层人民法院和村（居）调委会存在联系，仍然纳入基层治理体系中。

（二）人民调解员队伍专业化、职业化发展

2002以来，人民调解员队伍专业化、职业化水平不断提升。2014年全国行业性、专业性人民调解组织3万多个，人民调解员近13万人。[②] 特别是江苏、上海的人民调解员专业化、职业化水平较高。2010年，江苏全省已建立医患纠纷人民调解委员会86个，建立道路交通事故损害赔偿人民调解工作室361个，建立劳动人事争议人民调解工作室85个。这些专业性人民调解组织都配备了2—4

[①] 参见中国知网的中国重要报纸全文数据库。
[②] 《关于进一步加强行业性专业性人民调解工作的意见》（司法通〔2014〕109号）。

名具有相关专业知识的退休、退职人员作为专职人民调解员。全省已配备医患纠纷专职人民调解员767人，道路交通事故损害赔偿纠纷专职人民调解员412人，劳动人事争议纠纷专职人民调解员330人。① 截止到2013年，上海全市行业性、专业性人民调解委员会已达184家。医疗纠纷人民调解员队伍已经初步职业化。上海全市乡镇（街道）调委会配备专职人民调解员1076人，平均每个乡镇（街道）调委会5人，村居（社区）调委会配备专职人民调解员7030人，平均每个村居（社区）调委会1.3人。实行职称评定制度，累计聘请6批453名首席人民调解员。②

　　人民调解员队伍专业化、职业化水平提升与人民调解员队伍专业化、职业化制度建设是分不开的。比如，2001年，上海市就在全国首创了首席人民调解员制度。该制度的核心要点为：具有一定法律知识和较高威望的成年公民通过相应的程序才能担任首席人民调解员；首席人民调解员享有特定的协调权利和承担一定的职责。全国许多地方纷纷效仿上海，一些地方还根据本地情况制定了首席人民调解员规范性文件。而2009年昆山市司法局与人事局联合出台了《人民调解员资格评审办法》。该文件将人民调解员职称分为四个等级：调解员、助理调解师、调解师、高级调解师，并对每一级别人民调解员的职称条件做了规定，要求从事人民调解工作的人员，必须取得相应的人民调解员资格。2010年8月江苏省司法厅关于印发《江苏省专职人民调解员管理办法》（试行）的通知统一明确规范了专职人民调解的聘用、职责、待遇和考核。该通知第6条要求专职人民调解员应具备下列条件："拥护党的领导，品行端正，乐于奉献，办事公道，有较高群众威信，热爱人民调解工作；一般应具有大专以上文化程度，具备一定的法律、政策知识和相应的专业知识，具有较强的组织协调能力和丰富的群众工作经验；年龄一般在22周岁以上、65周岁以下，身体健康，能胜任本职工作。具

---

① 江苏省司法厅：《建设专业调解机制　化解行业矛盾纠纷》，《人民调解》2011年第8期，第16页。
② 上海市司法局：《大力推动人民调解工作发展创新》，《人民调解》2013年第9期，第32页。

有政法机关工作经历的人员可优先聘用。"这些制度化建设促进和保障了人民调解员队伍专业化、职业化发展。

（三）人民调解与其他调解类型、民事司法衔接形式多样

2002年以来，在中央高层倡导调解的宏观背景下，许多地方重视适用人民调解、法院调解、行政调解以及探索"大调解"机制。所谓"大调解"有广义与狭义之分。狭义上的"大调解"，是指市、县、乡、镇近年来成立的调解中心；广义上的"大调解"，是指在党委、政府的统一领导下，由政法综合治理部门牵头协调、司法行政部门业务指导、调解中心具体运作、职能部门共同参与，通过整合各种调解资源，最终实现对社会矛盾纠纷的协调处理。① 从人民调解与其他调解类型、民事司法衔接实践来看，出现了"大调解"机制、人民调解与民事司法的衔接、"公调对接"、"检调对接"，其中前两种衔接机制最为普遍。

1."大调解"机制

2002年以来中央高层出台的有关人民调解的文件并没有明确提出"大调解"机制，只是有少量文件提倡人民调解、行政调解、司法调解衔接，但是实践中许多地方探索的"大调解"机制并不只是人民调解、行政调解、司法调解衔接，也不是为了建立多元化纠纷解决机制。全国各地的"大调解"没有统一模式，发展也不平衡。影响较大的"大调解"模式有山东陵县经验、浙江枫桥经验、江苏南通的"大调解"、河北省石家庄市"三位一体"大调解模式、成都大邑县"大调解"等。山东陵县司法调解中心的调解模式，突出乡镇一级政府部门参与，具有司法行政性或准司法的特点。与山东陵县经验不同，后几种"大调解"模式都是在2002年以后中央高层大力倡导人民调解之后发展起来的，都属于一种地方党委和政府统一领导下，由政府职能部门和法院参与的"大调解"模式。其共同特点包括以下几个方面。

---

① 章武生：《论我国大调解机制的构建——兼析大调解与ADR的关系》，《法商研究》2007年第6期，第111—115页。

（1）地方党委和政府主导并直接参与"大调解"。20世纪80、90年代村（居）人民调解、企事业单位人民调解虽然借助于党组织和政府的权威，但是党组织和政府往往并不直接参与人民调解的调解活动。而"大调解"机制中，党委和政府不仅出台有关"大调解"的政策，还抽调政府相关部门人员和法院人员组成"社会矛盾纠纷调处中心"作为"大调解"的运行平台。比如，成都市大邑县组建了以县委常委、政法委书记为组长，县政府副县长、公安局局长、县法院院长为副组长，县综治办、维稳办、司法局、信访局、民政局、劳动局等十几家单位为成员的大调解联动机制工作领导小组。[①]

（2）强调人民调解、行政调解、司法调解等调解类型"联合作战"。在"大调解"机制下，各种调解类型不是在发挥各自职责的基础上，通过制度机制进行衔接，以便更好地解决纠纷，而是各种调解力量直接组合在一起共同解决纠纷。例如，四川省"加快建设三大调解协调联动机制，通过大调解协调中心工作平台，实行联席会议制度，采取邀请调解、委托调解、指定调解、联合调解等多种形式，稳妥化解跨地区、跨部门的重大、疑难矛盾纠纷，改变了原先人民调解、行政调解、司法调解各弹各的调、各吹各的号的状况，从单向调解转变为联动调解，从单打独斗转变为整体联动"[②]。

（3）以维护社会稳定为直接目标。伴随着我国从农业社会向工业社会，从传统社会向现代社会，从熟人社会向半熟人社会或陌生人社会转化，许多新型纠纷涌现，如城市建设纠纷、土地流转纠纷、环境纠纷、劳动争议、医疗纠纷、保险纠纷、生产事故等等。这些纠纷具有明显的社会转型特征："一是纠纷（或案件）虽然直接发生于个别主体或存在于个别主体之间，但纠纷中潜含着某个或某些群体及阶层间的对抗，处理不当自然很容易引发群体性的社会

---

① 王红超、王世伟：《成都市大邑县"大调解"新旧联动工作机制比较》，《西南政法大学学报》2009年第6期，第122—127页。
② 王怀臣：《构建"大调解"工作体系有效化解矛盾纠纷》，《求是》2009年第24期，第48—49页。

冲突；二是纠纷虽然直接指向的是某个具体的当事人，但往往暗含着对社会管理者的不满；三是纠纷的诉求虽然多数不涉及政治内容，但或多或少带有一定的政治色彩，尤其是在进一步激化后，最终往往会体现出很强的政治属性；四是这些纠纷与其他衍生于基础性社会矛盾的纠纷具有同源性，因而很容易借助于某一具体纠纷而叠加和聚合。"[1] 如果这些纠纷不能被妥善、及时地处理，社会秩序就可能混乱，甚至党和政府的合法性就会出现危机。因此，新产生的"大调解"机制致力于追求社会的和谐稳定，将有关各责任机关组织到一起，通过共同会诊，采用调解和协调方式，力求在短时间内有效地处理各种新型纠纷，特别是社会难点、热点纠纷。

（4）法院参与"大调解"并服务于"大调解"的"维稳"目标。"大调解"机制下，法院不再坚持"不告不理"的被动角色，而是服从于当地党委和政府的统一部署，不等当事人将纠纷起诉到法院，也不考虑纠纷是否属于法院主管和管辖的范围，就接受社会矛盾纠纷调解中心邀请，主动地介入纠纷解决。在整个纠纷协调会上，法院往往利用自己的调解经验和法律知识担当纠纷协调者、建议者和方案提供者的角色。这虽然一定程度上保障了纠纷协调解决在实体法律的大框架下进行，但是纠纷究竟最后如何解决，却常常是地方党委和政府拍板定案。看来，在"大调解"运行过程中，法院仅仅是地方党委和政府进行社会综合治理、维护社会稳定的一个工具。

2. 人民调解与民事司法衔接

从中国重要报纸全文数据库来看，2002 年以来，全国许多地方开展人民调解与民事司法业务衔接活动，上海、江苏起步较早、发展最红火；中西部地区起步较晚，但武汉、河南、宁夏表现出了后发优势。人民调解与民事司法业务上衔接的方式主要有两种：人民调解协助诉讼调解；人民法院委托人民调解。人民调解协助诉讼调解的案件数通常多于人民法院委托人民调解的案件数。

各地人民调解协助诉讼调解的具体运行机制一般表现为：

---

① 顾培东：《能动司法若干问题研究》，《中国法学》2010 年第 4 期，第 5—26 页。

(1) 适用范围。部分法院出台了规范性文件，比如，连云港市中级人民法院起草的《关于在民事审判中进一步做好委托调解和邀请协助调解工作的若干意见》[①] 将协助调解的适用案件类型规定为：人民法院已经受理的婚姻家庭纠纷和继承纠纷、人身损害赔偿纠纷、宅基地和相邻关系纠纷、道路交通事故案件、劳动争议案件和消费者权益纠纷。实践中一般的做法是协助调解的适用范围由法官视情况而定。南京市鼓楼区人民法院课题组调研发现，"在南京市的十三个基层法院中，两个法院认为，适用邀请调解应当'视情况灵活处理，不一定严格按照程序操作'；在接受调查问卷时，约87%的审判员认为，适用邀请调解制度应当由法官视情况决定"[②]。不过，从协助调解的适用结果来看，协助调解的案件往往呈现出两个极端——要么为事实清楚、法律关系简单的纠纷，要么为房屋拆迁等处理难度大的纠纷。(2) 协助调解程序。尽管只有部分地方人民法院对协助调解程序做了明文规定，但是从协助调解的具体运作来看，还是有一定的程序环节。一般来说，法院往往根据案件的需要确定是否启动协助调解，有时由当事人一方或双方申请而启动。法院辖区或案件发生地的人民调解委员会协助诉讼调解，而具体参与协助调解的人民调解员通常具备两个特点：至少有一方诉讼当事人接受人民调解员参与；人民调解员能够对当事人产生实际影响。人民调解员协助法院调解基本上有两种方式：其一，协作型协助调解。人民调解员和法官共同调解纠纷，人民调解员往往在案件事实调查和做当事人思想工作方面发挥其作用。其二，独立型协助调解。人民调解员在没有法官参加的情况下根据情况独立开展调解，如果双方当事人达成调解协议，法官则出面进行审查确认。为了不使法院调解因人民调解协助而影响纠纷解决效率，有的法院对协助调解的期限和次数做了规定。(3) 协助调解的结果。对于人民调解协助法院调解的结果，分为两种情况：双方当事人达成调解协议

---

　　① 盛茂、李进：《联合制定〈委托和邀请协助调解工作意见〉——连云港中院与五部门对接"诉调对接"》，《江苏经济报》2006年8月9日第B01版。
　　② 江苏省南京市鼓楼区人民法院课题组：《南京地区委托调解、协助调解制度运行之调查报告》，《人民司法》2007年第1期，第63页。

者，人民法院可依法制作调解书；调解不成功的，人民法院可根据案件具体情况自行组织调解或者依法判决。部分人民法院还对当事人在调解过程中的权利、义务，怎样申请制作调解书等程序性事项做了规定。

　　人民法院委托人民调解的具体运作机制不同于人民调解协助诉讼调解的运作机制，其具体表现为：（1）适用范围。从各地关于委托调解的规范性文件来看，人民法院委托人民调解的案件范围大体上相同。如上海市高级人民法院、上海市司法局出台的《关于规范民事纠纷委托人民调解的若干意见》[①] 将人民法院委托人民调解的案件范围设定为："离婚纠纷；追索赡养费、扶养费、抚育费纠纷；继承、收养纠纷；相邻纠纷；买卖、民间借贷、借用等一般合同纠纷；损害赔偿纠纷；物业纠纷；其他适合委托人民调解组织进行调解的纠纷。"又如平沙市中级人民法院与平沙市司法局出台的《关于司法调解和人民调解对接的意见》（试行）[②] 对委托调解的适用范围规定则与上海的类似。不过，有些法院在具体适用委托人民调解时，则超出了文本规定的限制，例如，有些法院甚至将因城市建设、环境污染、企业改制等引发的疑难、复杂民商事纠纷委托给人民调解委员会，而这些案件明显超出了人民调解委员会目前的解纷能力，法院则有拒绝裁判的嫌疑。（2）受托人——人民调解委员会。接受人民法院委托的人民调解委员会常常是法院辖区的乡镇（街道）人民调解委员会，有的地方则主要有附设在法院的人民调解工作室接受委托，村（居）调委会接受委托的情况较少。（3）人民法院委托人民调解的程序。各地人民法院委托人民调解的程序存在着一定差异，但是一般都分为启动、委托、调解、终结等四个环节。许多人民法院启动委托人民调解遵循两个程序要件：当事人合意和法院判断。比如，上海市的委托人民调解程序启动要件就是如

---

　　① 《上海市高级人民法院上海市司法局关于规范民事纠纷委托人民调解的若干意见》，2014 年 1 月 16 日（http://www.pdsfxz.com.cn/conpage/conpage.aspx?info_id=4289）。
　　② 平沙市中级人民法院：《平沙市法院系统"大调解"工作资料汇编（一）》，2009 年 9 月，第 16—18 页。

此。"人民法院委托人民调解组织进行诉前调解的,应由立案庭在当事人咨询或向法院送交诉状时,告知当事人关于开展诉前调解的有关规定,征询当事人是否接受人民调解的意见。当事人接受人民调解的,人民法院应当登记并出具联系单或委托书,引导当事人到相关人民调解组织接受调解。人民法院委托人民调解委员会进行审前、审中调解的,应由相关业务庭在征得当事人双方同意后,填妥委托书,并将起诉状副本复印件转交人民调解组织,由人民调解组织进行调解。"① 不过,也存在人民法院不考虑当事人意愿就单方面启动委托调解的情形。例如,平沙市《关于司法调解和人民调解对接的意见》② 规定:"人民法院对已经立案受理的民事案件、刑事附带民事诉讼的民事纠纷部分,经双方当事人同意,或者人民法院认为确有必要的,向人民调解委员会发出《委托调解函》,将案件委托给同级司法机关,由司法机关指定人民调解委员会进行调解。"在启动委托人民调解之后,人民法院和人民调解委员会就办理委托手续,交换相关文书,通知双方当事人及有关利害关系人等等。随后,由人民调解员一人或数人主持调解。尽管调解过程中人民法院通常负责提供业务指导、法律咨询等帮助,但纠纷调解的主导权已经委托给人民调解委员会,由人民调解委员会主要负责纠纷的解决。为了使调解活动能够顺利进行,许多地方文件通常还设定了一些程序性事项,比如,当事人的权利和义务、调解员的职权和职责、调解原则、调解期限、诉权保障、调解员的回避、保密事宜等等。调解结束后,如果双方当事人达成调解协议,在 2011 年之前有的人民法院不管是诉前,还是审前、审中委托调解,一般都由人民法院出具调解书,有的人民法院对诉前调解进行司法确认;从 2011 年开始诉前委托调解成功的,则由人民法院统一依据法律和司法解释进行司法确认。如果双方当事人达不成调解协议,则进行调

---

① 《上海市高级人民法院上海市司法局关于规范民事纠纷委托人民调解的若干意见》,2014 年 1 月 16 日(http://www.pdsfxz.com.cn/conpage/conpage.aspx?info_id=4289)。

② 平沙市中级人民法院:《平沙市法院系统"大调解"工作资料汇编(一)》,2009 年 9 月,第 16—18 页。

解与诉讼程序转换,以保障当事人诉权行使。(4)委托调解的回访、考核。有些地方在人民法院委托人民调解结束后,还要进行一个回访过程,以便于了解纠纷处理效果、彻底地化解纠纷等。例如,山东日照市指导五莲县法院在涉农案件中采取"三环委托"机制[①]:"第一环,诉前委托分流。法院审查起诉时,适合人民调解的涉农案件经当事人同意,委托分流到乡镇或村居人民调解组织。第二环,诉中委托调解。已受理但未经调解组织调处的,经当事人同意,委托给人民调解组织。第三环,判后委托协调。委托调解不成或未经委托调解而判决的,或有上访苗头或激化现象,人民调解员及时靠上,协助法院做说明教育工作。"此外,一些法院重视对委托调解的考核。如平沙市中级人民法院对诉调对接的考核制定了《平沙市中级人民法院"大调解"工作通报考核办法》、《平沙市中级人民法院基层法院"大调解"工作通报考核办法》。[②] 该市诉调对接工作还被纳入了平沙市综治年度目标考核,由协调中心制定定性定量指标,在市绩效办统筹下组织实施,且考核结果进入党政领导干部社会治安综治治理实绩档案。[③] 河南焦作一法院定期对每名调解员通过自我述职、问卷调查、案件评差等方式进行考核,对于考核结果较差的专兼职调解员立即予以解聘,并及时向社会公示。[④] 这些考核措施虽然促进了委托调解发展,但是有些法院则为了取得好的考评成绩而进行变通,甚至违背委托调解的最初目的。

(四)人民调解协议司法确认的地方实践

为提高人民调解协议的法律效力,一些地方探索提高人民调解协议法律效力的新机制——司法确认,其中最早探索、影响较大的是甘肃省定西市试行的"人民调解协议诉前司法确认机制"。2007

[①] 张宝华:《速解纠纷的协同战术——日照法院建立民事案件委托调解机制纪实》,《人民法院报》2010年10月8日第4版。

[②] 平沙市中级人民法院:《平沙市法院系统"大调解"工作资料汇编(一)》,2009年9月,第37—39、40—42页。

[③] 平沙市矛盾纠纷大调解工作领导小组办公室:《平沙市矛盾纠纷"大调解"工作资料汇编(一)》,2009年9月,第32、34页。

[④] 张建忠、王喜萍:《借助社会力量完善调解制度——焦作解放委托调解化解纠纷1200件》,《人民法院报》2009年12月22日第2版。

年 3 月甘肃定西市就开始进行司法确认的试点。2007 年 11 月，定西市中级人民法院与市司法局联合下发了《关于人民调解协议诉前司法确认机制的实施意见》（试行）。根据该《实施意见》，人民调解协议诉前司法确认机制的具体运作程序是：人民调解委员会、行政机关等非诉调解组织对当事人间的纠纷进行调解，双方当事人达成调解协议时，当事人可以向人民法院提出申请。人民法院接到申请后从实体和程序两个方面对调解协议进行审查。对于合法有效的调解协议，人民法院出具确认决定书，赋予该调解协议强制执行力。确认决定书送达当事人后，当事人必须履行，不能反悔，也不能另行起诉；如果一方当事人拒绝履行，另一方可以向人民法院申请强制执行。对于不合法的、违背自愿原则的调解协议，人民法院出具不予确认决定书。不过，如果当事人认为人民法院做出了错误的司法确认，提出申请的或者人民检察院对调解协议确认决定书提出抗诉的，人民法院经审查，原确认决定确有错误的，人民法院应撤销原确认书。确认书被撤销后，当事人可以原纠纷向人民法院提起诉讼。甘肃定西的人民调解协议诉前司法确认机制在试行第一年就取得了显著效果。2007 年 3 月至 2008 年间，"定西法院诉前司法确认案件的履行率达 100%，其中自动履行率为 99.76%"①。基于实践中的良好效果，2009 年 5 月 15 日，甘肃省社会治安综合治理委员会、甘肃省高级人民法院、甘肃省司法厅联合下发《关于推行人民调解协议诉前司法确认机制的意见》，自此司法确认程序开始在甘肃全省推行。

2009 年 7 月 24 日，最高人民法院下发的《关于建立健全诉讼与非诉讼相衔接的矛盾纠纷解决机制的若干意见》全面总结了定西的司法确认经验，开始在全国推行司法确认程序。2010 年 8 月 28 日，全国人大常务会通过的《人民调解法》和最高人民法院于 2011 年 3 月 21 日公布的《最高人民法院关于人民调解协议司法确认程序的若干规定》进一步完善了人民调解协议司法确认程序。于是，全国许多地方纷纷开展司法确认工作。一些地方出台了关于司

---

① 银燕、白龙：《甘肃定西司法确认使调解更有力》，《人民日报》2011 年 4 月 20 日。

法确认的地方规范性文件并取得了良好效果。比如，2010年11月19日，江苏省高级人民法院实施《关于调解协议司法确认程序若干问题的意见》（试行）。仅2010年，江苏全省基层法院及其派出法庭全部设立调解工作室，诉前调解133750件、调解成功122420件、确认诉前调解协议效力74663件。① 又如，河南省的司法确认工作也取得了较好成绩。2011年1月至3月，温县法院强化管理社会法庭调解协议的司法确认，社会法庭共调结案件78件，其中司法确认64件且全部自动履行，确认率达81%；2011年1月至8月，内乡县法院受理司法确认申请68件，共确认62件，确认率达91.2%。② 然而，一些地方则很少适用司法确认程序。据浙江省高级人民法院2010年初调研发现，"目前，全省推行司法确认的法院仅有22家，不到基层法院总数的1/4。2010年1月至5月，全省法院仅受理'调确字'案件335件，办结334件，这与法院人民调解工作窗口同期调解纠纷的总量相比，几乎微不足道"③。有学者在广西南宁市法院调查也发现，"2012年1月至4月，南宁全市法院仅受理申请确认人民调解协议案件11件，办结9件"④。

总体来看，各地的人民调解协议司法确认程序适用情况存在较大差异。"诉调对接"开展得好的地方司法确认适用率往往较高，一些地方则很少开展司法确认工作。

二 人民调解的效果提升

2002年以来，中央高层出台大量关于人民调解的法律、法规、政策，全国许多地方的人民调解创新实践活动如火如荼。与此相适应，人民调解的实践产生了明显成效。

---

① 公丕祥：《江苏省高级人民法院工作报告（摘要）》，《新华日报》2011年2月22日。

② 陈浩：《司法确认制度完善研究——以〈民事诉讼法〉修改为背景》，《法治论丛》2013年第1期，第116页。

③ 浙江省高级人民法院联合课题组：《关于人民调解协议司法确认的调研》，《人民司法》2010年第23期，第65页。

④ 张显伟、杜承秀：《制度与实践的悖离——司法确认人民调解协议制度的反思》，《广西民族大学学报》（哲学社会科学版）2013年第2期，第139页。

(一) 人民调解的解纷能力逐步回升

2002年以来,人民调解在纠纷解决机制中的地位和作用整体上出现了逐渐回升的势头,但是人民调解解纷数量与法院受理一审民事案件的比例远低于20世纪80年代中期的水平,而且2010年至2014年缓慢下降。如表4—1所示。

表4—1　1986—2014年全国人民调解解纷的基本情况（根据1987—2015年《中国法律年鉴》的统计）

年份	人民调解员人数（万名）	人民调解解决纠纷数量（万件）	人民调解员年人均调解民间纠纷（件）	全国人民法院一审民事案件受理数（万件）	人民调解解纷数量与法院受理一审民事案件的比例
1986	608.73	730.7	1.20	131.16	5.571∶1
1987	620.58	696.61	1.12	157.84	4.4134∶1
1988	637.04	725.52	1.14	196.87	3.6853∶1
1989	593.71	734.1	1.24	251.1	2.9235∶1
1990	625.62	740.92	1.18	244.41	3.0315∶1
1991	991.41	712.55	0.72	244.82	2.9105∶1
1992	1017.92	617.32	0.61	260.1	2.3734∶1
1993	976.65	622.3	0.64	298.37	2.0857∶1
1994	999.76	612.37	0.61	343.75	1.7814∶1
1995	1025.87	602.85	0.59	399.73	1.5081∶1
1996	1035.4	580.2	0.56	461.38	1.2575∶1
1997	1027.4	554.3	0.54	476.09	1.1643∶1
1998	917.5	526.7	0.57	483.02	1.0904∶1
1999	880.3	518.9	0.59	505.48	1.0265∶1
2000	844.5	503.1	0.60	471.01	1.0681∶1
2001	779.3	486.1	0.62	461.50	1.0533∶1
2002	716.16	314.10	0.44	442.01	0.7106∶1

续表

年份	人民调解员人数（万名）	人民调解解决纠纷数量（万件）	人民调解员年人均调解民间纠纷（件）	全国人民法院一审民事案件受理数（万件）	人民调解解纷数量与法院受理一审民事案件的比例
2003	669.2	449.2	0.67	441.02	1.0185∶1
2004	514.42	441.42	0.86	433.27	1.0188∶1
2005	509.65	448.68	0.88	438.01	1.0244∶1
2006	498.19	462.8	0.93	438.57	1.0552∶1
2007	486.87	480.02	0.99	472.44	1.0160∶1
2008	479.29	498.14	1.03	541.26	0.9203∶1
2009	493.89	579.73	1.11	580.01	0.9995∶1
2010	466.90	841.84	1.80	609.06	1.3822∶1
2011	433.55	893.53	2.06	661.40	1.3510∶1
2012	428.14	926.59	2.16	731.65	1.2664∶1
2013	422.9	943.9	2.23	778.20	1.2129∶1
2014	400	933	2.33	830.74	1.1231∶1

上述数据总体上说明人民调解的解纷能力和地位正在逐渐回升。不过，近两三年不但人民调解解纷数量上下波动，而且各类人民调解组织形式内部存在着一些问题。2002年以来村（居）调委会的解纷能力并没有明显提高，范愉教授、熊易寒博士调研时都发现了这一问题[1]，发挥较大作用的乡镇（街道）人民调解委员会、社会矛盾调处中心的调解又存在法理问题，行业性、专业性人民调解还不完善。（这些问题将在下文展开）

（二）人民调解在社会治安综合治理方面的作用提升

20世纪80年代初期人民调解被纳入社会治安综合治理体系并

---

[1] 范愉：《社会转型中的人民调解制度——以上海市长宁区人民调解组织改革的经验为视点》，《中国司法》2004年第10期；熊易寒：《人民调解的社会化与再组织——对上海市杨伯寿工作室的个案分析》，《社会》2006年第6期。

发挥了重要作用，但是20世纪80年代中期以后至20世纪末，人民调解在社会治安综合治理体系中的地位和作用逐渐减弱。面对此种情况，中央高层和地方政府又开始重视人民调解在社会治安综合治理中的作用。比如，1999年5月，第四次全国人民调解工作会议将人民调解的工作方针由"调防结合，以防为主"改为"调防结合，以防为主，多种手段，协同作战"。2000年，司法部在全国农村推广山东陵县的乡镇司法调解中心经验。2000年底，全国70%乡镇（街道）建立起依托司法所、吸收有关部门参加的司法调解中心。① 2003年，江苏南通建立起党委、政府主导，各政府职能部门和法院参加的"大调解"机制。随后，全国许多地方也建立了具有地方特色的"大调解"机制。这些乡镇（街道）司法调解中心（狭义的"大调解"）和"大调解"机制都贯彻"调防结合，以防为主，多种手段，协同作战"的人民调解工作方针，以化解矛盾，维护社会稳定为目标。在中央高层和地方政府推动下，人民调解在社会治安综合治理方面的作用提升。以江苏南通为例，自2003年推行"大调解"机制以来，全市各级人民调解组织共受理各类社会矛盾纠纷111698件，成功调处108295件，调处成功率达96.9%。全市三分之二左右的乡镇实现了"无群体性事件、无民转刑案件、无越级上访"的"三无"目标。有困难找公安110，有纠纷找调处中心，已经逐渐成为南通市老百姓的普遍共识。② 就全国来看，"2012年，全国广大人民调解组织调解案件总数9265855件，同比增加330514件，调解成功率达97.6%。其中，行业性、专业性调解组织2012年共调解纠纷97.6万件，占调解纠纷总数10.5%。2013年全国人民调解组织共排查纠纷2848120件，预防纠纷2065233件，防止民间纠纷引起自杀17662件，涉及27285人；防止因民间纠纷转化为刑事案件61625件，涉及272954人；防止群体性上访98154件，涉及1872704人；防止群体性械斗24775件，涉及631940人"③。

---

① 孙琬钟主编：《中国法律年鉴（2001）》，中国法律年鉴社，2001年，第231页。
② 孙泊：《用"大调解"机制处理人民内部矛盾：以和谐南通创建为例》，《江海纵横》2009年第3期，第23—25页。
③ 诸葛平等编：《中国法律年鉴（2013）》，中国法律年鉴社，2013年，第226页。

2014年，全国广大人民调解组织排查各类矛盾纠纷293.7万余件，化解纠纷933万件，防止因民间纠纷转化为刑事案件4.6万余件，防止群体性上访6.8万余件，防止群体性械斗1.5万余件。[①]

第三节 人民调解何以"复兴"：组织权威回升、法理型权威提升

2002年以来，中央高层出台了大量的人民调解法律、法规、政策，许多地方大力开展人民调解创新实践活动。从实践效果来看，人民调解的解纷能力逐渐回升，并在社会治安综合治理方面的作用也提高。总之，全国的人民调解总体上呈现出"复兴"样态。那么，为什么人民调解"复兴"的样态会出现呢？理论界对这一问题论述不多。王禄生认为人民调解"复兴"是人民调解组织在当下中国制度环境中为了维持生存所需要的案源和经费而寻求正当性的结果。[②] 朱新林认为官方推动下的人民调解制度改新与完善是2002年以后人民调解"复兴"的主要原因。[③] 这两位研究者从不同角度解释人民调解"复兴"的成因，都有一定的解释力。笔者认为，从人民调解权威类型转变角度来看，人民调解"复兴"与人民调解组织权威回升、法理型权威提高有着十分密切的关系。2002年以来，许多地方通过两条路径来增强人民调解权威性即加强人民调解组织权威；提高人民调解法理型权威，并且这两条路径往往交织在一起。而在人民调解组织权威回升、法理型权威提高的过程中，人民调解也逐渐走向"复兴"。

一 人民调解的组织权威回升

2002年以来，人民调解组织权威逐渐回升。这主要表现为两个

[①] 李娜：《全国人民调解组织去年化解纠纷933万件》，《法制日报》2015年3月6日第8版。
[②] 王禄生：《审视与评析：人民调解的十年复兴——新制度主义视角》，《时代法学》2012年第1期，第19—29页。
[③] 朱新林：《人民调解：衰落与复兴——基于1986—2009年人民调解解纷数量的分析》，《河南财经政法大学学报》2012年第4期，第178—181页。

方面：(1) 人民调解员权力增大。人民调解员通过借助于政府职能部门、政法机关以及人大、政协而增大自身的权力，人民法院的支持也为人民调解员增添了权力来源。(2) 人民调解员政治威望提高。2002 年以来，在职或退休的政府职能部门、政法系统人员和人大代表、政协委员加入人民调解员队伍。这些人民调解员的法律素质相对较高又有一定的社会政治地位，从而大大提高了人民调解员的政治威望。人民调解组织权威回升不是凭空产生的，而是在下述情况下得以形成的。

(一) 乡镇政府、村委会的权威弱化在一定程度上得以遏制

前文所述，20 世纪 80 年代中后期至 2002 年，乡镇政府、村委会权威弱化的局面使得人民调解组织权威弱化。不过，2002 年以来，乡镇政府、村委会的权威弱化在一定程度上得以遏制。这主要是通过农村税费改革措施实施得以实现的。

20 世纪 80 年代中后期至 2002 年，国家针对农民负担重问题出台一系列政策、法规，但是由于农业税制度改革滞后、"三提五统"政策及有关制度不合理以及税费征收不规范等因素，农民负担问题始终不能妥善解决。20 世纪末，中央政府高度重视农村的税费改革试验，2000 年农村税费改革开始在安徽全省进行试点。这项改革的基本做法是取消乡统筹费，取消向农民征收的行政事业性收费和政府性基金、集资，取消屠宰税，用 3 年时间逐步取消规定的劳动积累工和农村义务工，调整农业税和农业特产税，改革村提留。这项改革措施较大幅度地减轻了农民负担。2001 年江苏省自费进行农村税费改革，取得了较好成效。2002 年税费改革试点在全国许多地方开展，中央财政加大转移支付力度大力支持税费改革，农民负担明显减轻。2003 年中央决定全面推进农村税费改革。2004 年全国许多地方免征农业税，2006 年全国取消了农业税。农业税的取消进一步减轻了农民负担。农民负担的减轻大大地弥合了农民与乡镇政府、村委会的关系，在一定程度上化解了乡镇政府的合法性危机。另外，随着农村基层民主坚持不懈地实施和乡镇机构改革推行，农民的主体地位得以提升，村委会、乡镇政府的凝聚力提高。

然而，2002年以来，工业化、城镇化步伐加快，土地征收大幅度增加。从2003年到2007年，我国征收土地7094.63平方公里，是过去5年的1.29倍。由于土地征收过程中乡镇政府、村委会存在违法违规现象以及农民的价值观改变、法律意识增强，土地征收补偿纠纷大量出现，同时大量城郊农民被拆迁安置，因土地问题出现的农民上访、群体事件也不断增多。农村土地问题的存在影响了乡镇政府、村委会的权威性。当然，针对这一问题，党委和政府积极寻求解决的办法。

因此，这一时期虽然农民负担减轻了，但农民土地问题却较为严重了。因而，乡镇政府、村委会的权威弱化仅在一定程度上得以遏制。而乡镇政府、村委会权威弱化情况的改善为依托于乡镇政府、村委会的人民调解委员会组织权威回升提供了政治基础。

（二）压力型"维稳"机制

2006年胡锦涛《在省部级主要领导干部提高构建社会主义和谐社会能力专题研究班上的讲话》中明确指出："一些国家和地区的发展历程表明，在人均国内生产总值突破1000美元之后，经济社会发展就进入了一个关键阶段。在这个阶段，既有因为举措得当从而促进经济快速发展和社会进步的成功经验，也有因为应对失误从而导致经济徘徊不前和社会长期动荡的失败教训。"[①] 而此时，我国人均国内生产总值已突破1000美元，并且有学者实证研究发现中国出现了大量社会矛盾而且"呈现逐步上升的发展态势，有的社会矛盾（如刑事犯罪案件）的增长速度超过了同期国内生产总值的增长速度。不但如此，在社会矛盾总量攀升的情况下，合法形式的社会矛盾的比例不升反降，非法形式的社会矛盾的比例上升幅度较大，反映出我国社会冲突不但数量上呈增多趋势，而且冲突激烈程度也呈加剧趋势"[②]。这说明我国处于经济社会发展的关键时期，社会矛盾的凸显时期。这一时期的社会矛盾特征具体表现为多发性与

---

① 胡锦涛：《在省部级主要领导干部提高构建社会主义和谐社会能力专题研究班上的讲话》，《人民日报》2005年6月27日。

② 胡联合、胡鞍钢、王磊：《影响社会稳定的社会矛盾变化态势的实证分析》，《社会科学战线》2006年第4期，第185页。

复杂性、突发性与群体性。这些社会矛盾严重影响了社会的和谐稳定。正如前文所述,中共中央针对社会秩序不稳定的现状,及时提出构建和谐社会的政治理想,倡导构建和谐稳定的社会秩序。同时,党的十六大报告、十六届六中全会、十七大报告、十七届四中全会明确提出维护社会稳定的任务。

然而,实践中党政官员不能正确对待社会矛盾,奉行"刚性稳定"观即"中国的稳定以社会绝对安定作为管治目标,把一切抗议行为如游行、示威、罢工、罢市、上访等行为都视为无序和混乱,都采取一切手段进行压制或打击。在刚性稳定理念指导下,社会管治的方式总是简单化和绝对化,非此即彼,非黑即白,经常把民众正当的利益表达当成是对社会管治秩序的破坏"①。而且党政官员的"刚性稳定"观的逻辑思维和中国压力型政治体制相结合,形成了一种压力型"维稳"机制。压力型"维稳"机制一般由三个部分组成:(1)各级党委、政府量化"维稳"工作任务。各级党委、政府一般根据上级党委、政府的要求,结合本地"维稳"工作的实际需要,把本地"维稳"工作的任务具体分解,如上访、群体性事件的数量控制指标等,然后通过签订责任状的方式层层分派到下级党委、政府,并要求在规定的时间内完成各项指标。(2)建立相应的激励机制。为了促使"维稳"工作任务圆满完成,各级党委、政府制定了考核激励机制。对于完成指标任务的组织和个人,不仅给予精神奖励还给予提级、提资、提拔、奖金等物质奖励。(3)实行严格追究责任的领导责任制。在"刚性稳定"观主导下,各级党委、政府对于"维稳"工作的重要指标实行"一票否决"制。对于有关地区、部门、单位以及"维稳"主要负责人,如果他们对"维稳"工作不重视,相关"维稳"措施不被落实,造成严重后果的,那么他们被授予综合性荣誉称号、评先授奖、晋职晋级的资格被取消。比如,2009年7月12日《关于实行党政领导干部问责的暂行规定》规定了对党政领导干部"问责"的七种情形,其中两种就直接

---

① 于建嵘:《抗争性政治:中国政治社会学基本问题》,人民出版社2010年版,第38—39页。

和群体性事件有关。

在压力型"维稳"机制下,各级党委、政府,特别是基层党委、政府不得不高度重视矛盾纠纷化解。人民调解曾经在社会秩序稳定方面发挥了重要作用,但是20世纪80年代中期至2002年人民调解组织权威弱化、法理型权威较弱,与之相适应,人民调解维护社会稳定的作用也下降。面对社会矛盾增多的现实,压力型"维稳"机制的存在,各级党委、政府为了搞好"维稳"工作,迅速化解矛盾,纷纷成立乡镇(街道)司法调解中心、社会矛盾纠纷调解中心、人民调解工作室,践行"大调解"机制等等。而这些措施的实施则促使了人民调解组织权威回升。

(三)中国共产党和政府的优势政治地位

中国共产党在长期的革命和社会主义建设事业中确立了核心领导地位。新民主主义革命时期,党实行一元化领导。新中国成立以来,党政关系走过了不同阶段。1949—1953年的党政相对分离阶段;1953—1978年的以党代政阶段;1978—1989年的党政分开阶段;1989年至今的以党统政阶段。按照党章和十六大报告的要求,当下以党统政的政治格局应该具体体现为:中国共产党作为执政党主要通过政治、思想和组织领导全国政权机关和各级各类组织。党的政治领导是通过民主、科学的决策,制定和执行党的路线、方针、政策,组织、协调各方面的力量,围绕经济建设中心开展工作。党的组织领导是"党管政权"、"党管干部",按照相关的制度和程序,做好干部的选任工作。党的思想领导是党运用马克思列宁主义、毛泽东思想、邓小平理论、"三个代表"、科学发展观指导各项建设事业,保证马克思主义意识形态的主导地位。总的来说,党按照总揽全局、协调各方的原则,在同级各种组织中发挥领导核心作用。然而,现实生活中中国共产党和政府、司法机关的关系没有理顺,中国共产党处于绝对的主导地位,享有很大的权力。

就党的实际领导地位,费正清多年前曾经指出:"实施过程中的实际机构模式往往比宪法条款更为重要。在这一点上,中国同苏联的实践既有相同之处也有重大的相异之处。从根本上说,两者实行的都是一种党政统治并行的制度,而由党掌管着最根本的权力

（这一点宪法并未明确指出）。……党的领导是更为具体的，是实实在在的，最终的政策决定权掌握在党中央机构手中，尤其是政治局和书记处。而地方各级党的委员会也比人民政府更有权力。"① 近年来，随着党委、政府与法院关系的规范化、制度化建设，以党代政的现象减少，但是当下党委超越《宪法》、《党章》规定，干涉政府现象仍然存在。其主要表现为：政府的决策往往听命于党委；党委绕开人大直接决定任命政府的主要领导干部；党委包办、代替政府的许多工作；党委的许多工作与政府工作交叉重叠，政府在一定程度上成了党委的执行机关。同时，在党委与司法机关的关系中党委也处于优势地位。首先，党委实际上掌握了司法官员的任免权。虽然《宪法》、《人民法院组织法》、《检察院组织法》规定当选司法官员须经人大或人大常委会的选举和任免程序，但是实践中司法机关所在地的党的委员会以及司法机关内部的党组织在法官、检察官的选任上，特别是担任领导职务的法官、检察官的选任上有实际的权力。其次，党委对司法活动有着实际的影响力。党委在司法系统内部设立了政法委员会。党委关于司法工作的一些政策如宽严相济的刑事政策往往通过政法委员会的指导和协调来实现。另外，党还在司法机关内部建立党组、党委以及纪检部门，直接领导和监督司法机关的活动。法院和检察院在实践中形成了重大疑难案件向相应的党委汇报案情、请示方案的习惯做法。甚至有些时候党委对司法的领导和监督会出现偏离现象，如"党委对案件的调阅、书记对案件的批示、政法委对案件的协调、党组对案件的讨论往往易曲变为个别人在党的名义下，侵蚀司法独立性，损害司法公正性的借口"②。综上所述，中国共产党在当下的政治结构中处于优势地位。

当下政府与人大、司法机关相比处于优势政治地位。根据我国《宪法》规定，人民代表大会制度是我国的根本政治制度，人民代表大会不仅拥有立法权，还对"一府两院"行使监督权和违宪审查

---

① ［美］费正清、罗德里克·麦克法夸尔主编：《剑桥中华人民共和国史（1949—1965）》，上海人民出版社1990年版，第113页。

② 徐显明：《司法改革二十题》，《法学》1999年第9期，第5页。

权。然而，实践中人大的政治地位并没有真正完全落实。实际上存在着政府不对人大负责而对党委负责的现象。就政府与司法机关的关系来看，我国《宪法》规定"一府两院"是职能不同、地位平等的国家机关，但是实际情况远非如此。司法机关的政治地位低于政府的政治地位，司法机关的人、财、物等资源由相应级别的政府支配和管理。地方司法机关虽然是设在地方的国家司法机关，但是实践中却成了地方的司法机关。地方司法机关要为当地经济发展保驾护航，要参与当地的社会治安综合治理。

总之，中国共产党和政府在当下中国政治结构中处于优势政治地位，享有较大的权力。正是由于中国共产党和政府在当下中国的特殊政治地位，党委和政府动员政府职能部门、司法机关和各级各类组织共同化解纠纷才成为可能，"大调解"机制形成才有了权力组织保障，人民调解组织权威回升才有了权力支撑。

（四）人民调解组织对各级人民政府和司法行政机关的依附性加强

20世纪80年代中期至2002年，由于社会主义商品经济、市场经济的发展，基层民主的进步以及基层政权体制改革，人民调解对政府的依附性减弱。无论是村调委会、居民调解委员会还是企事业单位人民调解委员会都在不同程度上与政府，特别是基层政府的关系弱化，从而这些人民调解委员会掌握的权力变小，人民调解的组织权威弱化，人民调解在纠纷解决机制和社会治安综合治理中的地位和作用也相应地下降。然而，2002年以来因经济体制改革等因素引发的上访和群体性事件增多，各级政府稳定社会秩序的任务加重，而各级人民法院在稳定社会秩序方面的作用有限，人民调解的作用也没有充分发挥出来。

鉴于人民调解曾经在社会治理中发挥了举足轻重的作用，党委和政府利用自己的政治地位优势，习惯性地沿袭人民调解的组织化路径，重新组建人民调解组织体系。具体来说，司法行政机关组建由人民调解员和国家公务员组成的新型人民调解组织，即前文所述的乡镇（街道）司法调解中心、乡镇（街道）人民调解委员会、市（县）社会矛盾纠纷调处中心。实践中传统的村民（居民）人民调解委员会被纳入乡镇（街道）司法调解中心、乡镇（街道）人民调解委员会、市（县）社会矛盾纠纷调处中心管理。新出现的附设于法院、检察院、公安机关、劳动社会保障局、消费者协会、人民医院等单位的人民调解工作室也没有游离司法行政机关指导和管理。同时，司法行政机关还通过聘任人民调解员、发放人民调解委员会的经费和人民调解员的补贴以及相关制度考核控制着各级各类人民调解组织。而司法行政机关又服从于当地党委和政府的统一领导。

总之，在党委和政府的领导和直接参与下，无论是新出现的人民调解组织还是传统的人民调解组织（村调委会、居民调委会、企事业单位人民调解委员会）都在不同程度上加强了对政府和司法行政机关的依附性，人民调解组织的自治性法律定位被严重侵蚀。

正是在各类人民调解组织都加强了对各级人民政府和司法行政机关依附性的情况下，各类人民调解组织的权力不同程度地增大，人民调解的组织权威回升，人民调解的地位和作用得以提高。

（五）"司法为民"、"能动司法"的提出与实施

20世纪80年代中期至90年代，国家力主司法现代化建设。以程序正义为核心的司法现代化建设为1999年《人民法院改革五年纲要》和2002年《民事诉讼证据若干问题的意见》所肯定。然而，程序正义的司法指导理念与我国民众长期以来所信奉的实质正义、"大众司法"产生内在紧张关系。实施近40年的马锡五审判方式在民众中已经产生了根深蒂固的印象，被民众所信赖。马锡五审判方式形成一种"非法律主义新传统"的"大众司法"："在这里，无需法律的逻辑推理，只需要满足大众的常识就够了；无需法律的理性判断，有效的裁判诉诸大众的情感……"[①] 可是，追求实质正义的"大众司法"被司法现代化建设所否定，坐堂问案的、中立的法官代替了"包青天"、"马锡五"；"当事人动动嘴，法院跑断腿"的做法被"谁主张，谁举证"、"限期举证"、"程序经过当事人就

---

① 强世功：《调解、法制与现代性：中国调解制度研究》，中国法制出版社2001年版，第248—249页。

不得反悔"等程序规则所取代。这些变化使得一些当事人从心理上难以接受。结果使得一些当事人对法院、法官不信任,从而走上信访、上访、申诉等非诉途径寻求救济。正如费孝通先生所言:"法治秩序的好处未得,而破坏礼治秩序的弊端却已先发生了。"①

鉴于司法合法性危机,为贯彻十六大提出的"立党为公,执政为民"的指导思想,2003年,时任最高人民法院院长肖扬提出"司法为民"思想,并且要求各级人民法院从11个方面全面落实司法为民工作宗旨。随后包括"诉调对接"在内的一些措施开始实施。为了更好地应对社会转型期社会矛盾纠纷化解的需要,提升司法公信力,应对全球金融危机,2009年时任最高人民法院院长王胜俊在宁夏、河北、江苏等地调研时提出"能动司法"。何为能动司法? 一时间众说纷纭。2009年时任最高人民法院院长王胜俊在江苏省高级人民法院调研座谈会上明确指出,"人民法院的能动司法就是要发挥司法的主观能动性,积极主动地为党和国家大局服务,为经济社会发展服务"。时任江苏省高级人民法院院长公丕祥认为能动司法的内涵包含三个方面:"1. 紧紧围绕服务经济发展、维护社会稳定、促进社会和谐、保障人民利益的要求,积极运用政策考量、利益平衡、和谐司法等司法方式履行司法审判职能的服务性司法;2. 主动开展调查研究,认真分析研判形势,主动适应社会司法需求,切实改进工作,主动延伸审判职能,积极参与社会治理,主动协调沟通,努力形成工作合力的主动性司法;3. 根据经济社会发展要求,未雨绸缪,超前谋划,提前应对,努力将矛盾解决在萌芽状态的高效性司法。"② 可见,"司法为民"、"能动司法"力图克服专业化司法的局限性,吸取人民司法的优良传统,寻求我国自主型的司法改革道路。

人民法院为贯彻"司法为民"、"能动司法"理念,纷纷采取一些措施,例如,建立便民诉讼机制,积极主动调研,延伸司法服务,人民法院邀请人民调解员旁听案件,委托人民调解委员会调解

---

① 费孝通:《乡土中国》,上海人民出版社2006年版,第48页。
② 公丕祥:《当代中国能动司法的意义分析》,《江苏社会科学》2010年第5期,第103页。

案件，成立人民调解工作室等等。这些做法在一定程度上恢复了人民调解员的半官方地位，增添了人民调解员的权力资源，从而促进了人民调解的组织权威回升。

二　人民调解的法理型权威提升

2002年以来人民调解组织权威回升的同时，人民调解法理型权威逐渐提升。人民调解法理型权威提升主要表现为：法律作为解纷依据的认同度逐渐提高，特别是发达城市的人民调解大多在"法律的阴影"下进行；人民调解程序正当化增强，即人民调解程序理念规则相对完善，人民调解的保密性有所提高；人民调解协议具有合同效力并且纠纷当事人可以以其申请司法确认；人民调解员的专业威望在一定程度上上升。人民调解法理型权威提升促使人民调解走向"复兴"，那么人民调解法理型权威提升的背景是什么呢？

（一）民众迫切需要提高人民调解法理型权威

20世纪80年代末至90年代，一些民众已经要求确立人民调解法理型权威。2002年以来，越来越多的民众日益迫切需要提升人民调解法理型权威。这是因为随着社会主义市场经济、社会主义民主法制建设深入发展，社会的城市化、工业化进程加快，行政村合并、居民委员会合并为社区居委会的步伐加快，人口流动的数量、频率大幅度提高，社会分工越来越精细，契约式社会关系增长。如此的社会大变迁使得民间纠纷发生重大变化即涉法、利益型、专业性纠纷增多，民众的权利意识明显增强。

1. 涉法、利益型、专业性纠纷增多

传统民间纠纷如邻里纠纷、婚姻家庭纠纷往往不仅仅是情感纠葛，纠纷牵涉的利益分歧增大。农村的利益纷争如债权债务纠纷、征地补偿纠纷、土地承包经营流转纠纷、干群关系纠纷等日益增多。比如，刘士国等人调查发现，山东省邹城市太平镇2002年8月20日至9月10日共排查矛盾纠纷59起，其中债权债务纠纷20起，宅基地纠纷11起，干群关系纠纷6起，征地拆迁安置纠纷5起，边界纠纷4起，农村财务纠纷3起，邻里婚姻纠纷2起，土地延包、补偿、租赁和计生纠纷各1起。① 在城市，随着城市规划、旧城区改造和房地产市场搞活开放，城市房屋拆迁安置纠纷和商品买卖纠纷、房屋租赁纠纷大量出现。另外，社会现代化进程引发的现代性、专业性纠纷如医疗纠纷、交通事故纠纷、劳动争议纠纷、环境污染纠纷、保险纠纷、金融纠纷、物业管理纠纷等不断增多。上述这些纠纷的顺利调解内在地要求人民调解员要具备法律等专业知识。如果人民调解员不具备相关专业知识，只是沿用过去的习惯——主要依靠情、理，苦口婆心地做当事人的思想工作，则往往很难调解成功。

2. 民众的权利意识明显增强

改革开放以前，受传统农业文明、传统法律文化的影响，社会奉行"义务本位"观念，民众的权利意识薄弱。改革开放以后，特别是2002年以来，民众的权利意识日益增强，其主要表现为：民众的权利认知水平大幅度提升；民众的权利实现意识越来越强烈；民众的权利救济意识日益提升；民众对他人权利的知晓、认同和尊重意识增强。这是由于全球化的快速发展使得发达市场经济国家的人权、平等观念逐渐被中国民众接受；社会主义市场经济的不断深化使得社会阶层分化、人们的收入分配差距拉大；社会主义民主化、法制化深入推进；网络的快速发展等因素促使民众的权利意识明显增强。随着民众权利意识日益增强，越来越多的纠纷当事人要求人民调解员调解纠纷时严守中立立场，尊重双方当事人的主体法律地位，充分保障纠纷当事人的参与性，要以法律为底线引导双方当事人进行利益磋商，而不能对双方当事人各打五十大板，"和稀泥"。

综上，2002年以来，涉法、利益型、专业性民间纠纷增多，民众权利意识明显增强内在地要求提升人民调解法理型权威。这就促使国家和地方政府要切实提高人民调解法理型权威。

（二）域外现代调解运动的影响

20世纪70年代后期，"接近正义"的第三次浪潮在许多西方国

---

① 刘士国等：《农村人民调解制度的现状与完善——山东邹城市村镇人民调解制度调查报告》，《山东大学学报》（哲学社会科学版）2003年第6期，第63页。

家兴起。这次浪潮以现代 ADR 机制弥补诉讼实现正义的不足。在这次"接近正义"的浪潮中,许多法治发达国家开展现代调解运动,而且现代调解成为应用最为广泛的现代 ADR 机制之一。尽管不同国家的现代调解有其本土特殊性,但是不同国家的现代调解呈现出共同趋势:制度化、法制化发展;专业化、职业化发展。

1. 现代调解制度化、法制化发展

调解作为一种重要的纠纷解决机制,在不同的时代具有不同的特点。传统社会的调解具有非制度化、非法制化特点。传统调解多借助于生活共同体的舆论压力和依照共同体内部风俗习惯来解决纠纷。而 20 世纪 70 年代后期以来的调解(被学界称为现代调解)在保留调解自治、灵活、效率高、圆满解决纠纷等优势的基础上呈现出制度化、法制化特点。例如,日本在法制现代化进程中对传统调停制度进行了现代化改造,其调停制度挤进了现代调解范畴。目前的调停制度分为民事调停和家事调停,都有相应的调停法规规范其调停委员会的组成、调停运作程序及效力,要求调停委员具备相应的法律知识、专业知识,要求调停在法律的阴影下进行。这是日本调停制度适应社会秩序法制化发展的要求,"法制化要求以法律处理所有的纠纷,法体系则影响着所有纠纷处理"[1]。西方成熟法治国家以法治为后盾,出台法律、法规规范调解运动。在法治背景下,不注重法制化、制度化的调解是很难生存的。美国旧金山社区委员会(San Francisco Community Board,SFCB)调解纠纷时试图把涉及利益或权利的问题转换为情感和关系问题,结果 SFCB 的运作并不成功,甚至事与愿违。[2]

2. 现代调解专业化、职业化发展

尽管传统调解的调解人凭借社会地位、声望、荣誉、经验和能力往往具有一定的威信,但是传统调解并不具有专业化、职业化特点。而目前世界各国为适应社会发展的需要,为保证调解的质量,

---

[1] [日] 六本佳平:《日本法与日本社会》,刘银良译,中国政法大学出版社 2006 年版,第 95 页。

[2] S. E. Merry & N. Milner, *The Possibility of Popular Justice: A Case Study of Community Mediation in the United States*, University of Michigan Press, 1993, pp. 10–15.

开展的现代调解运动呈现出无法阻止的专业化、职业化走向。这具体表现为推行现代调解的国家或地区普遍实行调解员资格准入和维护制度。就调解员准入资格来看，世界各国对调解员的资格准入往往采取选择性标准与强制性标准相结合的办法。比如，调解员协会往往对会员实行选择性标准，而对于家事调解员资格准入则经常设置强制性标准。加拿大魁北克省的家事调解就对调解员资格设置了严格的条件，即"调解员要取得资格证书，必须是一名律师、公证员、心理学家、职业顾问、社会工作者或青少年保护中心的从业人员。除了青少年保护中心的从业人员外，调解员必须是上述所列举的职业中的优秀人才，还必须经过家庭调解的正规训练以及至少具有三年的职业经验"[1]。与加拿大魁北克省的家事调解类似，澳大利亚《2008年家事法（家事纠纷解决从业者）条例》对家事调解员资格做出了硬性规定。该条例对家事调解员资格的要求是：具备下列四种情况之一，（1）持有家事纠纷调解全日制本科文凭；（2）持有硕士学位；（3）持有适当资质或调解任命并被评定为合格或完成硕士学分；（4）2009年6月30日前，注册于家事纠纷解决登记处，并且参加三门特定课程学习，已被注册培训机构评定为合格，或完成硕士学位课程。同时还需具备以下条件：未被州或地方法律禁止从事儿童工作；在各州或地区依法雇佣儿童工作者，并能提供家事纠纷解决服务；有适当的投诉机制；适当承担家庭纠纷调解的功能和责任；未被剥夺任命资格。[2]

调解员获得调解资格后，为了适应社会不断发展、知识更新的需要，许多国家、地区实行调解员资格维护制度。例如，2002年，"荷兰调解协会"出台了一项继续教育制度和继续教育规则。该项制度和规则要求只要在"荷兰调解协会"注册的调解人，每年必须修满12个继续教育学分。继续教育制度的目的在于保证调解员的

---

[1] Alain Prujiner, *Recent Developments in Mediation in Canada*: *Global Trends in Mediation*, Second Edition Kluwer Law Press, 2006, p. 99.
[2] *Australia Family Law (Family Dispute Resolution Practitioners) Regulations* 2008 article 5 and article 6.

知识和技巧能够得以保持和扩展。① 又如,2004 年,奥地利出台的《民事案件调解培训法》规定,为了在奥地利司法部的委任调解员名单上保留资格,获得资质的调解员每 5 年还需要参加 50 小时的进阶训练。②

综上所述,域外现代调解呈现出制度化、法制化,专业化、职业化特征。而随着经济全球化发展,法律全球化的步伐也随之加快。在此宏观背景下,域外现代调解运动的趋势对 2002 年以来人民调解法理型权威提升产生了重要影响,一些大城市如广州、上海、南京、北京等地纷纷试行法院附设人民调解机制,进行人民调解员专业化、职业化建设等等。

小　结

2002 年以来构建和谐社会的政治背景、法院面临双重压力以及人们对法治、诉讼和调解的理解加深,这些因素共同催生了大量人民调解法律、法规、政策出台。人民调解组织化、制度化、法制化和专业化出现新状态即人民调解法定组织形式多样化、人民调解员素质要求明显提高;人民调解与其他调解类型、民事司法衔接加强;人民调解程序保障增强;人民调解物质保障加强。

人民调解实践依据有关法律、法规、政策,但又没有局限于此。2002 年以来人民调解实践呈现出新样态,即人民调解组织网络体系日益壮大,并呈现出"网络化、层级化和水平化"的特点;人民调解员队伍的专业化、职业化水平提高;"大调解"机制的出现以及人民调解与民事司法衔接机制加强等;司法确认程序的探索与适用。从实践效果上看,人民调解的解纷能力逐渐回升;人民调解在社会治安综合治理方面的作用提升。

---

① Nadja Alexander, *Global Trends in Mediation* (Second Edition), Kluwer Law International, 2006, p. 279.
② Ibid., p. 81.

总之，2002年以来人民调解的立法和实践表明人民调解逐渐走向"复兴"。而人民调解组织权威回升和法理型权威提高为人民调解走向"复兴"提供了有力的支撑。人民调解组织权威之所以回升在于以下几点：乡镇政府、村委会权威弱化现象在一定程度上得以遏制；压力型"维稳"机制形成；中国共产党和政府的优势政治地位；人民调解组织对政府和司法行政机关的依附性加强；"司法为民"、"能动司法"的提出与实施。人民调解法理型权威提高的原因是越来越多的民众迫切要求提高人民调解法理型权威以及域外现代调解运动的影响。

　　2002年以来人民调解逐渐走向"复兴"的同时存在一些隐忧。村（居）人民调解相对边缘化；一些新出现的人民调解组织，比如，乡镇（街道）人民调解委员会、社会矛盾调处中心超出了《宪法》、《村民委员会自治法》、《居民委员会自治法》的规定，强化了自身的行政依附性；人民调解法理型权威程度还不高；这一时期人民调解的本质即纠纷当事人自治性仍不能充分地实现等等。这些问题下文将详细论述。

第五章

人民调解的未来走向

组织权威保障下的人民调解在纠纷解决和社会治理方面发挥了重要作用，但是人民调解的本质即当事人自治没能充分实现，并且当前人民调解组织权威面临法理困境。尽管目前人民调解法理型权威程度还不高，但是公民社会健康成长、"法治中国"建设日益成熟要求进一步提升人民调解法理型权威。另外，全球现代调解的发展趋势也会促使人民调解法理型权威进一步提升。因此，人民调解将会从组织权威走向法理型权威。当然，如果公民社会成长受挫、法治进程缓慢，人民调解从组织权威走向法理型权威的道路将是曲折的、漫长的。

第一节 人民调解的组织权威将会逐步下降

尽管 2002 年以来人民调解在其组织权威回升的背景下逐渐走向"复兴"，但是组织权威下的人民调解当事人自治性不足，当前人民调解组织权威回升的模式与人民调解向社会自治型调解方向发展相悖，也不利于我国构建多元化纠纷解决机制。随着村（居）民自治程度的提高以及多元化纠纷解决机制顺利构建，人民调解的组织权威将会逐步下降。不过，如果条件发生改变，人民调解的组织权威将会出现另一番情形。

一 人民调解组织权威回升面临法理困境

在人民调解历史发展的长河中，人民调解组织权威强劲地推动着人民调解的兴起和发展。然而，随着我国社会主义商品经济、市场经济的确立和发展，社会主义民主、法制快速发展，依法治国水平不断提高，人们法律意识、权利意识逐渐增强，支撑人民调解组织权威的社会条件逐渐弱化。尽管2002年以来人民调解组织权威呈现出回升态势，在此背景下，人民调解出现了"复兴"样态，但是人民调解组织权威回升的模式（如"大调解"机制）牵涉大量的人力、物力和财力，作用有限。就湖北省来说，在"大调解"机制实施的情况下，2006年与2005年相比，公民之间的纠纷降低了2.3%，婚姻家庭纠纷、房屋宅基地纠纷、赔偿纠纷、劳动纠纷分别下降了4.4%、1.6%、0.9%、0.7%；涉法复杂纠纷日益增多。公民与法人、社会组织之间的纠纷比2005年上升2.5%且呈继续增长趋势。① 同时，人民调解组织权威回升的模式还面临法理困境。

（一）与人民调解向社会自治型调解方向发展相悖

传统中国实行二元化的治理格局，它"有两个不同的部分，它的上层是中央政府，并设置了自上而下的官制系统；它的底层是地方性的管制单位，由族长、乡绅或地方名流掌握"②。正是在二元化的治理格局下，传统民间调解以社会自治为特征，是一种自下而上的内生型调解。

不过，新民主主义革命时期，传统民间调解自身的局限性凸显，共产党和革命根据地政权组织对传统民间调解进行改造，革命积极分子、劳动英雄、社会公正人士等新型权威人物替代乡绅、族长、耆老、乡官、中人等旧式权威人物成为民间调解人，共产党的政策、法令和善良风俗取代儒家伦理和一般风俗习惯作为调解标准。这时的民间调解由自治的内生型调解转变为共产党和革命根据地政权组织主导的外生型的人民调解。新中国成立后的社会主义计划经济时期，尽管相关立法将人民调解委员会定位为群众性组织，但是实践中政府对人民调解的控制力度很大，人民调解的社会自治性几乎消失殆尽。20世纪80、90年代，随着社会主义民主、法制

---

① 湖北省司法厅：《构筑以人民调解为基础的大调解工作格局》，《中国司法》2007年第9期，第64—66页。

② 王先明：《近代绅士》，天津人民出版社1997年版，第21页。

建设加强，宪法、法律、法规及规范性文件明确规定人民调解委员会是具有调解职能的群众性自治组织，实践中随着村民自治、居民自治推行和提高以及"单位人"向"社会人"转变，政府对人民调解的控制程度减弱，人民调解的社会自治性缓慢成长。

  21世纪以来，社会自治发展的内在要求促使人民调解迈向社会自治型调解。随着我国市场经济、民主政治、法制现代化发展，社会的自治能力逐渐提升。日益苏醒的自治意识和日益成熟的市场机制又促成对公权机构的某种排斥和对其他途径的欲求[①]，加强民主政治建设成为国家与社会的共识，其中最为关注的是社区参与的自治要求。农村村民自治水平逐渐提高。许多村民踊跃参加村民选举，对于不合格的村干部，坚决要求罢免；不允许乡镇干部干涉村中自治范围内的事务。城市居民的自治意识高于农村农民，不仅出现了"城市士绅"阶层，还出现了要求自治的业主群体。"城市士绅"往往在社区中拥有话语权，是社区中的权威人物，对社区发展起着重要作用。业主群体实际上是一个包容各种精英力量且具有广泛社会动员基础和能量的利益集团[②]。因为城市社区居民最先沐浴先进文明、接受新思想，他们往往具有较强的权益保护意识。总之，社区自治发展要求更多的社区事务要依靠居民自身力量进行自我管理、自我教育、自我服务。而人民调解委员会作为一种解决纠纷的群众组织，居民也必然要求自主参与，化解纠纷。

  然而，2002年以来，人民调解组织权威回升的模式却与人民调解向社会自治型调解方向发展相悖。新成立的乡镇（街道）司法调解中心、乡镇（街道）人民调解委员会、社会矛盾调处中心都是权力部门组成的俱乐部，村（居）调委会、单位的人民调解委员会都从属于乡镇（街道）司法调解中心、社会矛盾调处中心，附设于国家机关的人民调解工作室也与国家机关保持着一定的"准科层制"关系。这些做法不注重发挥社区民众的力量，反而注重借助于党委

---

  ① 傅郁林：《迈向现代化的中国民事诉讼法》，《当代法学》2011年第1期，第13页。

  ② 陈鹏：《当代中国城市业主的法权抗争——关于业主维权活动的一个分析框架》，《社会学研究》2010年第1期，第37页。

和政府的权力来提升人民调解化解纠纷的能力,结果使人民调解日益回归到行政化、自上而下的组织化老路上去,而不是使人民调解走向社会自治型调解。2002年以来人民调解组织权威回升的模式尽管在某种程度上发挥了"灭火器"作用,但是其与整个中国民主、法治势不可当的发展趋势是背道而驰的。因此,2002年以来人民调解组织权威回升的模式注定仅仅是社会转型期维护社会稳定的应急措施。

(二) 不利于我国构建多元化纠纷解决机制

纠纷与人类社会同在。社会运行产生纠纷,而纠纷产生及其解决反过来对社会发展产生影响。"从社会学的角度看,在人类社会发展中,冲突或纠纷的出现可能预示着新的利益调整的必要;在社会矛盾激化时,冲突和纠纷可能成为导致社会变革的重要动力;在社会的转型期,纠纷频发可能表明了传统社会规范和权威及诚信度的丧失以及新的秩序形成中博弈的艰难。"[①] 然而,从法学角度来看,冲突则具有消极意义。对于一个社会来说,"能够推动社会变迁的大规模冲突总是少数,而且他们多以暴力的形式存在,会带来巨大的成本,更多的冲突本身都包含着反社会性。因此,在任何情况下,国家、政府都应当致力于冲突的解决"[②]。而纠纷多种多样,类型、特点不同,起因也有差别。实际上,为了有效化解纠纷,古今中外都采取多种纠纷解决机制。当今世界许多法治发达国家为了适应社会组织结构、社会主体关系的多元化以及价值观和文化传统的多元化,都努力构建多元化纠纷解决机制。多元化纠纷解决机制,"是指一个社会中多样的纠纷解决方式(包括诉讼与非诉讼两大类型)以其特定的功能相互协调、共同存在,所构成的一种满足社会主体多种需求的程序体系和动态调整系统"[③]。现代社会理想形态的多元化纠纷解决机制的基本形态表现为:多元化纠纷解决机制是指由公力救济、社会救济和私力救济构成的多元化体系;纠纷解

[①] 范愉:《纠纷解决的理论与实践》,清华大学出版社2007年版,第103页。
[②] 沈恒斌主编:《多元纠纷解决机制原理与实务》,厦门大学出版社2005年版,第35页。
[③] 范愉:《纠纷解决的理论与实践》,清华大学出版社2007年版,第221页。

决方式的多元化即主要包括协商、调解、仲裁和诉讼基本解纷方式及其组合的多元化纠纷解决方式；纠纷解决规范的多元化即纠纷解决不仅适用法律规范，还可选择适用道德规范、自治规范、村规民约、风俗习惯、宗教教规等；同一种解纷机制的多元化如诉讼程序的多元化，调解机制的多元化。许多法治发达国家诉讼程序较为完备，其诉讼自身的弊端也明显暴露出来。鉴于此，他们纷纷大力倡导ADR机制，并且注意诉讼与ADR机制衔接。总体来看，法治发达国家的多元化纠纷解决机制已达到较为成熟的水平。

而我国目前远没有形成多元化纠纷解决机制。尽管2002年以来，受域外多元化纠纷解决机制理念和实践的影响，中央高层出台法律、法规和司法解释倡导构建多元化纠纷解决机制，但是人民调解组织权威加强的模式严重阻碍了多元化纠纷解决机制的构建。(1) "大调解"机制使行政调解一家独大。"大调解"机制不是充分发挥人民调解、行政调解和司法调解各自功能，并注重三大调解的优势互补和制度衔接，而是事先把人民调解、行政调解和司法调解人员组合在一起，并且由党委和政府主导，共同解决纠纷。在"大调解"的运作过程中，人民调解员处于次要、从属地位，司法调解人员发挥其法律知识、调解经验，行政调解人员处于主导地位并最终决定调解结果。不过，"大调解"调解成功时，则以人民调解的名义做出。综观"大调解"机制的实际构成和运作，我们发现"大调解"机制不是有助于三大调解的协调发展，而是行政调解挤压人民调解、司法调解的发展空间，垄断纠纷解决领域。(2) "大调解"机制不利于构建诉讼在多元化纠纷解决机制中的核心地位。在当代法治国家，诉讼在多元化纠纷解决机制中处于核心地位。虽然许多法治国家诉讼处理的纠纷量不大，但是这并不影响诉讼的核心地位。这主要是由于以下因素存在。①诉讼制度存在是实现民主法治和人权保障的先决条件。许多法治国家，将裁判请求权规定为公民的一项宪法权利，并建立独立行使审判权的法院切实保证公民的裁判请求权。正如范愉教授所说："一个独立、公正、具有公信力的司法体系，是民主和法治的象征和人权的保障，也是现代国家的每一个公民都可以利用的公共资源。"① ②诉讼是纠纷解决的最终途径。法院的终审裁决是纠纷解决的终局性判断。经过了终审裁决的纠纷在法律上结束了纠纷状态。司法审判是法律解决纠纷的典型形式,提供了一种法律的标准答案。因此,诉讼能够对非诉讼机制起到间接作用。③诉讼具有对非诉讼机制指导、制约和保障作用。司法审查和相应的救济机制可以避免非诉讼机制的错误和滥用;诉讼与非诉讼机制衔接可以扩大非诉讼机制的适用范围。我国为实现法治的可持续发展,在实现法治前就构建多元化纠纷解决机制,但是我国法制现代化的重要目标就是要实现法治。而西方法治国家的经验表明诉讼应是多元化纠纷解决机制的核心。因此,我国在追求实现法治的道路上,构建的多元化纠纷解决机制也不能偏离诉讼的核心地位。可是"大调解"机制中法院主动介入纠纷解决,违背了不告不理原则;社会矛盾调解中心对于一些法院终审裁决仍然进行调解,并且调解结果往往推翻法院终审裁决,这种做法明显违背了司法最终解决原则;在"大调解"运作过程中,法院服从党委和政府指挥和安排,这颠倒了在纠纷解决领域中政府和法院的地位。总之,"大调解"运作严重阻碍了我国以诉讼为中心的多元化纠纷解决机制的构建。

二 人民调解组织权威下降的具体样态

当前人民调解组织权威回升的模式面临法理困境的情况下,2010年《人民调解法》并没有延续组织权威模式,而是回归到《宪法》、《村民委员会组织法》和《居民委员会组织法》范畴内,并且提升了法理型权威模式。如果《人民调解法》能够有效实施并且进一步完善,人民调解组织权威将会下降。

(一)政府对人民调解指导、管理将会进一步规范

长期以来,有关法律法规规定人民调解委员会不是行政机关,而是群众性组织,司法行政机关负责指导人民调解工作,但是在现实生活中,司法行政机关与人民调解委员会法律上的指导关系却异

---

① 范愉:《纠纷解决的理论与实践》,清华大学出版社2007年版,第242页。

化成了领导与被领导的行政管理关系；司法行政机关对人民调解委员会的人员构成、培训、经费保障以及人民调解工作规划乃至具体纠纷的调解方案确立都会参与其中，也就是说司法行政机关对人民调解工作"指导"事无巨细，而且有时会替代、包办人民调解工作，俨然将人民调解委员会看作自己的下级组织。近些年来成立的乡镇（街道）司法调解中心、乡镇（街道）调解委员会官民兼具，行政主导，实际上是披着人民调解外衣的行政调解。在"大调解"运作过程中，政府更是扮演了主导和直接参与的角色。各地建立的"大调解"联动机制工作领导小组或调处中心（又称社会矛盾调处中心）的组长均由本辖区主要党委、政府领导人担任。"各地'大调解'联动机制工作领导小组的工作职责主要包括：制定本行政辖区内社会矛盾纠纷大调解联动工作的年度计划、制度、目标管理和考评办法，对本辖区内群众反映的具体争议，按照涉及的相关部门分流至相关成员单位或者由联动组织处理；定期召开联动工作会议；组织、协调相关部门的大调解联动工作；对相关部门成员单位进行大调解联动工作考核，并提交相关考评意见和建议。"① 政府对人民调解管理的上述表现受到了"全能型"政府"保姆式"管理的影响，也是人民调解组织权威路径依赖的产物。人民调解在政府主导下虽然短期内工作效能凸显，但是人民调解却走上了恶性路径依赖，而一旦进入锁定状态，将会出现无效率的恶性循环局面。

令人欣慰的是 2010 年全国人民代表大会常务委员会通过的《人民调解法》依然坚持司法行政机关指导人民调解委员会工作，把政府在人民调解中的角色重点放在指导人民调解委员会工作、经费保障和调解员培训上，也没有明确把乡镇（街道）司法调解中心、乡镇（街道）调解委员会以及社会矛盾调处中心纳入人民调解委员会组织系列。如果各级政府和司法行政机关能够有条不紊地实施《人民调解法》的相关规定，人民调解委员会的群众自治性将会进一步增强。

---

① 徐亚文：《论我国"大调解"机制中政府的角色定位——以荷兰的调解制度为借鉴》，《学习与实践》2012 年第 3 期，第 79 页。

不过，2010年《人民调解法》就政府对人民调解指导、管理的规定还存在不足。(1)司法行政机关对人民调解委员会工作指导的法律规定不完善。①虽然《人民调解法》第5条规定司法行政机关负责指导人民调解工作，但是对于司法行政机关指导人民调解工作的权限范围是什么以及怎样指导都没有明确规定，这会使得司法行政机关仍然沿袭过去的做法即把人民调解委员会视为"准行政机关"，进行全面的行政式强制性管理。②《人民调解法》没有规定司法行政机关指导人民调解委员会工作的法律责任。一项完整的法律规范包含假定、处理和制裁三部分。有权必有责，权责相统一是现代法治的基本要求。"法律责任作为法律运行的保障机制，是法治不可缺少的环节。"① 而《人民调解法》只赋予司法行政机关指导人民调解委员会工作的权力，不规定相应的法律责任，权责的脱节不仅违背了现代法治的基本要求，还为实践中司法行政机关急于行使权力或滥用权力过度干涉人民调解提供了机会。(2)《人民调解法》就政府对人民调解工作的经费保障规定得不明确。尽管《人民调解法》加大了政府对人民调解委员会工作的经费保障力度，但是该法没有明确划分各级地方政府和中央政府承担的经费比例，也没有明确划分政府与村（居）委员会和企事业单位各自承担的人民调解经费负担。这为一些不积极发展人民调解的地方政府或财政紧缺的地方政府少提供或不提供人民调解经费留下了机会，从而影响我国人民调解事业的健康发展。

针对《人民调解法》就政府指导、管理人民调解的规定存在的不足，如果我们采取下列措施，人民调解组织权威将会进一步下降。(1)司法行政机关对人民调解委员会工作指导应采取概括加列举的方式进行规定，并明确规定司法行政机关违反指导规定时，承担法律责任的具体情形和方式。明确司法行政机关对人民调解委员会工作指导是宏观指导，不是向人民调解委员会布置行政任务，也不是直接参与或替代人民调解活动。其指导人民调解的权限范围一

---

① 张文显：《法哲学范畴研究》（修订版），中国政法大学出版社2001年版，第116页。

般包括：①向立法机关提出制定或修改人民调解法律的建议。②制定关于人民调解工作的发展规划和有关政策。③落实和完善人民调解的组织形式。④指导人民调解员队伍建设。⑤加强对人民调解协会的监督。（2）明确各级政府对人民调解经费保障的具体职责。考虑到我国实行中央税和地方税分离的体制，政府对人民调解工作经费的保障需要借助于中央财政转移支付才能实现。然而，我国当前的转移支付存在问题，"由于转移支付的分配存在地区间的不平衡，这使得地区间的财力差距不但没有逐渐缩小，反而呈现出逐渐拉大的趋势。东部地区靠工业化、西部地区靠中央补助使得人均财力都有明显的增长，而中部地区基层政府，特别是县乡政府的人均财力增长缓慢，严重落后于东部和西部地区"①，结果中部地区县级政府没有充足的财力保障人民调解运转。因此，在保证中央转移支付对人民调解工作经费的保障外，还要将人民调解工作经费列入各级地方政府的一般性财政补助范围。另外，政府应在人民调解工作经费负担上承担主要责任。因为"近年来，由于县乡机构改革、税费改革和取消农业税等措施的实行，村（居）委会一级已经没有了经费收入，所需费用由县级财政直供"②。当然，如果政府、司法行政机关不能坚守《人民调解法》的精神，落实上述措施，人民调解组织权威将会继续存在，甚至加强。

（二）乡镇（街道）调解委员会、社会矛盾调处中心被纯化为行政调解组织

20世纪80年代中期至2002年，村（居）人民调解、企事业单位人民调解的"第一道防线"作用日益式微，而改革开放引发的社会矛盾日益增多、复杂化，上访、群体性事件不断发生。人民法院面临巨大的解纷压力，而且有些纠纷人民法院不能受理或处理不好。政府等行政机关由于法律法规的局限性等原因不积极地单独处理纠纷却又面临"维稳"的压力。在此背景下，一些地方政府探索

---

① 周飞舟：《分税制十年：制度及其影响》，《中国社会科学》2006年第6期，第107—110页。

② 王胜明、郝赤勇主编：《中华人民共和国人民调解法释义》，法律出版社2010年版，第24页。

成立乡镇司法调解中心,尽管 2002 年的《人民调解工作若干规定》将其改为乡镇(街道)调解委员会,但是乡镇(街道)调解委员会仍然是政府调解与人民调解的结合。社会矛盾调处中心更是党政官员直接参与人民调解的平台。当然,乡镇(街道)调解委员会、社会矛盾调处中心对国家行政权力过分依赖,使人民调解的组织权威回升,从而短期内调解了大量纠纷,为地方稳定做出了贡献,也为人民调解"复兴"提供了契机,但是这些调解组织形式并没有真正提高人民调解的自治性解纷能力。虽然"在社会自我消解纠纷能力尚未形成之前,政府主导型纠纷解决模式是必要的,但从纠纷结构和纠纷主体选择解纷方式的理性角度看,纠纷解决问题将逐步回归社会自身,主要依靠社会自组织力量、配合多元化的纠纷解决机制来消解,并非单靠政府力量可以'包圆'。如果'大调解'运动始终停留在靠政府力量的推进层面,一旦失却政府的组织指挥和资金、人力投入,其持久性不容乐观"[①]。同时,乡镇(街道)调解委员会、社会矛盾调处中心的调解也不利于我国多元化纠纷解决机制形成。因此,考虑到乡镇(街道)调解委员会、社会矛盾调处中心的调解十分突出行政调解的作用,不如将它们完善为行政调解组织。

实际上,将乡镇(街道)调解委员会、社会矛盾调处中心完善为行政调解组织,不仅名实相符,还是必要的、可行的。(1)行政调解符合我国国情与民众的传统习惯。中国传统社会,行政与司法不分,寻求清官断案成为民众的一般心理。新中国成立后,高度集中的社会主义计划经济体制使得行政机关处理了大量纠纷。社会主义市场经济、民主法制建设以来,法院的作用提高,但是一些民众仍然信访不信法。一些民众在纠纷发生后向政府或行政主管机关求助的习惯为行政调解的运用奠定了深厚的社会基础。(2)行政机关调解纠纷具有专业优势。随着现代市场经济的高速发展和社会分工的不断细密化,纠纷越来越呈现出专业化的特点。而特定领域的行

[①] 吴英姿:《"大调解"的功能及限度——纠纷解决的制度供给与社会自治》,《中外法学》2008 年第 2 期,第 319 页。

政主管部门工作人员往往具有相关专业知识又有相关行业的管理经验。因此，行政调解能够满足专业性纠纷解决的需要。（3）行政调解能够较好地处理我国转型期的一些特殊性纠纷。我国社会转型引发的一些纠纷如土地征收与补偿纠纷、房屋拆迁安置纠纷、企业下岗职工安置纠纷等纠纷类型，人民法院、人民调解委员会往往处理不好或处理不了，而行政调解则在处理这些特殊纠纷方面具有自身优势。比如，基层政府在解决农民土地纠纷时，充分考虑地区间的差异以及当地居民的风俗习惯、经济文化发展程度等等，结合相关法律、政策，往往取得较好的法律效果和社会效果。（4）行政调解是构建多元化纠纷解决机制的重要一环。在西方法治发达国家开展的 ADR 运动中，行政调解以其自身优势成为一项重要的行政性 ADR。比如，日本于 20 世纪后期成立的公害等调整委员会、道府县公害审查会、中央建筑工事纷争审查会、国民生活中心等行政性委员会从事行政调解和行政裁决，突出其专业性优势，较好地满足了弱势群体的解纷需要。我国具有行政调解的历史传统，也应把行政调解作为正在构建的多元化纠纷解决机制的重要组成部分。

既然把乡镇（街道）调解委员会、社会矛盾调处中心完善为行政调解组织是必要的、可行的，那么如何完善呢？笔者认为，最重要的是要把握好三点：（1）要明确司法助理员、司法所从事的调解是行政调解，不能以人民调解名义进行调解。司法助理员、司法所指导、协助人民调解，但不能直接参与人民调解的具体解纷活动。（2）一般情况下，除司法所以外的各个行政管理机关调解与其管理职责相关的纠纷。如果纠纷牵涉多个行政管理机关，则通过相应的制度机制转交相应的行政管理机关——处理。（3）人民法院不参与人民调解委员会对具体纠纷的解决，而是严格坚持对人民调解的业务指导。

当然，如果村（居）民委员会自治程度不能提高以及多元化纠纷解决机制不能真正形成，司法行政机关依然支持乡镇（街道）调解委员会、社会矛盾调处中心的原有运作，人民调解组织权威将会延续或者下降缓慢甚至加强。

第二节 人民调解的法理型权威将会进一步提升

2002年以来人民调解组织权威回升。同时，人民调解法理型权威提升。虽然目前人民调解法理型权威程度仍然不高，但是公民社会逐渐成长、"法治中国"建设逐步成熟是未来中国的走向。中国的这一宏观走势要求进一步提升人民调解法理型权威。因此，人民调解法理型权威将会进一步提升。

一 人民调解法理型权威提升中存在张力

2002年以来人民调解在其法理型权威提升的背景下，逐渐走上了"复兴"之路。然而，目前人民调解法理型权威与理想型的人民调解法理型权威还存在一定的距离。这不符合中国公民社会成长、法治进程要求。

（一）人民调解法理型权威程度仍然不高

2002年以来，人民调解法理型权威逐渐提升，但是总体上来看，人民调解法理型权威程度仍然不高，其法理型权威提高幅度较大的地方集中在发达地区的城市，广大的中、西部地区，特别是这些地方的农村人民调解法理型权威仍然较低。

1. 法律作为人民调解解纷依据的认同度有待进一步提高

传统民间调解重视情、理，兼顾法律。新民主主义革命时期、社会主义计划经济时期国家强调人民调解的法令尤其是政策依据，多数人民调解员基本上按照政策、法令调解纠纷。20世纪80年代中期以来，随着我国治国方略从人治走向法治，国家强调法律作为人民调解解纷的根本标准。不过，20世纪80年代中期至2002年，这一规定很难落实，这一时期的法律权威不高。2002年以来，随着市场经济、社会主义民主的发展，法律权威在一定程度上提高，特别是发达地区的城市民众主动要求将法律作为人民调解的纠纷依据，这些地方的多数人民调解员也具有相应的法律和专业知识。不过，近些年来，社会转型引发的矛盾多发、尖锐，司法专业化的发展思路不能很好地处理这些纠纷，而且司法专业化所强调的程序正义与我国民众长期以来偏重实体正义的心理相冲突，再加上司法腐败行为频发和暴露，司法权威大大下降。司法权威的下降使得本来就不高的法律权威受到严重影响，许多基层民众信访不信法。同时，我国法律体系的"移植性"仍然较重，与本土民间法还存在一定程度的裂痕。因此，法律作为人民调解解纷依据的认同度仍然不高。

2. 人民调解的程序正当化水平有待进一步提高

20世纪80、90年代，国家通过立法将人民调解纳入社会主义民主、法制轨道，但那时的立法对人民调解程序正当化保障不足。2002年以来，人民调解程序正当化水平明显提高。2010年《人民调解法》是人民调解程序正当水平提高的集中体现。该法对人民调解程序应当具有的主体性、自愿性、参与性、交涉性和中立性程序理念保障力度增强；保密原则的法律保障增强；明确人民调解协议法律效力和设立人民调解协议司法确认程序。不过，该法与理想型的人民调解程序正当化相比，还有不完善的地方，目前最需要进一步明确下列问题。

（1）人民调解员的中立性问题。公正地解决纠纷是人们化解纠纷的永恒追求，而纠纷解决主持人中立是实现纠纷解决过程和结果公正的前提和保障。美国学者戈尔丁认为程序中立性具有三个方面的内涵："与自身有关的人不应该是法官；结果中不应含纠纷解决者个人的利益；纠纷解决者不应有支持或反对某一方面的偏见。"[1] 人民调解程序作为一种程序类型，也应具备中立性理念。然而，目前人民调解员中立性法律保障不足。尽管2002年《人民调解工作若干规定》第25条第2款规定："当事人对调解主持人提出回避要求的，人民调解委员会应当予以调换。"这一规定使得人民调解员中立性有了一定的程序保障，但是2010年《人民调解法》去掉了人民调解员回避的规定。当然，2010年《人民调解法》第15条第

---

[1] ［美］马丁·P. 戈尔丁：《法律哲学》，齐海滨译，生活·读书·新知三联书店1987年版，第240—243页。

1款规定人民调解员偏袒一方当事人的，由其所在的人民调解委员会给予批评教育、责令改正，情节严重的，由推选或聘任单位予以罢免或者解聘。该规定较为具体地保障人民调解员的中立性，但是与人民调解中立性的内在要求相比还存在不足。另外，实践中司法行政机关将人民调解员的业绩与人民调解员待遇挂钩的考核机制使得人民调解员调解时不免追求个人利益。

（2）人民调解中的保密问题。长期以来，人民调解偏重于维护社会秩序、不重视公民权利保护。随着我国法制建设深入开展、公民权利保护意识的日益增强，我国2002年《人民调解工作若干规定》第29条规定："人民调解委员会调解纠纷，根据需要可以公开进行，允许当事人的亲属、邻里和当地（本单位）群众旁听。但是涉及当事人的隐私、商业秘密或者当事人表示反对的除外。"2009年最高人民法院颁布的《关于建立健全诉讼与非诉讼相衔接的矛盾纠纷解决机制的若干意见》（简称《若干意见》）第19条规定："从事调解的机关、组织、调解员以及负责调解事务管理的法院工作人员，不得披露调解过程的有关情况，不得在就相关案件进行的诉讼中作证。"2010年《人民调解法》将调解公开或不公开的问题作为一项权利赋予当事人，并且明确如果人民调解员泄露当事人的个人隐私、商业秘密，则由其所在的人民调解委员会给予批评教育、责令改正；情节严重的，则由推选或者聘任单位将其罢免或者解聘。由此可见，2010年《人民调解法》在调解保密问题上比2002年《人民调解工作若干规定》前进了一步，却没有吸收2009年《若干意见》的保密规定，只是强调人民调解员的保密义务，并且只是明确人民调解员保护当事人个人隐私、商业秘密的保密义务，这没有充分落实人民调解保密原则的应有内涵，从而会影响到人民调解当事人自治实现以及人民调解法理型权威提升。

（3）人民调解协议效力的进一步法律保障问题。新民主主义革命时期各根据地政权组织为了保障人民调解的效果普遍赋予人民调解协议强制效力。同时，这一时期人民调解的组织权威也为人民调解协议履行提供了有力的保障。新中国成立初期，各地的人民调解协议均有一定的执行力。1954年《人民调解委员会暂行组织通则》

弱化了人民调解协议的法律效力，但是实践中人民调解的组织权威处于高涨状态，这使得人民调解协议具有较强的"隐形约束力"。然而，20世纪80年代末期至90年代，由于社会结构转型和国家治理方略改变，人民调解的组织权威弱化，相关人民调解法律法规也没有明确人民调解协议的法律效力，人民调解协议的效力仅靠当事人的道德诚信来维持，而这一时期人们的道德诚信意识下滑。因此，人民调解协议处于保障不足的状态。2002年以来，中央高层为复兴人民调解，赋予人民调解协议民事合同效力，设立人民调解协议司法确认程序。这些举措有力地推动了人民调解"复兴"。不过，目前人民调解协议的法律保障措施还存在不完善的地方，比如，人民调解协议履行问题、司法确认的启动问题以及司法确认适用中的救济问题等等。

上述这些问题的及时解决将会进一步推进人民调解法理型权威提升。

3. 人民调解员的专业威望仍需提高

20世纪80年代之前，我国人民调解法规对人民调解员的业务能力没有做专门要求，因为那时的民间纠纷相对来说数量少、简单，一般不需要人民调解员具备法律等专业知识，而且人民调解员的较高组织权威也较大程度地保障着人民调解的有效适用。然而，20世纪80年代以来，随着社会结构从"熟人社会"向"陌生人社会"转变，纠纷越来越多，越来越复杂，特别是涉法纠纷、专业性纠纷不断地增加；同时随着我国法制建设不断发展，民众的权利意识逐渐提高。总之，纠纷客体和主体的变化对人民调解员的专业知识和技能提出了迫切要求。为回应民众的这一要求，有关人民调解法律法规对人民调解员的专业素质做出了初步要求。1989年《人民调解委员会组织条例》第4条、2002年《人民调解工作若干规定》第14条和《人民调解法》第14条都要求人民调解员具备"一定文化水平、政策水平和法律知识"。2010年《人民调解法》第20条第1款规定："人民调解员根据调解纠纷的需要，在征得当事人的同意后，可以邀请当事人的亲属、邻里、同事等参与调解，也可以邀请具有专门知识、特定经验的人员或者有关社会组织的人员参与调解。"2011年《司法部关于加强行业性专业性人民调解委员会建设的意见》要求行业性、专业性人民调解委员会加强专业化、社会化人民调解员队伍建设。实践中也加强了人民调解员队伍的专业化、职业化建设。比如，2005年共培训人民调解员435万人次，占人民调解员总数的85.35%[1]；2006年全国共培训人员数428万人次，占总数的85.9%，对不符合条件和不宜担任人民调解员的解聘或重新选择，共撤换不合格人民调解员162052人，占总数的3%[2]。上海等一些地方推行首席人民调解员制度，上海、江苏等一些地方实行专职人民调解员制度等等。"2012年底，全国共有各类行业性、专业性人民调解委员会28579个，占调委会总数3.5%；行业性、专业性调委会共有调解员157238人，占调解员总数3.7%。"[3]总体而言，目前人民调解员队伍的专业化、职业化建设在一定程度上提高，有力地促进了人民调解法理型权威提升。

然而，目前人民调解员队伍的专业化、职业化程度仍有待提高，人民调解员队伍的专业化、职业化建设还存在不少问题。(1) 目前人民调解员的培训有待提高。尽管2003年《司法部关于加强人民调解员培训工作的意见》对人民调解员培训做了规范，但是实践中系统、科学的人民调解员培训体系还没有形成；培训内容上，往往偏重于介绍法律法规政策，疏于培训相关专业知识，比如，心理学、社会学和调解伦理与技能等；培训形式上，存在呆板枯燥现象，缺乏通俗易懂以及有用和精彩的培训形式。(2) 人民调解员的流动和流失比较大，人民调解员队伍存在不稳定现象。而人民调解员调解技能的提高往往要靠其调解经验的积累和调解实践的历练，人民调解员队伍的不稳定必定会影响人民调解员的专业化、职业化。(3) 目前全国统一的人民调解员专业化、职业化制度还没有建立。各地的人民调解员专业化、职业化制度不统一，发展也不平衡，而且还存在实施不到位现象。这些问题的存在严重地阻碍了人民调解法理型权威提升。

---

[1] 罗锋主编：《中国法律年鉴(2006)》，中国法律年鉴社，2006年，第193页。
[2] 罗锋主编：《中国法律年鉴(2007)》，中国法律年鉴社，2007年，第245页。
[3] 诸葛平主编：《中国法律年鉴(2013)》，中国法律年鉴社，2013年，第226页。

（二）公民社会成长、法治进程要求进一步提升人民调解法理型权威

从上文分析来看，目前人民调解法理型权威程度仍然不高。这一情况的存在不能适应中国公民社会健康成长和"法治中国"建设的要求。

1. 中国公民社会发展要求进一步提升人民调解法理型权威

公民社会概念渊源于西方，经历了一个发展过程，至今争议不断。根据现代社会政治哲学的观点来看，公民社会可被定义为："以市场经济为基础，以契约关系为中轴，以尊重和保护公民的基本权利为前提的社会组成。"① 又如，俞可平先生的公民社会观点为："我们把公民社会当作是国家或政府之外的所有民间组织或民间关系的总和，其组成要素是各种非国家或非政府所属的公民组织，包括非政府组织、公民的志愿性社团、协会、社区组织、利益团体和公民自发组织起来的运动等，它们又被称为介于政府与企业之间的'第三部门'。"② 公民社会奉行以人为本理念、多元价值观，肯定公民的主体法律地位，保障公民的平等意识和自由意识，坚持民主和法治原则。西方国家市场经济、民主法治的发展促使其公民社会兴起较早，发展较为成熟。

我国传统社会是宗法社会，没有公民社会的成长空间。20世纪初公民社会稍见雏形。社会主义计划经济时期，国家与社会高度统一，公民社会很难生存。1978年后社会主义商品经济、市场经济逐步确立和发展，社会主义民主、法制建设逐步健全。这使得公民社会逐渐形成和发展。目前公民社会有一定发展，其主要表现为：市场经济深入发展；社会中产阶层逐渐形成；民间组织的独立性、自主性逐步增强；社区自治较大发展；价值观念多元化、世俗化。随着社会主义市场经济更加成熟，社会主义民主、法制逐渐完善，公民社会将会逐渐成熟。公民社会的健康成长要求公民能够独立、自

---

① 夏维中：《市民社会：中国近期难圆的梦》，《中国社会科学季刊》（香港），1993年（秋季卷），第176页。

② 俞可平、王颖：《公民社会的兴起与政府善治》，《中国改革》2001年第6期，第38页。

主、其权利能够得到法律保障,要求私人事情自我决定,能够参与公共事务管理。

人民调解作为一项国家建构的群众自治活动,符合公民社会发展的要求。不过,当前人民调解法理型权威程度还不高的现实则不符合公民社会健康成长要求。因此,公民社会成长内在地要求进一步提升人民调解法理型权威。

2. 实现法治的中国梦想要求进一步提升人民调解法理型权威

亚里士多德认为"法治应包含两重意义:已成立的法律获得普遍的服从,而大家所服从的法律又应该本身是制订得良好的法律"①。古希腊时期的法治思想为西方法治兴起奠定了重要的思想基础。西方国家进行资产阶级革命时,许多新兴资产阶级倡导资产阶级法治思想,资产阶级革命胜利后,西方国家逐渐走上了资产阶级法治的道路。资产阶级法治总体上的成功,也以事实说明了法治具有优越于人治的特性。法治的特性表现为:明确性、可预期性、科学性、稳定性、社会凝聚力。

中国具有悠久的人治历史,改革开放后,社会主义法制建设逐步发展。1997年十五大提出了依法治国的构想,1999年3月15日,九届全国人大二次会议通过的《宪法修正案》将"依法治国,建设社会主义法治国家"写入宪法。2010年社会主义法律体系基本形成。经过30多年的执法、司法和普法活动,我国行政机关的执法水平和司法机关的司法水平也日益提高,公民的法律素养日益提高,农村社会出现了"迎法下乡"的结构和需求。2013年党的十八届三中全会提出推行"法治中国"建设,坚持法治国家、法治政府和法治社会的一体化建设。

从人治走向法治不是自然形成的,除了要具备发达的市场经济、高度的民主外,还需要具备三个基本条件:(1)塑造具有独立人格的公民。法治社会要求社会成员之间必须是相互独立而且平等的,不允许一个人在没有法律依据的情况下迫使另一个人服从自己

---

① [古希腊]亚里士多德:《政治学》(中译本),吴寿彭译,商务印书馆1981年版,第199页。

的意志。而我国由于长期的自然经济、人治文化等因素，民众对政府依赖性较强。针对此种状况，要实现法治，必须充分发展社会主义市场经济，社会主义民主政治以及弘扬法治文化，使人们逐渐养成主体意识、权利意识、独立意识、平等意识等现代公民意识。（2）确立法律至上的权威。法治社会的法律在国家政治、社会、经济等生活中取得至上的地位，高于其他规范的效力，其内在说服力和外在强制力得到普遍支持与服从。而我国当前还存在政策大于法律、权大于法、司法公信力不高等现象。要确立法律至上的权威，目前最重要的是真正做到有法必依，执法必严，违法必究；各级党委和政府以身作则，不做任何有损法律权威的事。（3）加强权力制约。在法治社会，如果没有法律的规定就没有国家、政府权力的存在。正如卢梭所说："统治者是法律的臣仆，他的全部权力都建立在法律之上。"① 在法治社会中法律制约权力存在两种机制：权力制约权力和权利制约权力。而我国目前还存在权力与权力之间过分强调配合而制约不足的现象；"权力本位"的观念存在使得权利制约权力机制不成熟。因此，要实现法治，必须培育国家官员和公民的权力制约意识，完善我国的权力制约机制。

人民调解作为中国的一种诉讼外纠纷解决机制，长期以来和人治结合在一起。中国走向法治的趋势要求人民调解应逐步纳入法治轨道，而人民调解法理型权威程度还不高。因此，追求法治的宏观背景要求人民调解法理型权威进一步提升。

二 人民调解法理型权威进一步提升的表现

正如前文所述，虽然目前人民调解法理型权威与2002年以前相比得以提升，但是其权威程度还不高，还不能很好地适应公民社会成长、"法治中国"建设的发展趋势。因此，随着公民社会日益成熟、"法治中国"建设稳健运行，人民调解法理型权威将会进一步提升。

---

① ［法］卢梭：《论人类不平等的起源和基础》，李常山译，商务印书馆1962年版，第51页。

(一) 法律作为解纷依据的认同度进一步提高

尽管新民主主义革命时期有关人民调解的法规、条例就要求人民调解遵守平等、自愿、合法和保障当事人诉权原则，但是至今一些人民调解员受传统民间调解影响仍然习惯于主要适用道德、地方风俗来调解一切民间纠纷，不去考虑，甚至也不知道是否违背法律的强制性规定，对纠纷当事人进行讲"理"、说"情"，强调纠纷当事人的义务，不重视当事人的权利，重在维护和谐人际关系和当地社会秩序，轻视纠纷当事人的主体地位。同时，民众，特别是基层民众对法律、权利的理性认识还不高。一些民众功利性地对待法律，当他们认为法律对自身有利时，就竭力要求人民调解员依法调解，排斥人民调解适用道德、风俗习惯；当他们认为法律对自身不利时，就不同意人民调解员的依法调解，而要求人民调解员适用道德、风俗习惯。当然，目前我国法律与道德、风俗习惯存在的冲突也给他们的功利性选择创造了机会。不过，随着公民主体意识、法律意识增强，国家法与民间法日益打通、融合，人民调解员、民众将会进一步认识到"法治中国"建设的背景下法律虽然不是人民调解的唯一依据，但是人民调解必须在"法律的阴影"下进行，人民调解离不开诉讼审判的参考。

(二) 人民调解程序正当化水平进一步提高

人民调解程序正当化是人民调解法理型权威的内在要求，是人民调解法理型权威的重要来源，然而，目前人民调解程序正当化水平还不高。不过，如果我们采取下列措施，人民调解程序正当化存在的主要问题将会逐步解决，从而其正当化水平将会进一步提高。

1. 增强人民调解员的中立性

人民调解员中立能够为纠纷当事人自主充分协商营造一个空间，能够使纠纷当事人的主体性、自愿性、参与性和交涉性得以保障。然而，当前人民调解员中立性不足。这严重影响人民调解程序正当化。为此，要增强人民调解员的中立性。具体来说，坚持《人民调解法》规定的人民调解员不得偏袒纠纷当事人；借鉴民事诉讼法中的回避制度，纠纷当事人放弃回避申请的除外；恰当界定人民调解员的角色定位。人民调解员是纠纷当事人的协调人，只是为当事人提供一个自主协商的平台，帮助纠纷当事人掌握充分、真实的信息，真正的对话、理性地商谈。正如棚濑孝雄所说："像这种第三者（调解者）始终不过是当事者之间自由形成合意的促进者，从而能够与以自己的判断来强制当事者的决定者区别开来的场面，可以视为调解过程的基本形态。"① 另外，还要完善司法行政机关对人民调解员的考核机制，确保人民调解员调解时不去刻意追求个人利益。

2. 确立保密原则

调解的正当性基础在于调解当事人自治，而调解保密性是调解当事人自治的衍生优势，也是调解当事人自治的内在要求。一般而言，调解要达成协议，往往需要调解当事人坦诚交流，而调解当事人能够进行坦诚交流往往以其交流的信息不会在日后对其产生任何危害或不利影响为前提。正是为了保障调解当事人自治实现，鼓励当事人达成调解协议，许多国家和地区几乎都在调解立法中设置了调解保密原则。例如，日本在1951年的《民事调停法》中确立了不公开调解原则；我国台湾地区的《乡镇市调解条例》第19条第2款规定："调解程序，不公开之。但当事人另有约定者，不在此限。"鉴于此，我国未来应明确确立人民调解保密原则，具体要从以下几个方面确立人民调解保密原则：（1）明确人民调解保密原则的含义。借鉴世界上许多国家的通常做法，人民调解保密原则应包含两层含义：调解过程保密，即调解过程一般不公开进行，不允许公众旁听，不允许媒体采访；调解信息保密，即所有调解主体包括人民调解员、当事人、其他调解参与人都不得向外界披露调解信息，也不得就调解信息出庭作证。（2）明确人民调解保密原则的适用范围。为兼顾到其他权益保护，并非所有调解信息均需保密。人民调解保密原则的适用范围设定可以参考国外的成熟做法。根据美国《统一调解法》及其注释，应当保密的调解信息是：构成主张的陈述。不适用调解保密原则的调解信息为：在调解过程中与"陈

---

① ［日］棚濑孝雄：《纠纷的解决与审判制度》，王亚新译，中国政法大学出版社2004年版，第13页。

述"无关的主观印象;调解过程中观察到的行为;调解前具有可采性或可以被发现的证据或信息。另外,法官对于调解信息是否适用保密原则享有自由裁量权。(3)明确人民调解主体的保密义务与保密特权。人民调解主体对于调解信息保密既是其义务也是其权利。人民调解主体的保密义务与保密特权是一个问题的两个方面。二者最大的不同是保密义务既可以是法定的,也可以是约定的;而保密特权实际上是一项拒证权,只能是法定的。与人民调解保密原则的适用范围相一致,人民调解主体只对保密范围内的调解信息承担保密义务。当然,如果人民调解主体违背了保密义务规定,就要承担相应的法律责任。要明确人民调解主体的保密特权的例外情形,保密特权作为当事人的一项权利,可以放弃。

3. 完善人民调解协议效力的法律保障措施

完善的人民调解协议效力法律保障措施能够给予当事人明确的法律预期,而这正是人民调解法理型权威的内在要求。尽管目前人民调解协议效力的法律保障措施还存在不足,但是如果我们采取下列措施,人民调解协议效力的法律保障措施将会更加完善。

(1)进一步明确人民调解协议履行及内容存在争议时当事人的救济。2010年《人民调解法》第32条规定:"经人民调解委员会调解达成调解协议后,当事人之间就调解协议的履行或者调解协议的内容发生争议的,一方当事人可以向人民法院提起诉讼。"该条规定是对人民调解协议法律约束力的落实,也是尊重当事人诉权的体现。然而该条规定并没有明确此时调解当事人向人民法院提起诉讼的标的是什么,是人民调解协议本身,还是原来的纠纷?笔者认为,鉴于人民调解协议的民事契约性质,一方当事人向法院提起的请求对方当事人履行调解协议诉讼,属于给付之诉,诉讼标的是人民调解协议,而不是原来的民事纠纷。法院的审理范围应当是人民调解协议本身。当然,诉讼过程中当事人根据被抗辩事由的具体情况,主张将诉讼标的变更为原来的民事纠纷的,法院应将审理范围扩展到原来的民事纠纷。当双方当事人对人民调解协议的内容发生争议,一方当事人向法院提起的请求变更、撤销人民调解协议的诉讼,属于变更之诉,诉讼标的仍然是人民调解协议。法院应对人民调解协议的合法性进行审查。如果人民调解协议合法，不存在变更或撤销的情形，"诉被驳回，则总是做出确认判决"①。如果人民调解协议存在变更或撤销的情形，法院做出变更或撤销的判决，双方当事人可以就原来纠纷再次申请调解或仲裁。"但是为了一次性解决纠纷，法院可以依据双方当事人的主张对原来的纠纷进行审理。这种情况下形成之诉转化为给付之诉，案件的审理范围也就从调解协议扩展到了原来的纠纷。"②

（2）放宽司法确认程序的申请门槛，允许一方当事人申请司法确认程序。经过司法确认程序有效的具有可执行性的人民调解协议具有强制执行效力。不仅如此，司法确认程序还使人民调解与诉讼衔接起来，有利于构建我国的多元化纠纷解决机制，还使人民调解接受诉讼的监督，从而督促人民调解的规范化运作，提升人民调解法理型权威。然而，有关司法确认程序的法律法规却要求双方当事人共同提出申请才能启动司法确认程序。这会使得司法确认程序的适用机会大大减少，从而阻碍司法确认程序作用的发挥。虽然目前"诉调对接"搞得好的地方的司法确认程序适用率一般较高，但是全国还有许多地方没有充分开展司法确认程序，而且一旦"诉调对接"政策发生改变，法院停止"推荐"、"建议"、委托人民调解的活动，司法确认程序的适用情况将更是不容乐观。其实"当事人共同提出申请"才能启动司法确认程序的规定背后存在着一个逻辑上的悖论，"即通过人民调解达成协议之后，如果义务人有意履行，申请司法确认即显得毫无必要；如果义务方不准备履行，双方则难以达成向人民法院申请确认的所谓另一个合意，相关程序亦无法得以展开"③。另外，"从所有诉讼程序和非诉程序的启动方面来看，当事人双方合意启动程序的规定尚不存在，即使是非诉程序也没有

---

① ［德］奥特马·尧厄尼希：《民事诉讼法》，周翠译，法律出版社 2003 年版，第 184 页。
② 王亚新：《〈民事诉讼法〉修改与调解协议的司法审查》，《清华法学》2011 年第 3 期，第 26 页。
③ 刘显鹏：《合意为本——人民调解协议司法确认之应然基调》，《法学评论》2013 年第 2 期，第 131 页。

先例"①。因此，为了充分发挥司法确认程序的作用，提升人民调解法理型权威，应当允许一方当事人提出司法确认程序申请。

（3）完善司法确认程序中的救济机制。人民调解法理型权威在于制度理性。因此，人民调解法理型权威内在地要求人民调解制度应是健全的。然而现行的司法确认程序中的救济机制却是不完善的。现行的关于司法确认程序的法律法规没有就当事人对于不予司法确认的裁定不服时如何救济做出规定，只是2011年《人民调解协议司法确认若干规定》第10条规定："案外人认为经人民法院确认的调解协议侵害其合法权益的，可以自知道或者应当知道权益被侵害之日起一年内，向作出确认决定的人民法院申请撤销确认决定。"②但是该规定不符合有关法理。人民法院对人民调解协议做出的司法确认裁定只具有强制执行的效力，并不具有确认而形成的民事法律关系或私权的效力，而该规定赋予案外人申请撤销确认决定显然是认为司法确认具有确认私权的效果。这种情况的存在无疑会影响司法确认程序的适用，人民调解法理型权威提升。笔者认为，必须从以下两个方面对司法确认程序中的救济机制进行完善：其一是增设救济当事人的制度。依照非讼程序的法理，非讼判决所形成的法律文书不具有既判力，也就是说非讼案件审理结束后，如果发现在认定事实或者适用法律方面有错误，或者是出现了新情况、新事实，不能按照再审程序对该裁判提起再审，但是原申请人可以申请撤销裁决也可以重新申请法院依照非讼程序做出新的裁决，法院发现原先做出的确认结果确有错误时，即经审查，可以直接撤销原确认结果。而司法确认程序作为非诉程序的一种，也应遵守上述原则。具体来说，应明确规定当事人认为人民法院不予司法确认裁定错误时，可以申请撤销裁定，人民法院发现错误时，也应主动撤销裁定。其二是完善案外人救济制度。应根据我国民事程序法原理，结合实务进行设计。从司法确认的实务来看，案外人提出救济存在

---

① 唐力：《非诉民事调解协议司法确认程序若干问题研究——兼论〈中华人民共和国民事诉讼法修正案（草案）〉第38、39条》，《西南政法大学学报》2012年第3期，第111页。

② 2012年《中华人民共和国民事诉讼法》已把司法确认决定改为司法确认裁定。

两种情况：一是案外人在人民法院受理了司法确认申请但尚未做出司法确认裁定以前提出异议，二是司法确认裁定发生法律效力以后，案外人对于生效"确认裁定书"提出的异议。对于第一种情况，法院经初步审查，发现有证据证明存在案件争议，应撤销司法确认程序并告知申请人、异议人另行起诉。因为司法确认程序的适用前提是案件不存在实体争议，案外人提出有理由异议，说明司法确认程序的适用条件已不存在。第二种情况较为复杂。"确认裁定书"生效以后，案外人在合理期限内对于"确认裁定书"所提出的异议，实质上是对法院"确认裁定书"所确认的人民调解协议有关权利、义务及其利益的争议。依据诉讼法理，此时案外人提出异议应采用诉讼方式，按照现行《民事诉讼法》和相关司法解释规定来维护自身合法权益。2012年《民事诉讼法》第227条规定："案外人对执行标的提出书面异议的，人民法院应当自收到书面异议之日起十五日内审查，理由成立的，裁定中止对该标的的执行；理由不成立的，裁定驳回。案外人、当事人对裁定不服，认为原判决、裁定错误的，依照审判监督程序办理。"最高人民法院《关于〈适用中华人民共和国民事诉讼法〉审判监督程序若干问题的解释》第5条第1款规定："案外人对生效裁判、调解书确定的执行标的物主张权利，且无法提起新的诉讼解决争议的，可以向上一级法院申请再审。"最高人民法院《关于适用〈中华人民共和国民事诉讼法〉执行程序若干问题的解释》第17条规定："案外人依照民事诉讼法第204条规定①提起诉讼，对执行标的主张实体权利，并请求对执行标的停止执行的，应当以申请执行人为被告；被执行人反对案外人对执行标的所主张的实体权利的，应当以申请执行人和被执行人为共同被告。"

当然，如果国家因循人民调解的传统做法，不顺应历史的潮流，吸取现代调解的精神，落实上述措施，人民调解的程序正当化水平将不会进一步提高。

---

① 这里指的是2007年《中华人民共和国民事诉讼法》第204条。

（三）人民调解员的专业威望进一步提高

人民调解员的专业威望是树立人民调解法理型权威的内在要求，而当前人民调解员队伍专业化、职业化建设存在的一些问题则不利于人民调解员的专业威望提高。

如果我国借鉴西方发达国家现代调解专业化、职业化建设经验，结合我国实际情况，采取一些完善措施，人民调解员队伍专业化、职业化水平将会进一步提高，人民调解员的专业威望将会进一步提高。这就要求我们总体上应明确人民调解员队伍专业化、职业化发展是人民调解员队伍的必然走向目标，但是考虑到我国目前的实际情况，应坚持循序渐进原则。具体来说，目前应做到以下几点：（1）司法行政机关应出台系统、科学的人民调解员培训计划，聘请法律专家、心理学专家、社会学专家等专业学科专家以及全国优秀人民调解员，让他们以生动事例，深入浅出地传授专业知识和技能。另外，应在高校的法律、公共管理等院系开设人民调解专业或有关课程，为人民调解工作提供专业后备人才。（2）每一个村（居）人民调解委员会、企事业单位人民调解委员会至少有1名专职人民调解员。行业性、专业性人民调解委员会拥有3名专职人民调解员。（3）各地应规范人民调解员专业化、职业化制度建设，要注意制度自身的合理性以及制度实施的公平性。等到时机成熟时，全国应制定统一的人民调解员专业化、职业化制度。当然，如果司法行政机关对人民调解员专业化、职业化建设不重视或者人民调解员专业化、职业化建设过程中受阻，人民调解员的专业威望将会停留于现状或者下降。

小　结

2002年以来人民调解组织权威回升、法理型权威提升强劲地推动着人民调解"复兴"。然而，人民调解组织权威回升的模式与人民调解向社会自治型调解方向发展相悖，也不利于我国构建多元化纠纷解决机制。令人欣慰的是，2010年《人民调解法》并没有延续组织权威模式。随着《人民调解法》的贯彻和完善，人民调解组织权威将会下降即政府对人民调解指导、管理进一步规范；乡镇（街道）调解委员会、社会矛盾调处中心被纯化为行政调解组织。

尽管当前人民调解法理型权威促使着人民调解"复兴"，但是人民调解法理型权威现状与理想形态的人民调解法理型权威的内在要求还存在一定的距离。人民调解法理型权威的这一现状与我国公民社会成长和"法治中国"建设的趋势要求存在张力。随着我国公民社会和法治进程的发展，人民调解法理型权威将会进一步提升，其具体体现为：法律作为解纷依据的认同度进一步提高；人民调解的程序正当化水平进一步提高；人民调解员的专业威望进一步提高。

总之，人民调解的未来将是从组织权威走向法理型权威。人民调解法理型权威实现时，纠纷当事人的自治性也会得以实现。不过，如果社会条件发生改变，人民调解的权威类型转变也许会出现不同的情况。

结　语

　　人民调解作为我国一项重要的诉讼外纠纷解决方式和社会治理手段，在长期的历史发展过程中发挥着重要作用。不过，人民调解在不同历史阶段的具体面貌和效果不同。从抗日战争、解放战争时期到今日，人民调解经历了兴起、兴盛、衰落和"复兴"的历史变迁过程。从权威类型转变角度来看，人民调解的兴起、兴盛、衰落、"复兴"与人民调解组织权威成正比；人民调解法理型权威虽然起步比较晚，但是2002年以来人民调解法理型权威有力地推动着人民调解"复兴"。具体来说，人民调解组织权威形成，则人民调解兴起；人民调解组织权威高涨，则人民调解兴盛；在人民调解组织权威弱化、法理型权威尚弱的情况下，人民调解相对衰落；在人民调解组织权威回升、法理型权威提升的背景下，人民调解走向"复兴"。而人民调解的变迁与其权威类型及其权威强弱程度的紧密关系则是当时经济、政治、社会结构、思想文化的产物。组织权威下的人民调解当事人自治性不足，法理型权威下的人民调解则有利于实现当事人自治。

　　随着我国社会变迁、社会结构转型，社会主义民主、法治发展，人民调解将从组织权威走向法理型权威。然而，人民调解的这一走向将不是一帆风顺的。当前人民调解的组织权威模式如"大调解"机制、村（居）调委会对司法行政机关特别是司法所较强的行政依赖等还存在社会土壤。党委和政府为了适应社会转型期"维稳"的需要，仍有可能利用优势政治地位继续使人民调解行政化。因此，人民调解组织权威下降过程将是充满艰辛的、曲折的。同时，人民调解法理型权威进一步提升也不是一蹴而就的。因为人民调解的主力军即村（居）人民调解法理型权威提升是较为困难的。虽然国家倡导大学生到基层就业，实行大学生村官制度，实施社会主义新农村建设战略，城市社区建设如火如荼地开展等措施会给基层社会增添活力，但是随着我国工业化、城镇化进程的加快发展，大量的农村劳动力流向城市，乡村精英随之减少，特别是中西部落后的农村出现了"空壳村"现象。城市居委会由于社会地位不高、待遇不高，也较难吸引优秀的专业人才。这些因素的存在严重妨碍着村（居）人民调解专业化、职业化水平提高。当然，行业性、专业性人民调解的迅猛发展将会有力地推动着人民调解法理型权威提升。

最后，本书是从权威类型转变的角度动态解读人民调解的历史变迁。笔者力图运用描述性的法史学和解释性的法史学相结合的方法论，以便更深刻地理解人民调解的历史，为当前和未来的人民调解提供借鉴和启示，但是由于笔者能力有限，该书还存在一些不足。同时，局限于本书主题，当前人民调解面临的一些问题还没有涉及。比如，是否所有的专业民间调解都化归为人民调解？如何将人民调解更好地纳入社会治安综合治理环节？是否应建立委托人民调解制度？是否将人民调解设立为诉讼的前置程序？为了更好地提高人民调解员的调解能力，怎样让人民调解员从主要运用教化型调解走向根据案情运用不同调解类型即教化型调解、判断型调解、中介型调解和治疗型调解？这些都有待笔者下一步研究。

参考文献

一 中文著作（按作者姓氏拼音排序）

1. 白潮：《乡村法案——1940年代太行地区政府断案63例》，大象出版社2011年版。

2. 陈弘毅：《法理学的世界》，中国政法大学出版社2003年版。

3. 邓拓：《论中国历史的几个问题》，生活·读书·新知三联书店1979年版。

4. 《邓小平文选》（第2卷），人民出版社1993年版。

5. 《董必武选集》，人民出版社1985年版。

6. 范愉：《非诉讼纠纷解决机制研究》，中国人民大学出版社2000年版。

7. 范愉：《纠纷解决的理论与实践》，清华大学出版社2007年版。

8. 费孝通：《乡土中国》，上海人民出版社2006年版，第48页。

9. 傅郁林：《农村基层法律服务研究》，中国政法大学出版社2006年版。

10. 高其才、左炬、黄宇宁：《政治司法——1949—1961年的华县人民法院》，法律出版社2009年版。

11. 辜胜阻、刘传江：《人口流动与农村城镇化战略管理》，华中理工大学出版社2000年版。

12. 何兵：《现代社会的纠纷解决》，法律出版社2003年版。

13. 何兰阶、鲁明健主编：《当代中国的审判工作》（上），当代中国出版社1993年版。

14. 洪冬英：《当代中国调解制度变迁研究》，上海人民出版社

2011 年版。

15. 洪向华：《政党权威——一个关系政党生死存亡的重要问题》，中国时代经济出版社 2006 年版。

16. 侯欣一：《从司法为民到人民司法——陕甘宁边区大众化司法制度研究》，中国政法大学出版社 2007 年版。

17. 胡旭晟：《解释性的法史学——以中国传统法律文化的研究为侧重点》，中国政法大学出版社 2005 年版。

18. 黄苇町：《苏共亡党十年祭》，江西高校出版社 2002 年版。

19. 江伟、杨荣新：《人民调解学概论》，法律出版社 1990 年版。

20. 蒋月：《人民调解理论与实践》，群众出版社 1994 年版。

21. 金耀基：《现代化与中国现代历史》，载《金耀基社会文选》，台北幼狮文化事业公司 1985 年版。

22. 瞿同祖：《中国法律与中国社会》，商务印书馆 2010 年版。

23. 孔庆明：《中国民法史》，吉林人民出版社 1996 年版。

24. 蓝全普等编：《当代中国的司法行政工作》，当代中国出版社 1995 年版。

25. 李祖军：《调解制度论——冲突解决的和谐之路》，法律出版社 2010 年版。

26. 梁德超：《人民调解学基础》，中国广播电视出版社 1988 年版。

27. 林毅夫、蔡昉、李周：《中国的奇迹：发展战略与经济改革》，上海人民出版社 1994 年版。

28. 刘篷：《彻底贯彻司法工作的群众路线 坚决为建设社会主义总路线服务》，载中华人民共和国最高人民法院司法部办公厅编《人民司法工作必须贯彻群众路线》（第一册），法律出版社 1958 年版。

29. 毛泽东：《中国人民大团结万岁》，载《建国以来毛泽东文稿》（第一册），中央文献出版社 1987 年版。

30. 强世功：《调解、法制与现代性：中国调解制度研究》，中国法制出版社 2001 年版。

31. 强世功：《法制与治理——国家转型中的法律》，中国政法大学出版社 2003 年版。

32. 沈恒斌主编：《多元纠纷解决机制原理与实务》，厦门大学出版社 2005 年版。

33. 孙立平：《断裂——20 世纪 90 年代以来的中国社会》，社会科学文献出版社 2003 年版。

34. 孙丕志、王玮：《人民调解知识》，黑龙江人民出版社 1985 年版。

35. 图门、肖思科：《特别审判——林彪、江青反革命集团受审实录》，中央文献出版社 2003 年版。

36. 万振凡、林颂华：《江西近代社会转型研究》，中国社会科学出版社 2001 年版。

37. 王定国等编：《谢觉哉论民主与法制》，法律出版社 1996 年版。

38. 王红岩、张富、牛思庆：《人民调解通论》，内蒙古大学出版社 1989 年版。

39. 王建民：《中国流动人口》，上海财经大学出版社 1996 年版。

40. 王胜明、郝赤勇主编：《中华人民共和国人民调解法释义》，法律出版社 2010 年版。

41. 王先明：《近代绅士》，天津人民出版社 1997 年版。

42. 吴毅：《村治变迁中的权威与秩序》，中国社会科学出版社 2002 年版。

43. 吴英姿：《法官角色与司法行为》，中国大百科全书出版社 2008 年版。

44. 夏勇主编：《走向权利的时代——中国公民权利发展研究》，中国政法大学出版社 2000 年修订版。

45. 谢晖、陈金钊：《民间法》（第 1 卷），山东人民出版社 2002 年版。

46. 《谢觉哉日记》（上）1943 年 2 月 26 日，人民出版社 1984 年版。

47.《谢觉哉文集》，人民出版社 1989 年版。

48. 徐国栋：《民法基本原理解释——成文法局限性之克服》，中国政法大学出版社 1996 年版。

49. 徐忠明：《试说中国古代法律制度研究范式之转变》，载北大法律评论编委会《北大法律评论》，法律出版社 2001 年版（4 卷 1 辑）。

50. 杨永华、方克勤：《陕甘宁边区法制史稿》（诉讼狱政篇），法律出版社 1987 年版。

51. 尹力：《中国调解机制研究》，知识产权出版社 2009 年版。

52. 于建嵘：《抗争性政治：中国政治社会学基本问题》，人民出版社 2010 年版。

53. 张晋藩：《中国法制史通史》（第 10 卷），法律出版社 1991 年版。

54. 张世斌：《陕甘宁边区高等法院史迹》，陕西人民出版社 2004 年版。

55. 张文显：《法哲学范畴研究》（修订版），中国政法大学出版社 2001 年版。

56. 张闻天：《神府县兴县农村调查》（2 /18 /1942 —4 /12 /1942），人民出版社 1986 年版。

57. 张希坡、韩延龙主编：《中国革命法制史》，中国社会科学出版社 2007 年版。

58. 张永和：《信仰与权威：诅咒（赌咒）、发誓与法律之比较研究》，法律出版社 2006 年版。

59. 中国大百科全书总编辑委员会《社会学》编辑委员会、中国大百科全书出版社编辑部：《中国大百科全书》（社会学卷），中国大百科全书出版社 1991 年版。

60. 周晓虹：《传统与变迁——江浙农民的社会心理及其近代以来的变迁》，生活·读书·新知三联书店 1998 年版。

61. 周翼虎、杨晓民：《中国单位制度》，中国经济出版社 1999 年版。

62. 左卫民等：《中国基层纠纷解决研究——以 S 县为个案》，

人民出版社 2010 年版。

63. 中共中央文献编辑委员会编：《毛泽东选集》（第 2 卷），人民出版社 1991 年版。

二 中文译著（按国别和作者中文拼音排序）

1. ［德］奥特马·尧厄尼希：《民事诉讼法》，周翠译，法律出版社 2003 年版。

2. ［德］马克斯·韦伯：《经济与社会》（上卷），林荣远译，商务印书馆 1997 年版。

3. ［德］马克斯·韦伯：《经济与社会》（下卷），林荣远译，商务印书馆 1997 年版。

4. ［法］卢梭：《论人类不平等的起源和基础》，李常山译，商务印书馆 1962 年版。

5. ［古希腊］亚里士多德：《政治学》（中译本），吴寿彭译，商务印书馆 1981 年版。

6. 《马克思恩格斯全集》（第 8 卷），中共中央马克思恩格斯列宁斯大林著作编译局译，人民出版社 1961 年版。

7. 《马克思恩格斯选集》（第 3 卷），中共中央马克思恩格斯列宁斯大林著作编译局译，人民出版社 1995 年版。

8. ［美］博登海默：《法理学：法律哲学与法律方法》，邓正来译，中国政法大学出版社 2004 年版。

9. ［美］丹尼斯·朗：《权力论》，陆震纶、郑明哲译，中国社会科学出版社 1999 年版。

10. ［美］费正清、罗德里克·麦克法夸尔：《剑桥中华人民共和国史（1949—1965）》，上海人民出版社 1990 年版。

11. ［美］黄宗智：《长江三角洲小农家庭与乡村发展》，中华书局 1992 年版。

12. ［美］黄宗智：《过去和现在：中国民事法律实践的探索》，法律出版社 2009 年版。

13. ［美］黄宗智：《中国乡村研究》（第 5 辑），福建教育出版社 2007 年版。

14. ［美］吉尔伯特·罗兹曼：《中国的现代化》，国家社会科学基金"比较现代化"课题组译，江苏人民出版社1995年版。

15. ［美］杰克·贝尔登：《中国震撼世界》，每月评论出版社1970年版。

16. ［美］罗伯特·达尔：《现代政治分析》，王沪宁、陈峰译，上海译文出版社1987年。

17. ［美］罗伯特·沃尔夫：《为无政府主义申辩》，毛兴贵译，江苏人民出版社2006年版。

18. ［美］罗德里克·麦克法夸尔、费正清：《剑桥中华人民共和国史（1966—1982）》，上海人民出版社1990年版。

19. ［美］马丁·P. 戈尔丁：《法律哲学》，齐海滨译，生活·读书·新知三联书店1987年版。

20. ［美］迈克尔·D. 贝勒斯：《程序正义——向个人的分配》，邓海平译，高等教育出版社2005年版。

21. ［美］史蒂文·苏本、马格瑞特·伍：《美国民事诉讼的真谛》，蔡彦敏、徐卉译，法律出版社2002年版。

22. ［美］詹姆斯·S. 科尔曼：《社会理论的基础》（上），邓方译，社会科学文献出版社1999年版。

23. ［日］高见泽磨：《现代中国的纠纷与法》，何勤华、李秀清、曲阳译，法律出版社2003年版。

24. ［日］六本佳平：《日本法与日本社会》，刘银良译，中国政法大学出版社2006年版。

25. ［日］棚濑孝雄：《纠纷的解决与审判制度》，王亚新译，中国政法大学出版社2004年版。

26. ［英］罗德里克·马丁：《权力社会学》，陈金岚、陶远华译，河北人民出版社1989年版。

三　期刊论文（按作者姓氏拼音排序）

1. 艾佳慧：《"大调解"的运作模式与适用边界》，《法商研究》2011年第1期。

2. 蔡定剑：《中国法制建设五十年回顾》，《人民检察》1999

年第 10 期。

3. 蔡家荣、林有志、毛联合：《公司企业转制时期人民调解工作的思考》，《中国司法》2001 年第 4 期。

4. 柴发邦、李春霖：《改革与完善人民调解制度》，《政法论坛》1986 年第 1 期。

5. 常司：《对 100 个调委会的调查》，《人民调解》1995 年第 2 期。

6. 常怡：《人民调解协议的效力变迁》，《昆明理工大学学报》（社会科学版）2012 年第 5 期。

7. 陈浩：《司法确认制度完善研究——以〈民事诉讼法〉修改为背景》，《法治论丛》2013 年第 1 期。

8. 陈鹏：《当代中国城市业主的法权抗争——关于业主维权活动的一个分析框架》，《社会学研究》2010 年第 1 期。

9. 程同顺：《村民自治中的乡村关系及其出路》，《调研世界》2001 年第 7 期。

10. 狄小华：《中国传统调解制度的现代转型》，《东南大学学报》（哲学社会科学版）2008 年第 6 期。

11. 范愉：《〈中华人民共和国人民调解法〉评析》，《法学家》2011 年第 2 期。

12. 范愉：《社会转型中的人民调解制度——以上海市长宁区人民调解组织改革的经验为视点》，《中国司法》2004 年第 10 期。

13. 傅郁林：《迈向现代化的中国民事诉讼法》，《当代法学》2011 年第 1 期。

14. 公丕祥：《当代中国能动司法的意义分析》，《江苏社会科学》2010 年第 5 期。

15. 顾培东：《能动司法若干问题研究》，《中国法学》2010 年第 4 期。

16. 郭松：《人民调解解纷数量为何下降？——超越已有理论的新论说》，《清华法学》2010 年第 3 期。

17. 韩延龙：《人民调解制度的形成和发展》，《中国法学》1987 年第 3 期。

18. 韩延龙：《我国人民调解工作的三十年》，《法学研究》1981年第2期。

19. 何永军：《乡村社会嬗变与人民调解制度变迁》，《法制与社会发展》2013年第1期。

20. 贺先平：《努力构建新时期我党执政的合法性基础》，《重庆社会主义学院学报》2004年第4期。

21. 侯欣一：《陕甘宁边区人民调解制度研究》，《中国法学》2007年第4期。

22. 胡鞍钢、过勇：《转型期防治腐败的综合战略与制度设计》，《管理世界》2001年第6期。

23. 胡联合、胡鞍钢、王磊：《影响社会稳定的社会矛盾变化态势的实证分析》，《社会科学战线》2006年第4期。

24. 胡旭晟：《描述性的法史学与解释性的法史学——我国法史研究新格局评析》，《法律科学》1998年第6期。

25. 江苏省南京市鼓楼区人民法院课题组：《南京地区委托调解、协助调解制度运行之调查报告》，《人民司法》2007年第1期。

26. 江苏省司法厅：《建设专业调解机制　化解行业矛盾纠纷》，《人民调解》2011年第8期。

27. 康怀宁：《人民调解的两条道路——法治亦或强制》，《理论与改革》2006年第3期。

28. 李浩：《调解的比较优势与法院调解制度的改革》，《南京师范大学学报》（社会科学版）2002年第4期。

29. 李浩：《法院协助调解机制研究》，《法律科学》2009年第4期。

30. 李浩：《委托调解若干问题研究——对四个基层人民法院委托调解的初步考察》，《法商研究》2008年第1期。

31. 李荣棣、唐德华：《试论我国民事诉讼中的调解》，《法学研究》1981年第5期。

32. 李婷婷、李亚：《人民调解实践：动向、问题和对策》，《上海行政学院学报》2013年第4期。

33. 李婷婷：《制度、行动与策略：新民主主义革命时期人民调解委员会的组织生产逻辑》，《云南行政学院学报》2012年第3期。

34. 刘加良：《论人民调解制度的实效化》，《法商研究》2013年第4期。

35. 刘加良：《委托调解原论》，《河南大学学报》（社会科学版）2011年第5期。

36. 刘加良：《医疗纠纷人民调解的实践模式及其启示》，《政治与法律》2012年第5期。

37. 刘敏：《人民调解制度的创新与发展》，《法学杂志》2012年第3期。

38. 刘士国等：《农村人民调解制度的现状与完善——山东邹城市村镇人民调解制度调查报告》，《山东大学学报》（哲学社会科学版）2003年第6期。

39. 刘显鹏：《合意为本——人民调解协议司法确认之应然基调》，《法学评论》2013年第2期。

40. 刘祖云：《中国都市居民委员会的发展趋势及其对策——中国都市社会基层居民组织的结构与功能研究之三》，《社会主义研究》1988年第3期。

41. 潘剑锋：《论司法确认》，《中国法学》2011年第3期。

42. 戚攻：《社会转型·社会治理·社会回应机制链》，《西南师范大学学报》（人文社会科学版）2006年第6期。

43. 邱于标：《对人民调解协议书效力的思考》，《人民调解》1998年第2期。

44. 上海市司法局：《大力推动人民调解工作发展创新》，《人民调解》2013年第9期。

45. 沈延生：《中国乡治的回顾与展望》，《战略与管理》2003年第1期。

46. 施骏：《论居委会重组》，《学海》2001年第4期。

47. 史长青：《通过当事人自治发展调解优势》，《法学论坛》2011年第2期。

48. 史凤仪：《论人民调解制度》，《东岳论丛》1983年第4期。

49. 史凤仪：《人民调解制度溯源》，《中国法学》1987年第3期。

50. 孙泊：《用"大调解"机制处理人民内部矛盾：以和谐南通创建为例》，《江海纵横》2009 年第 3 期。

51. 唐力、毋爱斌：《法院附设诉前调解的实践与模式选择——司法 ADR 在中国的兴起》，《学海》2012 年第 4 期。

52. 唐力：《非诉民事调解协议司法确认程序若干问题研究——兼论〈中华人民共和国民事诉讼法修正案（草案）〉第 38、39 条》，《西南政法大学学报》2012 年第 3 期。

53. 王红超、王世伟：《成都市大邑县"大调解"新旧联动工作机制比较》，《西南政法大学学报》2009 年第 6 期。

54. 王怀臣：《构建"大调解"工作体系　有效化解矛盾纠纷》，《求是》2009 年第 24 期。

55. 王禄生：《审视与评析：人民调解的十年复兴——新制度主义视角》，《时代法学》2012 年第 1 期。

56. 王亚新：《〈民事诉讼法〉修改与调解协议的司法审查》，《清华法学》2011 年第 3 期。

57. 王一程、贠杰：《改革开放以来的中国基层民主建设》，《政治学研究》2004 年第 2 期。

58. 毋爱斌：《对我国人民调解各地模式的考察》，《法治论坛》2009 年第 2 期。

59. 吴俊：《人民调解制度的再完善》，《学习与探索》2012 年第 1 期。

60. 吴英姿：《"大调解"的功能及限度——纠纷解决的制度供给与社会自治》，《中外法学》2008 年第 2 期。

61. 夏维中：《市民社会：中国近期难圆的梦》，《中国社会科学季刊》（香港），1993 年（秋季卷）。

62. 熊易寒：《人民调解的社会化与再组织——对上海市杨伯寿工作室的个案分析》，《社会》2006 年第 6 期。

63. 徐显明：《司法改革二十题》，《法学》1999 年第 9 期。

64. 徐亚文：《论我国"大调解"机制中政府的角色定位——以荷兰的调解制度为借鉴》，《学习与实践》2012 年第 3 期。

65. 薛广洲：《权威类型的哲学论证》，《中国人民大学学报》

2001 年第 1 期。

66. 颜三忠：《论法律权威》，《江西师范大学学报》（哲学社会科学版）1999 年第 3 期。

67. 杨爱民：《加强农村集体财务的民主管理》，《社会主义研究》1997 年第 5 期。

68. 杨永华、方克勤：《陕甘宁边区调解工作的基本经验》，《西北政法学院学报》1984 年第 2 期。

69. 杨永华、方克勤：《陕甘宁边区调解原则的形成》，《西北政法学院学报》1984 年第 1 期。

70. 尹冬华、左婕：《村民自治背景下乡村关系失范的宏观体制根源》，《宁波党校学报》2004 年第 4 期。

71. 于建嵘：《农民有组织抗争及其政治风险》，《战略与管理》2003 年第 3 期。

72. 俞可平、王颖：《公民社会的兴起与政府善治》，《中国改革》2001 年第 6 期。

73. 曾昭度、赵钢：《对着重调解原则的若干思考》，《法学评论》1988 年第 5 期。

74. 张淑娟：《调解制度与中国传统社会的存续——一个社会学的分析》，《学海》2004 年第 1 期。

75. 张显伟、杜承秀：《制度与实践的悖离——司法确认人民调解协议制度的反思》，《广西民族大学学报》（哲学社会科学版）2013 年第 2 期。

76. 张晓莉、夏凤珍：《发展基层民主与减轻农民负担》，《行政与法》1999 年第 3 期。

77. 章武生：《论我国大调解机制的构建——兼析大调解与 ADR 的关系》，《法商研究》2007 年第 6 期。

78. 赵刚印：《陕甘宁边区大生产运动的历史背景及意义》，《宁夏大学学报》（人文社会科学版）2005 年第 4 期。

79. 浙江省高级人民法院联合课题组：《关于人民调解协议司法确认的调研》，《人民司法》2010 年第 23 期。

80. 郑杭生、黄家亮：《论现代社会中人民调解制度的合法性危机及其重塑——基于深圳市城市社区实地调查的社会学分析》,《思想战线》2008年第6期。

81. 周飞舟:《分税制十年:制度及其影响》,《中国社会科学》2006年第6期。

82. 周望:《转型中的人民调解:三个悖论——兼评〈人民调解法〉》,《社会科学》2011年第10期。

83. 周琰:《人民调解制度发展研究》,《中国司法》2013年第2期。

84. 朱景文、[美]斯图尔特·马考利:《关于比较法社会学的对话》,《比较法研究》1998年第1期。

85. 朱新林:《人民调解:衰落与复兴——基于1986—2009年人民调解解纷数量的分析》,《河南财经政法大学学报》2012年第4期。

四 文件、档案资料、年鉴及地方志(按日期排序)

(一) 文件、档案资料

1. 《晋察冀边区行政委员会工作报告》(1938—1942)。
2. 《调解委员会暂行组织条例》(1941年山东抗日民主政府颁布)。
3. 《晋西北村调解暂行办法》(1942年)。
4. 《晋察冀边区行政村调解工作条例》(1942年)。
5. 《陕甘宁边区民刑事件调解条例》(1943年)。
6. 《陕甘宁边区简政实施纲要》,延安,1943年。
7. 《晋冀鲁豫边区冀鲁豫区调解委员会组织大纲》(1944年)。
8. 《关于普及调解、总结判例、清理监所指示信》(1944年陕甘宁边区人民政府发布)。
9. 《山东渤海区区村调解委员会暂行组织条例》(1944年)。
10. 《重订淮海区调解委员会规程》(1944年)。
11. 《苏中区人民纠纷调解暂行办法》(1945年)。
12. 《关于开展调解工作的指示》(1945年山东省人民政府颁布)。

13.《民事案件厉行调解的通令》(1945年山东省颁布)。

14.《在陕甘宁边区第二届司法工作会议上的发言》(1945年10月21日),陕西档案馆档案,全宗号15。

15.《中共陕甘宁边区三年建设计划方案研究》,中联出版社1946年版。

16.《冀南区民刑事调解条例》(1946年)。

17.《关东地区行政村(坊)调解暂行条例》(草案)(1948年)。

18. 晋绥边区农会临时委员会:《晋绥农会告农民书》,载中共中央晋绥分局编印《整顿队伍平分土地》,晋绥新华书店发行,1948年。

19. 马锡五:《在延大关于司法工作中几个问题的报告》(1949年5月22日),陕西省档案馆档案,卷宗号15.151。

20.《关于调解民间纠纷的决定》(1949年2月25日华北人民政府发布)。

21.《关于调解程序暂行规程》(1949年3月15日天津市人民政府发布)。

22.《人民调解委员会暂行组织通则》(1954年)。

23. 国民经济统计报告资料选编:《我国的国民经济建设和人民生活》,统计出版社1958年版。

24. 中共中央农村工作部办公室资料组编:《农业合作社第一年二十五个省(区、市)农业生产合作社典型调查》,农村出版社1959年版。

25.《农村人民公社工作条例修正草案》(1962年9月27日),载中国人民解放军政治学院党史教研室编《中共党史参考资料》(第二十四册),人民出版社1979年版。

26.《司法助理员工作暂行规定》(1981年)。

27. 江西省档案馆、中共江西省委党校党史教研室编:《中央革命根据地史料选编》(下册),江西人民出版社1982年版。

28.《中共中央关于农村社会主义教育运动中一些具体政策的规定(草案)》,见中华人民共和国国家农业委员会办公厅《农业集体化重要文件汇编》(1958—1981)下册,中共中央党校出版社

1982年版。

29.《中共中央关于经济体制改革的决定》，人民出版社1984年版。

30.《关于乡镇法律服务所的暂行规定》(1987年)。

31. 中国人民解放军国防大学党史党建政工教研室编：《"文化大革命"研究史料》（上册），内部印行，1988年。

32.《陕甘宁边区文件选编》（第6辑），档案出版社1988年版。

33.《陕甘宁边区政府文件选编》（第8辑），档案出版社1988年版。

34. 中共江苏省委党史工作委员会、江苏省档案馆：《苏中抗日根据地》，中共党史资料出版社1989年版。

35.《人民调解委员会组织条例》(1989年)。

36.《民间纠纷处理办法》(1990年)。

37.《人民调解委员会及调解员奖励办法》(1991年)。

38. 刘瑞龙：《淮北五年来群众工作总结》，载中共安徽省党史工作委员会《淮北抗日根据地》，中共党史出版社1991年版。

39.《关于基层法律服务工作的意见》(1992年)。

40.《关于加强基层司法所建设的意见》(1996年)。

41.《中共中央、国务院关于发展城乡零售商业、服务业的指示》，载中共中央文献研究室编《新时期经济体制改革重要文献选编》，中央文献出版社1998年版。

42.《最高人民法院关于审理涉及人民调解协议的民事案件的若干规定》(2002年)。

43.《人民调解工作若干规定》(2002年)。

44.《中共中央办公厅、国务院办公厅关于转发〈最高人民法院、司法部关于进一步加强新时期人民调解工作的意见〉的通知》(2002年)。

45.《关于创建规范化司法所工作的意见》(2004年)。

46. 2007年7月司法部副部长郝赤勇同志在全国人民调解工作会议上的讲话。

47. 平沙市中级人民法院：《平沙市法院系统"大调解"工作

资料汇编（一）》，2009年9月。

48. 平沙市矛盾纠纷大调解工作领导小组办公室：《平沙市矛盾纠纷"大调解"工作资料汇编（一）》，2009年9月。

49.《人民调解法》（2010年）。

50.《最高人民法院关于人民调解协议司法确认程序的若干规定》（2011年）。

51.《关于进一步加强行业性专业性人民调解工作的意见》（司法通〔2014〕109号）。

（二）年鉴

1. 国家统计局编：《中国统计年鉴（1985）》，中国统计出版社1985年版。

2.《中国农业年鉴》编辑部编：《中国农村法规（1983）》，农业出版社1985年版。

3. 国家统计局编：《中国统计年鉴（1987）》、《中国统计年鉴（1991）》、《中国统计年鉴（1995）》，中国统计出版社1987年、1991年、1995年版。

4. 国家统计局编：《中国统计年鉴（1997）》，中国统计出版社1997年版。

5. 中国法律年鉴编辑部编辑：《中国法律年鉴》（1987—1997年），中国法律年鉴社，1998年。

6. 最高人民法院研究室编：《全国人民法院司法统计历史资料汇编：1949—1998》，人民法院出版社2000年版。

7. 孙琬钟主编：《中国法律年鉴（1998）》、《中国法律年鉴（1999）》、《中国法律年鉴（2000）》，中国法律出版社1998年、1999年、2000年版。

8. 孙琬钟主编：《中国法律年鉴（2001）》，中国法律年鉴社，2001年。

9. 孙琬钟主编：《中国法律年鉴（2002）》、《中国法律年鉴（2003）》，中国法律年鉴社，2002年、2003年。

10. 刘法合主编：《中国法律年鉴（2004）》、《中国法律年鉴（2005）》，中国法律年鉴社，2004年、2005年。

11. 罗锋主编:《中国法律年鉴(2006)》、《中国法律年鉴(2007)》,中国法律年鉴社,2006年、2007年。

12. 周成奎主编:《中国法律年鉴(2008)》、《中国法律年鉴(2009)》,中国法律年鉴社,2008年、2009年。

13. 诸葛平主编:《中国法律年鉴(2010)》、《中国法律年鉴(2011)》、《中国法律年鉴(2012)》、《中国法律年鉴(2013)》,中国法律年鉴社,2010年、2011年、2012年、2013年。

(三) 地方志

1. 延安市志编纂委员会:《延安市志》,陕西人民出版社1994年版。

2. 丰宁满族自治县志编纂委员会:《丰宁满族自治县志》,中国和平出版社1994年版。

3. 陕西省地方志编纂委员会:《陕西省志·审判志》,陕西人民出版社1994年版。

4. 江苏省地方志编纂委员会:《江苏省志·司法志》,江苏人民出版社1997年版。

5. 湖南省地方志编纂委员会:《湖南省志·司法行政志》,湖南出版社1997年版。

6. 黑龙江地方志编纂委员会:《黑龙江省志·司法行政志》,黑龙江人民出版社1998年版。

7. 山西省地方志编纂委员会:《山西省志·政法志》,中华书局1998年版。

8. 福建省地方志编纂委员会:《福建省志·审判志》,中国社会科学出版社1999年版。

9. 三台县法院志编纂领导小组:《三台县法院志》(1999),国家图书馆国情资料室藏。

10. 天津市地方志编纂委员会办公室、天津市司法局:《天津通志·司法行政志》,天津社会科学院出版社2008年版。

11. 宁夏地方志编纂委员会:《宁夏通志》(司法公安卷),方志出版社2008年版。

12. 河北省地方志编纂委员会:《河北省志·司法行政志》,河北人民出版社 2012 年版。

五 报纸及网站资料（按日期排序）

1. 《绥德县府依靠群众合理调解争窑讼案》，《解放日报》1944年 5 月 8 日。

2. 李文：《北京市三个区人民法院用集体调解办法清理了积案》，《人民日报》1952 年 7 月 18 日第 3 版。

3. 《辽西锦县大洼村的调解工作做得很好》，《人民日报》1953年 5 月 16 日第 3 版。

4. 《人民调解委员无处不在积极为农业互助合作服务》，《光明日报》1955 年 3 月 29 日。

5. 黄远：《调解委员会是人民的"和事佬"》，《南方日报》1957 年 2 月 27 日。

6. 《一团丝线千头结 调委会把它解开了 市调解委员会办案起了重要作用》，《广州日报》1957 年 7 月 18 日。

7. 《中国共产党第十一届中央委员会第三次全体会议公报》，《人民日报》1978 年 12 月 24 日第 2 版。

8. 晓光：《全国民事审判工作取得新成就》，《中国法制报》1984 年 6 月 29 日。

9. 李冰：《小统计》，《人民日报》1985 年 11 月 4 日第 4 版。

10. 新华社：《就我国内政外交问题江泽民等答中外记者问》，《人民日报》1989 年 9 月 27 日第 1 版。

11. 刘竞雄、何晓晓：《农村违法婚姻严重 亟待开展综合治理》，《法制日报》1990 年 12 月 19 日第 4 版。

12. 王宝岩、陈建平：《农村侮辱案件的特点、原因和对策》，《法制日报》1992 年 3 月 9 日。

13. 郭超：《山区女法官的风采》，《人民日报》1994 年 7 月 5 日第 10 版。

14. 邹爱国、陈维伟：《中共中央举办法律知识讲座》，《人民日报》1994 年 12 月 10 日第 1 版。

15. 胡志大、徐德清：《调处纠纷的误区——当前农村处理纠纷存在一些违法现象》,《法制日报》1995 年 3 月 21 日第 7 版。

16. 吴振汉、邓耀华、陈昆仑:《谈谈农村人民调解组织的巩固与完善》,《法制日报》1996 年 1 月 23 日第 8 版。

17. 陈斌:《三千企事业干部就职街道居委》,《解放日报》1997 年 4 月 17 日。

18. 邢边:《司法所创建 10 年发展迅速》,《法制日报》1997 年 5 月 5 日第 3 版。

19. 王宇:《司法所:扎根基层显法力》,《法制日报》1998 年 12 月 9 日第 2 版。

20. 侯作俭、闫新会:《农村赡养纠纷增多不容忽视》,《法制日报》1999 年 12 月 25 日。

21. 黄国华:《诏安打假护假窝案内幕》,《法制日报》2001 年 4 月 6 日。

22. 郑春基、张锦森、焦国强:《上海法院开展"三访"专项治理》,《人民法院报》2001 年 8 月 27 日第 4 版。

23. 新华社:《公民道德建设实施纲要》,《人民日报》2001 年 10 月 25 日第 1 版。

24. 冯继昌:《立法确立和规范职工民主管理》,《工人日报》2003 年 4 月 25 日

25. 朱庆芳:《数字里的中国社会和谐》,《社会科学报》2005 年 6 月 23 日。

26. 胡锦涛:《在省部级主要领导干部提高构建社会主义和谐社会能力专题研究班上的讲话》,《人民日报》2005 年 6 月 27 日。

27. 盛茂、李进:《联合制定〈委托和邀请协助调解工作意见〉——连云港中院与五部门对接"诉调对接"》,《江苏经济报》2006 年 8 月 9 日第 B01 版。

28. 张建忠、王喜萍:《借助社会力量完善调解制度——焦作解放委托调解化解纠纷 1200 件》,《人民法院报》2009 年 12 月 22 日第 2 版。

29. 张宝华:《速解纠纷的协同战术——日照法院建立民事案件委托调解机制纪实》,《人民法院报》2010 年 10 月 8 日第 4 版。

30. 公丕祥：《江苏省高级人民法院工作报告（摘要）》，《新华日报》2011年2月22日。

31. 银燕、白龙：《甘肃定西司法确认使调解更有力》，《人民日报》2011年4月20日。

32. 佚名：《各地政府为解决医疗纠纷纷纷试水调解机制》，2013年10月24日，人民网（http://news.qq.com/a/20091214/000111.htm）。

33. 《上海市高级人民法院上海市司法局关于规范民事纠纷委托人民调解的若干意见》，2014年1月16日（http://www.pdsfxz.com.cn/conpage/conpage.aspx?info_id=4289）。

六 博士学位论文（按日期排序）

1. 曾琼：《新中国初期婚姻诉讼实践及当代启示》，博士学位论文，湘潭大学，2008年。

2. 曾令健：《法院调解社会化研究》，博士学位论文，西南政法大学，2012年。

七 工具书（按日期排序）

1. 《辞海》（缩印本），上海辞书出版社1989年版。

2. 柴发邦：《诉讼法人辞典》，四川人民出版社1989年版。

3. 中国社会科学院语言研究所词典编辑室编：《现代汉语词典》（第5版），商务印书馆2009年版。

八 英文文献（按作者姓名字母排序）

1. Aaron Halegua, "Reforming the People's Mediation System in Urban China", *Hong Kong Law Journal*, Vol. 35, 2005.

2. *Australia Family Law（Family Dispute Resolution Practitioners）Regulations* 2008 article 5 and article 6.

3. Dragan Milovanovic, *A Primer in the Sociology of Law*（Second Edition）, New York: Harrow and Heston, 1994.

4. Franz H. Schurmann, *Ideology and Organization in Communist*

China, Berkeley and Los Angeles: University of California Press, 1966.

5. Jieren Hu, "Grand Mediation in China", *Asian Survey*, Vol. 51, No. 6, November/December 2011.

6. Nadja Alexander, *Global Trends in Mediation* (Second Edition), Kluwer Law International, 2006.

7. Roscoe Pound, "The Economic Interpretation and the Law of Torts", 53Harv. L. Rev. 1940.

8. S. E. Merry & N. Milner, *The Possibility of Popular Justice: A Case Study of Community Mediation in the United States*, University of Michigan Press, 1993.

9. See April Carter, *Authority and Democracy*, Routledge & Kegan Paul, 1979.

后 记

本书是在我的同名博士学位论文的基础上修改而成的。时光如流水，转眼间距离博士学位论文定稿和答辩已逾一年。此时此刻，当我坐在书桌旁整理论文时，我发现论文写作时的困惑、痛苦已不再清晰，而论文的选题和研究视角确定却清楚地浮现在我眼前。

我国法学研究已经走过了初步研究阶段，许多课题的研究较为成熟，研究视角和方法正在更新中。博士学位论文要求选题、内容、结构、方法都要有较高的创新性。在这样的背景下，要想写好一篇博士论文，实属不易。因此，在博二时，我就开始准备毕业论文选题。经过了几个月的精心准备，我还是不能确定选题。在我疲惫不堪、内心焦虑之时，导师狄小华教授根据我的已有研究，结合研究热点，让我考虑调解机制研究。我一开始没有接受建议，认为写不出新意。又准备了几个月，我发现当前法学界倡导交叉学科研究、实证方法研究等，就兴冲冲地告诉导师，说自己打算主要运用历史实证方法对我国人民调解变迁史进行研究。导师听后，初步认可了我的想法。他同时要求我一定要选定一个视角来透视人民调解变迁史。这一要求对我来说，又是一个挑战。后来，在导师的帮助下，我尝试着以权威类型转变为视角，主要运用描述性法史学和解释性法史学、法社会学方法对人民调解变迁史进行描述和阐释。

在导师、单位领导、家人和朋友的关心和鼓励下，我咬紧牙关，度过了论文写作的艰难日子，顺利通过了教育部盲审、论文答辩。

在此，感谢我的导师南京大学狄小华教授！感谢南京大学吴英姿教授、周安平教授、孙国祥教授、张仁善教授和严仁群教授！

感谢淮北师范大学政法学院吴胜华书记、谢其梅副书记、石振保院长、陈忠锋副院长、马元斌副院长和法学教研室主任张训老师、张本顺老师！

感谢关心和支持我的朋友们！

感谢我的家人！父母已经60多岁，本该安度晚年，但是他们这几年来一直不辞辛劳地为我照看孩子，免去了我的后顾之忧。丈夫的支持和鼓励给予我精神力量。儿子的依恋和渐渐长大、懂事是我奋斗的动力和源泉。弟弟、妹妹的关心和问候，让我感受到亲情的温暖、伟大。

对于本书的顺利出版，还要感谢淮北师范大学学术基金的"资"助，感谢中国社会科学出版社的襄助和王茵主任、张潜编辑的耐心编辑。

鉴于本人学术浅陋，这部著作会有诸多不足，敬请读者批评指正。

张红侠
2016 年 4 月 28 日于寓所